Castrol

Walter Röhrl

Sicher und sportlich Auto fahren

In Zusammenarbeit mit
Kuno Messmann und Dieter L. Scharnagl

Mosaik Verlag

Layout:
Yves Buchheim
Zeichnungen:
Heinz Bogner (nach Entwürfen von Kuno Messmann)
Einbandgestaltung:
Klaus Renner
Titelfoto:
Sven Simon, Essen
Rückseitenfoto:
Ferdi Kräling, Winterberg
Redaktion:
Werner Löcher

Satz:
Filmsatz Schröter GmbH, München
Reproduktion:
Reprozwölf GmbH, Wien
Druck und Bindung:
Mohndurck Graphische Betriebe GmbH, Gütersloh
Printed in Germany
ISBN 3-570-03089-X

Inhalt

Walter Röhrl

Deutschlands erster und bisher einziger Automobil-Weltmeister

Es war vor knapp einem Jahrzehnt. Wie ein junger Gott, so sagte man Walter Röhrl nach, bewege er Autos. Dann gewann er ausgerechnet im Land der alten Götter seinen ersten Lauf zur Rallye-Weltmeisterschaft.
Jochen Berger, Röhrls damaliger Copilot, kassierte drei Strecken-Strafminuten. Röhrl, ein bißchen sauer, jedoch nicht wütend: »So ein Hanswurst.« Anschließend ließ er sich dann an einer Zeitkontrolle von Warmbold-Beifahrer John Davenport auch noch austricksen. Man war in der gleichen Minute, John ging lässig um den Tisch des Zeitnehmers herum, stempelte urplötzlich in der ersten Sekunde, und Röhrl/Berger durften dadurch den Staub des Toyotas fressen. Berger war verärgert, Warmbold grinste wie ein erfolgreicher Schmalzbettler, und Röhrl dachte zu diesem Zeitpunkt ohnehin nicht an einen möglichen Sieg.
Spätestens an dieser Stelle muß gesagt werden, daß gerade zu dieser Zeit Achim Warmbold in Deutschland eine schwierige Zeit durchmachte. Er war der erste überdurchschnittlich gute Rallyefahrer der Nachkriegszeit, konnte irrsinnig lange durch beständige Leistungen von diesem Ruf zehren, und plötzlich war da ein Bayer, der an seiner Popularität kratzte. Im Grunde nicht anders erging es Jochi Kleint, der noch die Wahl der Fahrzeuge bestimmte, als der Regensburger kurze Zeit für Ford fuhr. Doch dieses Kapitel war längst erledigt.

Rallye Portugal 1983

Akropolis-Sieg
Es war Halbzeit bei der Akropolis-Rallye. Röhrl lag an der Spitze. Warmbold hatte eine Reifenpanne. Waldegaard lag acht Minuten hinter dem Langen. Sein Lancia hatte eine angeschlagene, kranke Maschine, die Kraft verloren hatte und Ölwolken ausstieß. Der Schwede meinte: »Ich muß bedingungslos auf Sieg fahren. Wenn wir anständig Öl nachfüllen, dann geht es noch gut tausend Kilometer.« Das ganze Debakel spielte sich aber nur noch 970 Kilometer vor dem Ziel ab. Also, was sollte dieser unnötige Nervenkrieg?
Auf den 18 Wertungsprüfungen dieser letzten Nacht wurde bedingungslos gefightet und gefahren, was die Kisten hergaben. Walter Röhrl nutzte seine Chance. Er kämpfte gegen einen Björn Waldegaard, der den Lancia Stratos gnadenlos über den Schotter prügelte. Das Aufbäumen brachte dem Schweden fünf Bestzeiten und zwei Minuten Zeitgutschrift auf den Opel Ascona von Röhrl. Dann blieb er für immer stehen. Nicht der Motor, sondern die Elektrik gab den Geist auf.
Achim Warmbold ließ sich auf diese Provokation erst gar nicht ein. Er fiel immer weiter zurück, nahm die Herausforderung seines Landsmannes mit der Begründung »Ove Andersson will den Toyota im Ziel sehen, ein sicherer zweiter Platz ist völlig in Ordnung« einfach nicht an. Später reagierte Warmbold vor einer Kuppe falsch, rutschte bei der

Korrektur, für die er den Rückwärtsgang des Toyota benötigte, immer weiter bergab und war schließlich aus der erlaubten Zeit von 30 Minuten. Aus. Walter Röhrl glaubte noch immer nicht an einen Sieg. Sein Pessimismus war schon damals so ausgeprägt, auch wenn er es auch heute noch nicht zugibt, daß er von einer heilen Welt ganz einfach nichts hielt. »Ich bin sicher, daß wir auch noch ausfallen«, wehrte er alle, die an ihn glaubten, kurz und bündig ab. Er trieb den Ascona dann mit einer eindrucksvollen Leistung ohne jeden Fehler rund um den Peleponnes und gewann ungefährdet, sauber und sicher seinen ersten WM-Lauf.

Zufrieden, Herr Röhrl? »Ich weiß es nicht. Ich bin nur am Anfang dieser letzten Nacht ein bißchen schnell gefahren, ansonsten habe ich das Auto über jeden Stein getragen und aufgepaßt, daß nichts bricht.« Sportlich, so meinte er, sei dieser Sieg nicht viel wert: »Bei der Alpenfahrt 1973 im Königwald einem Stig Blomqvist um die Ohren zu fahren, das ist sportlich eine größere Leistung als das Fahrzeug über eine ganze Akropolis zu tragen und zu schonen.«

Was Spitzenfahrer unter schonend verstehen, das ist halt für uns Normalfahrer immer noch der Traum vom schnellen Ritt, den wir Zeit unseres Lebens leider nur träumen dürfen, da auch diese Art von Rallyefahren schon eine artistische Leistung ist und mit dem Beherrschen eines Fahrzeugs im Alltagsverkehr nichts mehr gemeinsam hat. Trotzdem, jeder kaufte ihm seine Schilderung ab. Wichtig, unheimlich wichtig war für ihn dieser Sieg auf jeden Fall. Viel wichtiger als die gewonnene Europameisterschaft vom Vorjahr, auch wenn dieses Championat damals noch wesentlich mehr wert war als heute, da es noch keine Fahrerweltmeisterschaft gab. Daß er schnell Auto fahren konnte, das hatte er allen lange Zeit eingehend demonstriert. Daß im Ziel dieser Akropolis-Rallye außer ihm kein Großer übriggeblieben war, das konnte man ihm nicht ankreiden. Dieser Sieg war für Walter Röhrl der – auch wenn es noch eine Zeitlang dauern sollte – endgültige Durchbruch zur Weltspitze. In den Top-Ten der Ergebnisliste waren keine großen Namen mehr vorhanden. Für seine Klasse sprach jedoch die Tatsache, daß er bereits den zweitplazierten Griechen ›Siroco‹, der einen Renault Alpine fuhr, um 38 Minuten deklassierte, was schon fast an Gemeinheit grenzte.

Auf vier Rädern hoch hinaus: Nur Fliegen ist schöner...

Auf Umwegen

In Verbindung mit Walter Röhrl und seiner Rallyekarriere verwenden Journalisten immer wieder die Floskel »Walter Röhrl, der ehemalige Chauffeur des Bischofs von Regensburg«. Das liest sich unheimlich gut und ist auch heute noch für jedes Blatt ein toller Aufmacher. Dran ist an der ganzen Geschichte fast nichts. Walter Röhrl schlug nach seiner Mittleren Reife eine grundsolide Beamtenlaufbahn ein und wußte schon am Anfang, daß er nicht zum Bürohocker bestimmt war. Andernfalls hätte er sich auf dieses Spiel nicht eingelassen.

Holen wir etwas weiter aus. Das erzbischöfliche Ordinariat von Regensburg verwaltet die gesamten Ländereien der Kirchen von Bayern. Röhrls Chef war ein Jurist namens Dr. Heinrich Zenglein, mit dem Bischof selbst hatte er überhaupt keinen Vertrag, denn er war nur Chauffeur und Sekretär des Herrn Oberfinanzdirektors. Dieser Job trug natürlich mit dazu bei, daß er sein vorhandenes fahrerisches Talent ständig ausbauen und verfeinern konnte, weil jährlich gut 100 000 Kilometer auf bayerischen Landstraßen zurückgelegt werden mußten. Herr Zenglein durfte kein Angsthase sein, denn Walter Röhrl, der damals in Regensburg schon bekannt war wie ein bunter Hund – positiv, versteht sich –, fuhr den Mercedes 200 fast ausschließlich Vollgas. Herr Zenglein kam nie zu spät zu einem Termin, und

Herr Röhrl absolvierte eine Fahrschule, für die er sich persönlich als Lehrer auserwählt hatte.
Wenn es seinem Chef in manchen Kurvenpassagen zu eng wurde, hielt er sich wie ein Klammeraffe im Fahrzeug fest, zog nur noch den Rauch seiner Zigaretten, ohne die er nicht sein konnte, in die Lunge und drohte manchmal daran zu ersticken. Dennoch, Dr. Heinrich Zenglein wurde völlig gesund in Pension geschickt. Was dann kam, war für den Langen allerdings nicht mehr der wahre Jakob. Sein neuer Chef war ein schlechter Beifahrer und nahm das Lenkrad am liebsten selbst in die Hand. Für Walter Röhrl blieb nur noch das übrig, was er überhaupt nicht leiden konnte: eine staubige, langweilige und nervenaufreibende Schreibtischtätigkeit. Er hatte keine Lust, sich selbst der Verkümmerung hinzugeben, während seine Freunde irgendwo irgendwelchen Sportarten nachgingen, und kündigte seinen Vertrag. Zu diesem Zeitpunkt war es kein Zufall mehr, daß Walter Röhrl den Weg des Rallyefahrers einschlug. Es war 1973, und Walter war 26 Jahre alt. Heute wäre dies, so die Meinung der Insider, für eine Karriere bereits zu spät. Wäre er jedoch nicht Rallyefahrer geworden, so hätte er es sicher in irgendeiner anderen Sportart zu Höchstleistungen gebracht. Sport war für ihn bereits von Kindheit an eines der wichtigsten Dinge auf dieser Welt.
Er war zwanzig, als sein Bruder Michael bei einem Autounfall ums Leben kam. Michael war zehn Jahre älter als er und wahrscheinlich ›schuld‹ daran, daß Walter Röhrl später Profisportler wurde. »Wenn ich je überhaupt ein Idol hatte, dann war es mein Bruder«, pflegt er heute noch zu sagen. »Michael war derjenige, der mich ständig zum Ehrgeiz antrieb. Er war nicht nur in der Schule der Beste, sondern auch ein hervorragender Autofahrer und Skiläufer. Vielleicht aber liegt der eigentliche Grund dafür, daß mein Leben so entscheidend vom Sport bestimmt und geprägt wurde, noch viel weiter zurück.«

Schon sehr früh lockten Motoren und Rennen

Raufen, Skifahren, Rudern ...
Seine Kindheit und auch seine Jugend unterschied sich in keiner Weise von der seiner Schulkameraden. Er ist lediglich der Meinung, daß seine damaligen roten Haare ein Handicap waren und er deshalb zu einem Einzelgänger wurde. Wie jeder andere Junge drückte er die Schulbank, wie jeder andere Bub drosch er mit Begeisterung auf einen Fußball. Sein Spitzname Rotfuchs trieb ihn frühzeitig zu Höchstleistungen im Sport. Hier muß gesagt werden, daß die Raufereien unter Schülern – zumindest in früheren Zeiten – ebenfalls zu den bevorzugten Sportarten gehörten. Dies allerdings zum Leidwesen von Walter Röhrls Mutter und seiner Lehrer. Denn, was nicht selten vorkam, das Wort »Rotfuchs« mußten viele seiner Kameraden mit einer blutigen Nase, zerrissenen Klamotten und blauen Augen bezahlen. Auch dann, wenn es hinterher Ärger gab.

Walter war ein Musterschüler. Doch derartige Hochleistungen wurden von den gleichaltrigen Kameraden nur wenig anerkannt. In seiner Jugend – vielleicht hat sich darin gegenüber heute etwas geändert – kam es vor allen Dingen immer darauf an, wer auf dem Spiel- oder Sportplatz der Beste war. Solche sportlichen Großtaten blieben in jedem Schädel haften, da man früher in der Freizeit – zumindest auf dem Land – mehr Stunden zusammen verbrachte als in der Schule. Er handelte dementsprechend.
In Regensburg und überhaupt in ganz Bayern waren die Winter früher wesentlich strenger und kälter als heute. Rund um die Domstadt gab es genügend Buckel, die prima zum Skilaufen geeignet waren. Schlitten waren zwar damals noch groß in Mode, aber nur, weil es nicht viele Bretteln gab. Unter vierzig Buben gab es vielleicht zwei, denen die Möglichkeit zum Skilaufen gegeben war. Der Rest mußte sich ganz einfach mit Schlittenfahren begnügen.

Autos übten schon immer eine Faszination aus

Sommer und Winter waren für den kleinen Walter immer mit sportlichen Aktivitäten ausgefüllt. Bei den Pfadfindern begann er Tischtennis zu spielen, entlockte seinem Körper erstmals das bis dahin noch versteckte Bewegungstalent und Ballgefühl und bestach durch seine Reaktion, Konzentration und Schnelligkeit. Orientierungswanderungen könnte man als Basis für die späteren Orientierungsfahrten und diese wiederum als Grundlage für die spätere Rallyelaufbahn anführen, doch dies scheint ihm etwas zu weit hergeholt. Zu den Zeltlagern radelten er und seine Spezeln in Rekordzeit, und auch bei diesen internen Radrennen bestach er durch Ausdauer und Schnelligkeit. Im Winter war dann Skilaufen für ihn das Nonplusultra. Er liebte zwar Abfahrten, aber noch mehr reizte ihn der Slalom. Sauber, elegant, schön und stilistisch perfekt zu fahren, gab ihm mehr, als so schnell wie möglich einen Abhang hinunterzurasen.

Mit seiner späteren Ehefrau Monika, die er bereits 1967 kennenlernte

Im Rallyesport vereint er beides – Perfektion und Schnelligkeit. Autofahren war für ihn von Anfang an die Übersetzung des Skifahrens auf Fahrzeug und Straße, und Ski fahren konnte er. Er, der Perfektionist, ist überhaupt der Meinung, daß man ein Sportgerät erst dann richtig beherrsche, wenn es zu einem Teil des eigenen Körpers geworden ist. »Das Fahrzeug ist mein verlängertes Rückgrat, der Tennisschläger ist mein verlängerter Arm, die Skier sind nichts anderes als eine Fortsetzung meiner Beine. Das Gehirn muß das Ganze richtig umsetzen und der Gedanke, du würdest einen Fremdkörper mit dir herumschleppen, darf erst gar nicht mehr aufkommen«, argumentiert er, der sämtliche Sportarten mit einer beinahe an Wissenschaft grenzenden Akribie betreibt.

Eine sich anbahnende Skikarriere wurde jäh gestoppt, als er sich im Alter von 16 Jahren in St. Englmar beim Slalomtraining beide Knöchel ausdrehte, was ihm beim heutigen Stand der Technik schier unmöglich erscheint. »Damals fuhren wir noch Drehtellerbindungen, und die Slalomstangen waren unbeweglich und hart«, erinnert er sich. Röhrl befaßte sich fortan mit dem Skilehrwesen und arbeitete intensiv und hart für die Skilehrerprüfung. Übungsleiter, Lehrwart, Skilehreranwärter und mit 23 Jahren die Prüfung als viertbester Skilehrer Deutschlands waren das Resultat. Heute ist er längst dazu berechtigt, Skilehreranwärter auszubilden und ihnen die Prüfung abzunehmen.

Beim Rudersport lernte Walter Röhrl,

der seit dem 7. März 1947 auf der Welt ist, dann seine spätere Frau Monika kennen. Das war 1967. Er war Regensburger Stadtmeister im Einer, fuhr sehr viel im Vierer und diskutiert mit seinem besten Freund, dem ehemaligen Deutschen- und Europameister Heinz Brunner aus Sünching, noch heute viel und engagiert über den Rudersport. »Eine gewisse Kraft«, sagt er, »kann man sich antrainieren und konservieren. Entscheidend ist jedoch immer der Wille. Im Vierer ist es noch nicht so schlimm, da mußt du mitziehen. Ob du willst oder nicht, ob du kannst oder nicht. Du ziehst dich, wenn der tote Punkt kommt, und der bleibt nie aus, an den drei Kameraden hoch, denn du weißt, daß sie dich brauchen. Im Einer bist du, was furchtbar grausam sein kann, auch noch nach 1000 und 1500 Metern alleine. Nur noch der eigene Wille zählt.«

Zweiter Platz in der Gesamtwertung bei der Bavaria-Rallye 1969. Auf dem Beifahrersitz Herbert Marecek

Die ersten Rallyes

Walter Röhrl schöpft einen Großteil, vielleicht sogar alles an Willen und Kraft aus seiner tiefen Religiosität. Seine Verankerung im katholischen Glauben verleitet einen immer wieder, ihn mit dem Beinamen ›Der Gläubige‹ oder ›Weltmeister durch Glauben‹ zu versehen. Er macht aus seiner Gläubigkeit keinen Hehl, wenn man ihn danach fragt, aber er wird sie nie vor sich hertragen. Die einfache katholische Erziehung hat sein Leben für immer geprägt.

Begonnen hat alles damit, daß er als Bub das tat, was alle Jungen in ihrer Schulzeit am liebsten treiben – Sport. Was ihn von seinen Freunden unterschied, war lediglich dies – Walter war besser. Besser, weil es die Worte Discothek, Kino und Wirtshaus für ihn einfach nicht gab. Besser, weil ihm ein Talent angeboren war, das er als Einzelgänger selbst entdeckte und hervorholte. Vielleicht wäre er ein bekannter Skiläufer, Ruderer, Radrennfahrer, Trial- oder Motocrossfahrer, Tischtennis- oder Tennisspieler geworden, wenn sein Freund Herbert Marecek ihn nicht zum Rallyesport gebracht hätte. Marecek wollte Rallyes fahren, und Röhrl konnte Auto fahren. Auf dem Weg zum Skilaufen in die Berge lenkte Walter das Auto, und Herbert Marecek bekam große Augen. »Der hockte hinter dem Lenkrad wie ein Großer, bewegte das Auto wie ein Profi«, träumt Herbert noch heute. Er war dann derjenige, der die Autos auftrieb, vorbereitete und sich, nachdem er erkannt hatte, daß dies sinnvoller war, als Copilot neben Walter Röhrl setzte.

Die Bavaria-Rallye 1968 auf einem Fiat 850 Coupé war der erste Einsatz, und nach 450 Kilometern brach der Lichtmaschinenbügel. Erfolgreich fuhren die beiden Bajuwaren anschließend kleinere Rallyes, um dann bei der Bavaria-Rallye 1969 auf einem BMW 2002 ti erneut zuzuschlagen. Die Fachwelt wurde auf Walter Röhrl aufmerksam, da er die Veranstaltung mit dem zweiten Platz in der Gesamtwertung beendete und nur 20 Sekunden Rückstand auf den Werks-BMW von Helle Bein hatte, der immerhin eine Leistung von 190 PS aufzuweisen hatte. In der Hektik hatte sein Beifahrer aber eine Durchgangskontrolle übersehen, und die beiden Himmelstürmer wurden nachträglich, obwohl dieses Versehen keinen Einfluß auf die Wertung hatte, disqualifiziert.

Ein Regensburger Autohändler stellte, nachdem sich Röhrls Klasse herumgesprochen hatte, einen Alfa Romeo 1750 zur Verfügung, mit dem er bei der Diesel-Rallye, einem Lauf zur Deutschen Rallyemeisterschaft, auf dem dritten Platz landete. Der Wagen mußte am Sonntagabend wieder in das Schaufenster, da es sich um einen völlig serienmäßigen Vorführwagen handelte.

Nach Walter Röhrls Ausfall Weg frei für Nicolas

Der französische Renault-Alpine-Fahrer gewinnt „Olympia-Rallye“

Die Bavaria-Rallye 1970 sollte der große Hit werden. Marecek hatte für 15000 DM einen Porsche im Werk erstanden, der bereits 110000 Kilometer auf dem Buckel hatte. Sandro Munari und ein Haufen anderer nationaler und internationaler Prominenz waren da. Röhrl, der richtig heiß war, beherrschte das Feld so lange, bis ihm eine abgedrehte Halbachse erneut den Traum vom Sieg zunichte machte. Wolfgang Rausch, damals Chefredakteur bei ›Rallye Racing‹, war einer seiner Fürsprecher bei Ford. »Laßt doch mal den wilden Burschen aus dem Bayerischen Wald ans Steuer«, meinte er, und Walter Röhrl, der nie daran gedacht hatte, war Werksfahrer, ohne je eine einzige Mark in diesen Sport investiert zu haben.

Bis dahin hatte er die Fahrerei mehr oder weniger verheimlicht. Einige Jahre vorher, es war das Jahr, als sein Bruder ums Leben kam, fing es durch Zufall an, und jetzt stand er plötzlich vor der Entscheidung. Er wollte aufhören, eigentlich aber wollte er doch fahren, und der damalige Sportchef von Ford, Mike Kranefuß, bereitete Walter Röhrl, der sich dann endgültig für diesen Sport entschied und beim ›Bischof‹ kündigte, auf die Olympia-Rallye 1972 vor. ›Olympia-Rallye‹ war ein Zauberwort und wahrscheinlich die beste Veranstaltung im Rallyesport, die jemals in Deutschland stattgefunden hat. Es war ein illustres Feld: Hannu Mikkola, Bernard Darniche, Jean-Pierre Nicolas und Rauno Aaltonen – große Namen, und Walter Röhrl

Auf dem Weg in die Schlagzeilen. Bei der Olympia-Rallye 1972 war der Sieg zum Greifen nah

Eine Sternstunde im Leben des jungen Walter Röhrl begann an einem trüben, regenverhangenen Morgen. Die vorletzte Nacht der Olympia-Rallye war zu Ende gegangen, die Sonderprüfung „Fichtelgebirge", mit 39 Kilometern die längste auf Schotter, wurde gestartet. Jean Pierre Nicolas, der als erster losfuhr, wußte sich nach dem Ausfall der Favoriten mit weitem Vorsprung an der Spitze des Gesamtklassements. Walter Röhrl, der einige Minuten hinter Nicolas lag, startete als zweiter. In diesen sechzig Sekunden entschloß er sich zum Angriff. Er fuhr die Sonderprüfung nicht auf Biegen und Brechen, sondern ganz kühl, jeden Zentimeter des Weges ausnutzend, jedes unnötige Querstellen vermeidend. Am Ende der Sonderprüfung hatte er Nicolas eingeholt – die erste Minute des Vorsprungs des Jean Pierre Nicolas war dahin. Die Männer im Alpine-Team wachten auf, gaben Nicolas Order, schneller zu werden – es half nichts, auf jeder der nun folgenden Sonderprüfungen war Walter Röhrl mit dem in jeder Weise einer Alpine unterlegenen Ford Capri um Sekunden schneller, er egalisierte den Vorsprung am Arber, setzte sich an die Spitze des Gesamtklassements – und mußte in Plattling, einer der letzten Sonderprüfungen der Rallye, mit Motorschaden aufgeben. Jean Pierre Nicolas gewann die Olympia-Rallye, und der Name Walter Röhrl hatte internationalen Klang und Wert bekommen. Man muß dazusagen: Die Olympia-Rallye war Röhrls 25. Veranstaltung überhaupt – die meisten Weltspitzenfahrer glauben, daß sie mindestens 50 Rallyes gebraucht haben, bis sie konkurrenzfähig waren.
Die Karriere des Walter Röhrl begann 1969, als ihn Herbert Marecek, sein Beifahrer, überredete, mit dessen Fiat 850 an der Rallye Bavaria teilzunehmen. Röhrl: „Ich bin damals sehr gern sehr schnell gefahren. Aber ich wußte überhaupt nicht, was eine Rallye ist. Der Herbert hat mich dazu zwingen müssen. Als wir zur Abnahme kamen und ich die hergerichteten Autos sah, wurde mir schlecht. Ich wollte wieder heimfahren." Nun, er fuhr doch und nachdem er kurz vor Schluß wegen eines technischen Defekts ausgefallen war, erstaunte es ihn maßlos, daß da „ein Mann namens Helmut Bein mit einem Alpina-BMW auf einer Bergabsonderprüfung fast 20 Sekunden schneller

Walter Röhrl:

DER REINE TOR

oder wie Rallyefahren zur Kunst wird

Der deutsche Rallyeprofi Walter Röhrl, 26, steht am Anfang einer internationalen Karriere

Walter Röhrl bewegt sein Auto gleichbleibend zügig, ohne Emotionen. Sein Stil, gemischt aus skandinavischen und französischen Elementen, erlaubt es ihm, auch auf unbekannter Strecke schnell zu fahren.

In der Sportpresse

war mit von der Partie. Röhrl führte mit der Startnummer 23 vor der fünftletzten Wertungsprüfung und vor 15000 Zuschauern in der Nähe seiner Heimatstadt mit einem Vorsprung von 14 Sekunden vor dem Franzosen Jean-Pierre Nicolas. Dann ein Motorschaden aus heiterem Himmel, und ein enttäuschter, aber dennoch glücklicher Newcomer, den sich im darauffolgenden Jahr Opel kaufte und dessen ständiger Beifahrer nun Jochen Berger wurde.
Die Opel-Zeit war bis auf den Gewinn der Rallye-Europameisterschaft und seinen Sieg bei der Rallye Akropolis 1975 recht erfolglos, und Röhrl erinnert sich nur recht ungern daran. Die Technik spielte dem Regensburger grausame Streiche.
Er glaubte selbst nicht mehr so richtig an sich, war der Meinung, daß es für den großen Durchbruch eh längst zu spät war, und brauchte gute Freunde, die ihn antrieben. Die sagten, Walter, das wird schon, es ist noch lange nicht zu spät, du mußt nur an dich glauben.

Nach oben

Bei der Rallye San Martino di Castrozza 1977 wollte er mit seinem eigenen Porsche und mit Christian Geistdörfer fahren. Er und Christian hatten sich beim Skifahren kennengelernt, und Geistdörfer träumte von einer Rallye neben Walter Röhrl. Der Start wurde dann um 24 Stunden verschoben, was Walter Röhrl völlig ausreichte, um die Entscheidung zu fällen, diese brutale Veranstaltung nicht mit dem eigenen Porsche zu fahren. Daniele Audetto, damals noch Fiat-Sportchef und einer, der sein Geschäft hundertprozentig verstand, bekam dies mit und holte sich Walter Röhrl zu einem Gespräch. Eine halbe Stunde später trafen wir uns wieder im Hotel, und Walter meinte: »Der

Audetto hat auch einen Vogel. Sagt, er bringe noch einen Werks-Fiat her, und den soll ich fahren.« Fazit der Geschichte war, daß Walter Röhrl, damals noch bei Opel unter Vertrag, und Christian Geistdörfer, vertraglich noch an Toyota gebunden, auf einem Fiat Abarth den dritten Platz bei der Castrozza belegten, anschließend für Fiat gleich nach Kanada flogen, und auch für das kommende Jahr bei den Italienern einen Vertrag unterschrieben.
Eigentlich wäre Walter Röhrl hinter Sandro Munari Zweiter geworden. Daniele Audetto, der wahrscheinlich nicht damit gerechnet hatte, daß der Regensburger dem Anwärter auf die italienische Meisterschaft, Maurizio Verini, gleich acht Minuten abnehmen würde, bat Walter Röhrl um einen ersten Gefallen. »Denk daran, daß du nicht mußt. Ich möchte zwar gerne, daß Verini die Meisterschaft gewinnt, und dir macht es nichts aus, Zweiter oder Dritter zu werden«, meinte Daniele, das Schlitzohr. Röhrl stand acht Minuten tatenlos an der letzten Zeitkontrolle herum, wartete seinen Vorsprung ab, ehe er gelangweilt über die letzte Wertungsprüfung fuhr. Röhrl bekam die Schlagzeilen, und Verini wurde Meister, aber in den Dolomiten war er der Blamierte. Hinterher im Hotel stand er ziemlich nachdenklich in der Ecke und dachte wahrscheinlich immer noch darüber nach, wie dieser Deutsche das wohl geschafft haben mochte. Walter Röhrl weckte ihn aus seiner Lethargie. »Hallo, Maurizio«, rief er in Richtung Verini. Als dieser zu ihm herüberblickte, meinte Röhrl grinsend: »Life is hard, sorry.«
Den Porsche behielt er. In seiner Garage stehen meistens so an die drei bis vier Fahrzeuge. Walter Röhrl wurde bei Fiat herzlich aufgenommen. Daniele Audetto machte von Anfang an keinen Hehl daraus, was er von dem Regensburger hielt. »Walter ist der kommende

Der Größte auf Schnee, Schotter und Asphalt wäre gern Landwirt
Zwei Deutsche erstmals Rallye-Weltmeister
Staunen über Röhrl: „Er ist ein Phänomen"
Röhrl erster deutscher Rallye-Weltmeister
Weltmeister Röhrl: „Jetzt ... re ich wie meine Oma"
Weltrekord! Röhrl
3x Weltmeister
Titel und Sieg in San Remo trotz Streik und „Kling-Klong"
In San Remo mit dem Trainingsauto zum Sieg
Weltmeister Röhrl nun von deutschen Autofirmen gejagt
Der Längste ist auch der Größte!
Vom Sekretär des Bischofs zum Rallye-Weltmeister
Weltmeister! Das macht Röhrl zehn Jahre älter
„Da gibt's im Wald einen, der sie alle schlagen kann"
Skilehrer Röhrl ist Rallye-Weltmeister
Das »Kling-Klong« nervte
Die WM für ein Phänomen
Röhrl: Erfolg gehört auch Geistdörfer
Auch mit dem Reserveauto klappt es beim Walter
Röhrl im »falschen« Wagen Rallye-Weltmeister
Ein Traumpaar am Ziel seiner Wünsche
ARENA
Nach seinem Sieg bei der Rallye San Remo ist Walter Röhrl der Titel nicht mehr zu nehmen
Der Weltmeister aus dem Wald

Die Presse jubelt: Walter Röhrl steht im Mittelpunkt des Blätterwaldes – der Weltmeister

Campionissimo. Er wird für uns eine Menge Rallyes gewinnen, er wird Weltmeister werden, und irgendwann wird jeder begreifen, daß dieser Mann der Größte ist, den dieser Sport je hervorgezaubert hat.«
Walter Röhrl, der damals schon beinahe ein Jahrzehnt mit Monika verlobt war, fand dann auch einmal während der Fiat-Zeit zwischen zwei Rallyes ein paar ruhigere Tage und heiratete. Er fühlte sich wohl bei den Italienern, auch wenn er den ganzen Zirkus, den sie nach wie vor veranstalteten, wenn sie unterwegs waren, überhaupt nicht ausstehen konnte. Die Lebensart der Italiener interessierte ihn nicht. Er brauchte keinen Harem, keine Lacklederschuhe, keine seidene Krawatte, nicht die feinsten Lokale, Discotheken und Spielcasinos,

keinen Arzt, der nach einer Nacht auf der Piste als erster den Löffel schmeißt und müde wird, sondern nur ein gutes Auto, sehr gute Ingenieure und die besten Mechaniker.
Da er dies auch vorfand, kümmerte er sich um den gesellschaftlichen Rahmen, der die Azzuris ständig umgab, herzlich wenig. Ihm genügten ein paar Freunde aus Bayern, und die waren eh bei jeder Rallye mit von der Partie. Außerdem hatte er die wunderbare Aufgabe, die er sich natürlich selbst gestellt hatte, und die hieß, besser zu sein als sein Teamkollege Markku Alen.

Perfekt

Drei Jahre lang war er maßgeblich mit an den Titeln von Fiat und Lancia beteiligt. 1978 gewann er mit Fiat die Markenweltmeisterschaft, 1979 konnte er mit seinem Team erneut diesen Titel erringen, und 1980 wurde sein großes Jahr. Er war wieder maßgeblich daran beteiligt, daß Fiat erneut Weltmeister wurde, daß Lancia nicht zuletzt durch seine Erfolge, die er zusammen mit Ricardo Patrese auf der Rundstrecke in der Langstrecken-Weltmeisterschaft errang, auch diese Weltmeisterschaft gewann, und er wurde der erste deutsche Automobil-Weltmeister nach einer beispiellosen Siegesserie. Ausfälle, er wußte zu dieser Zeit gar nicht mehr, wie man dieses Wort schreibt. Seine Fans wurden immer trauriger. Nicht, weil sie ihm seine Erfolge nicht gönnten, das wäre absurd, sondern weil sie mit seinem Fahrstil nicht mehr einverstanden waren. Es gab schon vorher keinen Walter Röhrl, der nur quer wie die großen Drifter, wie meinetwegen Stig Blomqvist, Henri Toivonen oder Ari Vatanen durch die Ecken fuhr, aber jetzt war er ganz gestorben.
Die Fotografen waren nur noch am schimpfen, wenn er sauber wie ein Strich auf der Ideallinie daherkam, was auf den Bildern nicht mehr den Hauch, nicht mehr den leisesten Schimmer von Aktion erkennen ließ. Er übertrug das, was er auf der Rundstrecke gelernt hatte, auf die Rallyepisten, und kreierte den neuen Röhrlschen Fahrstil.
»Querfahren ist nur ein Sicherheitsfaktor. Eine saubere Linie, einen anständigen Strich zu fahren, sieht zwar langsamer aus, aber es ist entschieden schneller. Es kostet zwar doppelt so viel Kraft, Kondition und Konzentration, wenn es einmal nicht mehr paßt, dann fliegst du wahrscheinlich fürchterlich ab, während du bei einem Drift das Fahrzeug immer noch stabilisieren kannst«, war seine Antwort.
1981 unterschrieb er bei Mercedes, die machten vor dem ersten Start den Laden dicht, und Röhrl jobbte sich durch die Gegend. Viele waren der Meinung,

Mit dem Porsche auf der Rundstrecke: Fahren im Grenzbereich

seine ganz große Zeit wäre jetzt zu Ende, und er würde den Anschluß nicht mehr finden. Er unterschrieb bei Opel und wurde 1982 erneut Weltmeister, um dann, weil er innerhalb dieses Jahres mehr Ärger als Freude hatte, wieder zu den Italienern zu gehen. Mit Lancia gewann er wieder die Rallye-Markenweltmeisterschaft. Mehr Erfolg kann man fast schon nicht mehr haben. Seine letzte große Herausforderung war dann ein vierradangetriebenes Auto, und das gab es für ihn bei Audi. Seinen Einstand für die Ingolstädter feierte er mit seinem vierten Monte-Carlo-Sieg. Und auch in diesem Jahr dürfte er maßgeblich mit daran beteiligt sein, sein neues Team zum Markenweltmeister zu machen.

Seine Neigung zum Perfektionismus macht ihm das Leben nicht immer leicht. Alles, was er anpackt, versucht er perfekt zu tun. Alle Sportarten, und es sind nicht wenige, die er betreibt, sei es aus Spaß an der Freude oder um sich fit zu halten, sind, so wie der Rallyesport auch, ein Teil seines Lebens. Seine Frau Monika, seine Freunde, sogar einer seiner besten, der etwas stämmige Franz Popp, wissen, daß sie an seiner Seite nur dann bestehen können, wenn sie mitmachen und sich gleichfalls sportlich betätigen. Ob gut oder schlecht, ob erfolgreich oder nicht, das ist ihm völlig egal – entscheidend sind der Wille und der Spaß daran.

Der Sportler

Es ist schwer, den Sportler Walter Röhrl richtig einzuordnen. Er gehört sicher in die Kategorie des Schwimmers Michael Groß, des Ruderers Peter-Michael Kolbe, des Tennisspielers John McEnroe, des Fußballers Paul Breitner und des Formel-1-Piloten Niki Lauda. Männer, die nicht immer in, sondern auch ab und zu aus der Reihe tanzen. Sportler mit Ecken und Kanten, die gerne die Wahrheit sagen, selbst dann noch, wenn sie anderen weh tut. Der Campionissimo des Rallyesports kennt seinen Stellenwert als Sportler. Er ist manchmal jähzornig, vielleicht sogar ein wenig cholerisch. Er macht sich nicht viel aus Publicity, ist aber für jeden zugänglich und hat allein schon deshalb viele Fans. Ein typisch sturer bayerischer Schädel.

Antisportler schätzt er nicht negativ ein, aber er bedauert sie. Sie sind für ihn nicht minderwertiger als Sportler, aber sie haben für ihn niemals richtig gelebt. Weder im Beruf noch in der Freizeit können solche Menschen für ihn richtige Lebensfreude genießen. »Wer ohne Sport lebt, wird nie erfahren, was er zu leisten vermag. Es gibt nichts Schöneres, als die Leistungsfähigkeit seines eigenen Körpers zu erfahren und sich bis an die Grenzen zu quälen. Wer beruflich wirklich Höchstleistungen bringen will, der muß ganz einfach auch Sport treiben – etwas für seinen Körper tun«, lautet seine Devise. Noch nie hatten die Menschen so viel Freizeit wie heute, und die sich daraus ergebende Möglichkeit, sich sportlich zu betätigen, sollte seiner Ansicht nach jeder nutzen. Seine Leistungsgrenze finden, sagt Röhrl, könne man auf zweierlei Art und Weise. Asketisch, indem man auf Anhieb so lange geht oder rennt, bis man umfällt. Intelligent, indem man seine Grenzen einschätzt und sich nach und nach an sie herantastet.

Auto fahren konnte er wahrscheinlich, so wie Ski fahren auch, schon immer. Dennoch, Talente müssen entdeckt und hervorgeholt werden. Warum ein Auto vorne oder hinten ausbricht, das wußte er früher sicherlich auch nicht. Allerdings hatte er bereits am Anfang seiner Rallyelaufbahn den richtigen Riecher, um immer das zu tun, was nötig war, um dem aufmuckenden Fahrzeug wieder den richtigen Weg zu weisen. In den letzten zehn Jahren hat er es nicht nur so weit gebracht, daß jedes Fahrzeug macht, was er von ihm verlangt. So weit sind alle Spitzenfahrer. Er hat sich darüber hinaus alle für das Autofahren relevanten physikalischen Gesetze zu eigen gemacht, verzichtet auf jeden unnötigen Schlenker, der schnell aussieht, aber langsam ist, versucht zu erahnen, was sein Fahrzeug vorhat, und ›reagiert‹ auf Vorfälle, ehe sie überhaupt eingetreten sind.

Der Weltmeister

Die Kraft des Motors über die Räder auf die Piste bringen ohne Reibungsverlust, ohne Querfahren und ohne Umweg, also ständig auf der Ideallinie, das Fahrzeug dabei trotzdem schonen und um jeden Stein herumfahren, der dem Fahrzeug weh tun könnte, so schnell wie möglich – das ist Rallyefahren in unserer modernen Zeit. Er beherrscht es, so wie wahrscheinlich kein anderer. Unter den Spitzenpiloten in diesem Geschäft – es sind vielleicht ein gutes Dutzend, die ein Riesentalent vorzuweisen haben, – ist Walter Röhrl der cleverste, konzentrierteste, präziseste, perfekteste und damit auch in alle Bereichen der effektivste und beste Fahrer der Welt. 350 000 Kilometer und nur vier Unfälle, bei denen er sich fast nicht einmal weh getan hat! Das spricht für sich selbst. Er war nicht nur zweimal Weltmeister, sondern er ist der Weltmeister schlechthin. Walter Röhrl lebt primär für den Sport und betreibt den Sport auch primär für sich selbst. Dies gilt auch für den Rallyesport. Er will sich selbst beweisen, daß er der Beste ist, und nicht anderen durch seine Leistungen imponieren. Was nicht heißt, daß er sich nicht voll und ganz mit seinem Können und Know-How in den Dienst seines jeweiligen Arbeitgebers stellt und voll für die vorgegebenen Ziele arbeitet. Obwohl er gewiß ein unerschütterliches Selbstvertrauen hat, neigte er schon immer zum

Mit ›Entdecker‹ Herbert Marecek

Zweckpessimismus und ist äußerst sensibel. Vielleicht ist diese Tatsache bei ihm aber schon eine Art Taktik, die er selbst gar nicht mehr wahrnimmt, weil er nicht unbedingt zu den besten Verlierern zählt. Oder aber, er versteht ganz einfach unter perfekt zu sein mehr als wir, wenn wir ihn zu beurteilen versuchen. Gott sei Dank ist er so gut, daß es einem fast immer leichtfällt, über ihn objektiv zu berichten. Allerdings hat es noch niemand geschafft, ihn so zu porträtieren, daß er voll und ganz damit einverstanden gewesen wäre. Seine besten Freunde kennen ihn gut, aber kennt ihn jemand durch und durch?

Walter Röhrl ist ein Weltmeister, der nie ganz aus sich herausgeht, der sich nie voll in sein Innenleben schauen läßt, der manchmal so voller Widersprüche ist, daß er selbst nicht mehr weiß, was er will. Man muß ihn aber trotzdem mögen, akzeptieren, respektieren, weil er im Grunde, und darauf kommt es an, ein ganz natürlicher, einfacher bayerischer Bursche ist.

Dieter L. Scharnagl

So wurde ich Rallyefahrer

Das Talent zum Rallyefahrer wurde mir sicher nicht in die Wiege gelegt, obwohl Autos und Motoren in unserer Familie schon immer eine große Rolle spielten. Mein Vater war ein recht sportlicher Autofahrer, mein Bruder hat immer schöne Autos gehabt, ein Fiat Cabriolet zum Beispiel oder einen Porsche 356, und mein Onkel war ganz wild aufs Motorradfahren.
Als kleiner Bub durfte ich am Wochenende des öfteren mit zu Autorennen oder zu Motorradrennen auf die Solitude in Stuttgart. Irgendwie hat mich diese Welt schon fasziniert. Im Gegensatz zu manchen anderen Buben in meinem Alter habe ich damals aber nie davon geträumt, einmal Rennfahrer zu werden.
Ein erster Schritt auf dem Weg zu meinem späteren Beruf waren sicherlich die Pässefahrten, die ich in den Jahren 1966 und 1967 mit einem Bekannten aus Regensburg unternahm. Der war ein begeisterter Paßfahrer, ist alle Pässe in Europa mit dem Auto abgefahren, und der hat mich einmal gefragt, ob ich keine Lust hätte mitzukommen.
Da gab es sogar eine richtige Meisterschaft, verteilt über das ganze Jahr. Man ist da also Pässe abgefahren, hatte ein Jahresschild dabei, stellte das Auto neben die Hütte und machte ein Foto. Wenn es irgendwie ging, ließ man sich noch einen Stempel von der Hütte geben, und das alles hat man dann am Jahresende eingereicht. Je nach Schwierigkeitsgrad und Höhe der Pässe, die man geschafft hatte, gab es Punkte. So wurde der Meister im Pässefahren ermittelt.

Meine Wochenenden liefen zu dieser Zeit praktisch alle nach dem gleichen Muster ab. Wir sind Freitagabend losgefahren, die ganze Nacht hindurch bis an den Fuß des Passes, wo wir dann im Auto erst mal zwei Stunden geschlafen haben. Danach sind wir rauf auf den Paß, haben unser Foto gemacht, sind weiter zum nächsten Paß, und am Sonntagabend waren wir dann wieder zu Hause. Das war schon eine gewisse Vorübung fürs Rallyefahren. Vor allem aber war es eine Riesengaudi.
Viel entscheidender für meine Rallyekarriere war aber mein Beruf im Bischöflichen Ordinariat der Diözese Regensburg. Bis ich achtzehn war, war ich im Innendienst beschäftigt. Das hat mir natürlich gar nicht behagt, den ganzen Tag nur im Büro zu sitzen, das war nichts für mich. Ich habe das auch nur ausgehalten, weil ich genau wußte, daß ich später rausdurfte, um mit den Landwirten draußen die Pachtverhandlungen zu führen.

Als ich achtzehn war, habe ich den Führerschein gemacht, und einen Tag später war ich im Außendienst. Ich hatte ein Dienstauto, und mit dem bin ich durch ganz Bayern gefahren. Da kamen im Jahr locker 100 000 Kilometer zusammen, und das war eine Erfahrung, die mir dann später schon zugute kam.
Meine erste Rallye bin ich 1968 gefahren. Ich bin da eigentlich mehr durch Zufall dazugekommen. Der Herbert Marecek, den ich vom Skifahren her recht gut kannte, hat mich eines Tages gefragt: »Du Walter, wenn ich ein Auto auftreibe, würdest du fahren?« Okay, sagte ich, wenn ich sonst nichts machen muß als nur zu fahren, dann geht das schon. Ich hatte ja von nichts eine Ahnung, der Herbert war wenigstens schon mal Beifahrer bei einem Zahnarzt gewesen. So startete ich mit seinem Fiat 850 Coupé zu meiner ersten Rallye.
Die hat für uns aber nicht lange gedauert. Wir sind ausgefallen. Die Bavaria

sind wir dann auch 1969 und 1970 gefahren, dazu kamen noch die Edelweiß-Rallye und die Diesel-Rallye. In drei Jahren sind wir also fünf Rallyes gefahren, und funktioniert hat das immer nach demselben Prinzip: Der Herbert hat sich um alles gekümmert, um das Auto, die Reifen, und was man sonst noch alles brauchte. Ich bin nur gefahren.
Bei der Bavaria sind wir übrigens auch in den nächsten Jahren ausgefallen, da hatten wir einfach kein Glück. Bei der Edelweiß-Rallye wurden wir mit einem alten Alfa immerhin Sechster in der Gesamtwertung, bei der Diesel-Rallye sogar Dritter. Das war gar nicht mal so schlecht für den Anfang.
Im Jahre 1971 sind wir auf Ford die Deutsche Meisterschaft gefahren. Im nächsten Jahr hat es, weil Herbert beruflich immer stärker engagiert war, nur noch für vier Läufe gereicht. Vier Wochen vor dem Start der Olympia-Rallye mußte er sogar ganz aufhören.

Werksfahrer

Hobby und Beruf ließen sich nicht mehr unter einen Hut bringen.
Von da an war Jochen Berger mein Beifahrer. Mit ihm zusammen ging ich 1973 zu Opel. Das war mein erster profihafter Vertrag als Rallyefahrer. Ich war glücklich, wenn sich mein Monatsgehalt auch etwas bescheiden anhörte: DM 800. Aber das war für mich damals gar nicht so wichtig.
Nachdem ich bei der Olympia-Rallye so gut gefahren war, hat mir Jochen Neerpasch, der Rennleiter von BMW, das Angebot gemacht, für das Werk auf der Rundstrecke zu fahren. Ich habe abgelehnt, weil mir der ganze Rummel bei diesen Rennen schon damals zu groß war. Das mochte ich nicht, diese ganzen Leute um einen herum, der ständige Trubel um die Fahrer. Das war nichts für mich.
Im Rallyesport war das ganz anders. Das hat mich gereizt, weil Rallyes praktisch unter Ausschluß der Öffentlichkeit gefahren werden, nachts und im Wald, und die Fahrer nicht dauernd im Mittelpunkt stehen. Da hatte ich meine Ruhe. Wenigstens damals noch.

Meine ›Philosophie‹

Rallye Portugal 1984

Autofahren und Philosophie scheinen auf den ersten Blick nicht richtig zusammenzupassen. Bei genauerem Hinsehen jedoch sind sich die beiden Bereiche gar nicht mehr so fremd. Autofahren bezeichnet einen sehr komplexen Zusammenhang, der die unterschiedlichsten Faktoren miteinbezieht, dabei aber nur funktioniert, wenn wirklich alles zusammenpaßt: das Auto mit seinen technischen Möglichkeiten und Anforderungen, die unterschiedlichen Fahrtechniken, man selbst mit der Vielfalt seiner Eigenschaften und Fähigkeiten, die ständig wechselnden Fahrsituationen und, nicht zu vergessen, die jeweiligen Verkehrspartner.

Wollen Sie sicher und sportlich Auto fahren, müssen sie all diese Dinge in einen harmonischen Einklang bringen. Mensch und Technik müssen eine Einheit bilden. Dazu gehört Fahrkönnen ebenso wie ein gutes Urteilsvermögen, Wissen und Erfahrung, aber auch ein gehöriges Maß an menschlichem Verständnis.

Sicheres und sportliches Autofahren hat für mich grundsätzlich nichts mit besonders hohem Risiko und Tempo zu tun. Verwechseln Sie sportliches Fahren im Alltag bitte nicht mit der Fahrweise bei Autorennen oder Rallyes. Im Alltagsverkehr sportlich zu fahren, kann zunächst nur bedeuten, besonders sicher zu fahren. Ein wirklich guter Autofahrer unterscheidet sich vom Normalfahrer dadurch, daß er besonders harmonisch und ganzheitlich fährt, sein Fahrzeug souverän beherrscht und dabei nicht nur elegant, sondern auch wirkungsvoll, das heißt ausgesprochen sicher und ökonomisch mit seinem Auto umzugehen weiß. Sportlich Auto fahren bedeutet, sicher und dynamisch zu fahren – mit einem Schuß persönlicher Entfaltung.

Ein paar Gedanken zur Veranschaulichung meiner Einstellung. Ein moderner Sportwagen in ausgezeichnetem Zustand mit einer Leistung von beispielsweise 200 PS, technologisch ausgereift und hochentwickelt, bietet noch lange keine Gewähr für sicheres und sportliches Fahren. Erst der Mensch mit seinem Können und Verantwortungsbewußtsein entscheidet letztlich darüber, ob die technischen Möglichkeiten auch wirklich in der angemessenen Art und Weise umgesetzt werden. Auch andersherum erreichen wir unser Ziel nicht, wenn ein besonders guter Autofahrer mit einem nicht mehr verkehrssicheren Auto fährt. Ausgezeichnetes fahrerisches Können kann sehr viel helfen, gravierende technische Mängel jedoch nicht ausgleichen. Stimmt beides, das fahrerische Können und der Zustand des Autos, so kann immer noch eines fehlen: Souveränität und Verantwortungsbewußtsein. In der Hand eines Verkehrsrowdys wird aus der Leistungsfähigkeit eines Autos schnell eine Gefahr. Der Mensch ist auch hier das Maß aller Dinge. Verantwortungsbe-

wußtsein ist heute – und das nicht nur beim Autofahren – mehr denn je gefordert.
Meine persönliche Philosophie des Autofahrens bestand schon immer darin, in jeder Situation perfekt zu sein. Dazu fühle ich mich in das Auto ein, so daß es gleichsam ein organischer Bestandteil von mir wird. Es muß auf meine Gedanken und Empfindungen fast genauso reagieren wie meine Hände oder meine Beine. Vielleicht werden Sie jetzt sagen, »Na ja, Autofahren ist doch nicht das Leben. Ich will doch schließlich nur zur Arbeit oder eventuell mal in den Urlaub fahren. Das müßte doch wohl auch so funktionieren, oder...?« Richtig, Autofahren ist nicht das Leben, aber sicher und sportlich zu fahren hilft, Leben zu schützen – dazu kommt dann noch, daß Sie etwas ›erleben‹, indem Sie Ihr Auto beherrschen lernen.
Ich will Ihnen beileibe nicht meine Denkweise aufzwingen, Sie haben sicher Ihre eigene, wohlerwogene Einstellung zu diesen Dingen. Ich möchte Sie vielmehr etwas zum Nachdenken anregen. Betrachten Sie all das, was in diesem Buch steht, bitte ebenfalls unter diesem Aspekt. Wie es so schön heißt, »Viele Wege führen nach Rom«. Haben Sie eigene Erfahrungen gemacht, die Ihnen weiterhelfen, mit denen Sie erfolgreich sind, so muß das nicht im Widerspruch zu meinen Vorschlägen stehen. Ich hoffe, Ihnen aus meinem persönlichen Erfahrungsschatz hier möglichst viel Interessantes bieten zu können. Deshalb habe ich auch versucht, unterschiedlichen Leistungsniveaus und Interessenlagen Rechnung zu tragen. Erscheinen Ihnen meine grundlegenden Erläuterungen am Anfang zu einfach und selbstverständlich, blättern Sie weiter, Sie werden dann sicher weiter hinten fündig. Erscheinen Ihnen dagegen einige Dinge zu undurchsichtig und zu kompliziert, schlagen Sie weiter vorne in einem der ersten Kapitel nach, da stehen die grundsätzlichen Dinge.
Mir geht es, wie bereits gesagt, in diesem Buch hauptsächlich um die Sicherheit beim Autofahren, sie stellt sozusagen das Leitthema dar. Ich hätte meine Betrachtungen auch mehr unter dem Blickwinkel der Schnelligkeit anstellen können. Besonders schnell zu sein, bedeutet jedoch nicht, besonders sicher zu fahren, auch wenn Sie in beiden Fällen technisch möglichst gut sein sollten. Unter diesem Aspekt habe ich beispielsweise auch meine Aussagen zum Thema Ideallinie gemacht. Nebenbei bemerkt: Sicher zu fahren, bedeutet immer auch ›rund‹ zu fahren. Und das ist selbst bei Zeitprüfungen in einer Rallye meist der erfolgreichste Weg. Deshalb versuche ich, kurz aufeinanderfolgende Kurven eigentlich immer in einem möglichst gleichmäßigen Bogen zu durchfahren.
Keine Angst! Sie haben es im weiteren Verlauf dieses Buches nicht nur mit rein subjektiven ›Ergüssen‹ zu tun. Natürlich orientiere ich mich ständig an objektiven Kriterien. Autofahren unterliegt ganz harten Gesetzmäßigkeiten, an denen man nicht vorbeikommt, im Gegenteil, die man studieren muß, will man Erfolg haben. Die Zentrifugalkraft in einer Kurve läßt sich einfach nicht wegdiskutieren, sie zerrt uns in einer ganz bestimmten Weise kurvenauswärts, ob uns das nun paßt oder nicht. Je länger ich persönlich Auto fahre, desto mehr habe ich gelernt, diese objektiven Gegebenheiten zu erkennen, zu erleben, sie in mein Handeln miteinzubeziehen. Darin liegt, so glaube ich, der Schlüssel zu meinem Erfolg.

Sicher und sportlich Auto fahren: jederzeit Herr der Situation

Rallyefahren – ein Teil meines Lebens

Wenn ich mein Leben in drei gleiche Abschnitte einteile, dann habe ich das letzte Drittel nur für das Rallyefahren gelebt. Als ich 1973 von Opel meinen ersten Werksvertrag erhielt, habe ich diesen Sport zu meinem eigentlichen Beruf gemacht und seither praktisch wirklich auch nichts anderes mehr getan.

Es ist schwer zu sagen, was das Rallyefahren für mich, den Walter Röhrl aus Regensburg, nun eigentlich bedeutet. Wenn ich jetzt sage, es bedeutet mir alles, dann klingt das vielleicht etwas zu pathetisch. Es ist aber auf alle Fälle viel mehr als einfach nur ein Beruf, mit dem ich meinen Lebensunterhalt verdiene. Rallyefahren – das ist für mich Leidenschaft, Herausforderung, eine immer neue Möglichkeit, mich zu bestätigen.

Nichts anderes auf der Welt hat meine Persönlichkeit so stark geprägt wie dieser Sport. Was ich erreicht habe im Leben, und da meine ich jetzt nicht nur materielle Dinge, das verdanke ich dem Rallyefahren. Okay, ich habe immer auch Opfer bringen müssen. Im Jahr bin ich gut und gerne 250 Tage unterwegs, und ich muß auch schon mal in den afrikanischen Urwald, was ich hasse wie die Pest, wenn ich viel lieber mit guten Freunden in die Berge zum Skilaufen gefahren wäre. Aber all diese Dinge sind nichts im Vergleich zu dem, was mir das Rallyefahren tatsächlich gibt.

Dieses letzte Drittel war sicherlich der erfolgreichste Teil meines Lebens. Ich war zweimal Weltmeister und einmal Vizeweltmeister, habe viermal die Rallye Monte Carlo gewonnen, die nicht nur für mich genauso viel wie eine Weltmeisterschaft zählt.

Irgendwann werde ich einmal aufhören müssen, Rallyes zu fahren. Das Alter wird auch mir eine Grenze setzen. Aber ganz loskommen von diesem Sport werde ich sicherlich nie. Da mache ich mir nichts vor. Ich will deshalb mein Wissen und meine Erfahrung, alles, was ich mir in den letzten Jahren angeeignet habe, anderen zukommen lassen. Der Industrie zum Beispiel, oder auch dem Normalbürger. Ich habe da noch keine konkreten Vorstellungen.

Nur eines weiß ich sicher: Ich will kein Teamleiter werden. Dieser Job interessiert mich nicht, da hängen zu viele Dinge daran, die mir ein Greuel sind. Entwicklungsarbeit und Tests, das sind Tätigkeiten, die mich reizen würden. In dieser Arbeit konnte ich mir die Bestätigung holen, daß es sich auch gelohnt hat, all diese Erfahrungen zu sammeln, daß das nicht für die Katz war.

Eine Fortsetzung meiner Karriere in diese Richtung wäre natürlich das Logischste. Auf diesem Gebiet kann ich was, das weiß ich und das wissen die anderen. Auf der anderen Seite wäre es für mich aber auch reizvoll, noch einmal etwas ganz Neues anzufangen. Ich habe da jetzt gerade so einen Spleen. Ich will unbedingt lernen, einen Hubschrauber zu fliegen. Im Moment fehlt mir dazu zwar noch die Zeit, aber das interessiert mich derart, daß ich mir auch vorstellen könnte, die Fliegerei zu meinem neuen Beruf zu machen.

Der Röhrl als Hubschrauberpilot? Okay, im Moment ist das noch ein Hirngespinst. Aber sind es nicht gerade diese Hirngespinste, diese immer neuen Herausforderungen, an denen wir uns im Leben stets aufs neue aufrichten?

Mit einem Trialmotorrad könnte ich im Prinzip mein ganzes Ausgleichstraining gestalten. Es ist eine unheimlich gute Schule für Kondition, Konzentration, Gleichgewichtsgefühl und Armmuskeln. Außerdem ist man draußen in der Natur, und das ist für mich das Wichtigste überhaupt. Da werden sicherlich einige von Ihnen stutzen, werden sich vielleicht denken: Was soll das jetzt wieder? Da plappert der Röhrl dauernd davon, wie gern er in der Natur ist, wie er sie liebt, und dann pflügt er da mit einem stinkenden Rallyeauto durch und klettert mit einem Motorrad auf die Berge. Als ob er da nicht auch zu Fuß raufgehen könnte.

Abgesehen davon, daß ich jede Gelegenheit zu Bergtouren nutze, ist meine Einstellung auf den ersten Blick vielleicht wirklich ein Widerspruch. Aber nur auf den ersten Blick. Ich bringe das alles unter in meinem Kopf, mit meinem Gewissen bin ich im reinen. Für mich ist das überhaupt kein Widerspruch.

Noch ist die Spannung nicht gewichen – Rallye Monte Carlo

IN-YH 98

Von den Grundlagen

Vor der Kür kommt die Pflicht – auch für Sie. Bevor Sie sich mit ganz speziellen Fahrtechniken beschäftigen, möglicherweise in einem Schleuderkurs versuchen, kontrolliert durch eine Kurve zu driften, sollten Sie sich ein paar Gedanken über die Grundlagen des Autofahrens machen. Warum verhält sich ein Auto so, wie es sich verhält? Wie läßt sich verändertes Fahrverhalten bei besonderen Straßenverhältnissen erklären?

All dem kommen Sie besser auf den Grund, wenn Sie sich –zumindest kurz einmal – etwas mit den physikalischen Voraussetzungen des Autofahrens auseinandersetzen. Ins Gewicht fällt dabei natürlich, nach welchem Konstruktionsprinzip Ihr Auto aufgebaut ist. Machen Sie sich klar, welche Kräfte auf das Auto wirken, wie sie wirken und warum das zu den jeweiligen Konsequenzen beim Fahrverhalten führt. Vermeiden Sie Überraschungen, fahren Sie bewußt, indem Sie immer auch nach dem ›Warum?‹ fragen. Bewußt Auto fahren heißt auch, es vernünftig und ökonomisch zu bedienen, nur dann haben Sie es wirklich im ›Griff‹.

Physikalisches

Keine Angst, Sie sollen sich im folgenden nicht lang und breit mit noch aus der Schulzeit in unliebsamer Erinnerung befindlichen physikalischen Formeln herumschlagen. Es geht lediglich um ein paar grundsätzliche Überlegungen, die vieles, was sonst leicht unverständlich bleiben würde, verstehen helfen. Das fängt schon bei all den Begriffen an, die immer wieder gebraucht werden und von denen auf den nächsten Seiten die wichtigsten geklärt werden sollen.

Gewicht und Zuladung. Ein wesentlicher Faktor für das Fahrverhalten eines Autos ist sein Gewicht. Je nach Masse wirken verschieden starke Kräfte auf die Fahrbahn, senkrecht zu einer ebenen Fläche. Je nach Lage des Schwerpunktes verteilt sich diese Gewichtskraft wiederum auf die vier Räder. Durch unsachgemäße – sei es zu große oder schlecht verteilte – Zuladung kann das Fahrverhalten eines Autos empfindlich verändert werden, gerade in Extremsituationen können Sie ganz plötzlich mit sonst ungewohnten, gefährlichen Problemen konfrontiert werden. Bremswege verlängern sich, Kurvenfahrten werden schnell zur riskanten Schlingerpartie.

Die Kraftübertragung auf die Straße beim Beschleunigen, beim Bremsen oder beim Durchfahren von Kurven resultiert aus den Reibungskräften zwischen Reifen und Fahrbahn. Die Größe der Reibungsfläche hat im allgemeinen keinen Einfluß auf die Höhe der Reibung, sondern nur ihre Beschaffenheit.

Auf dem Trainingsplatz bei den Aufnahmen für dieses Buch

Gewichtskräfte mit und ohne Zuladung

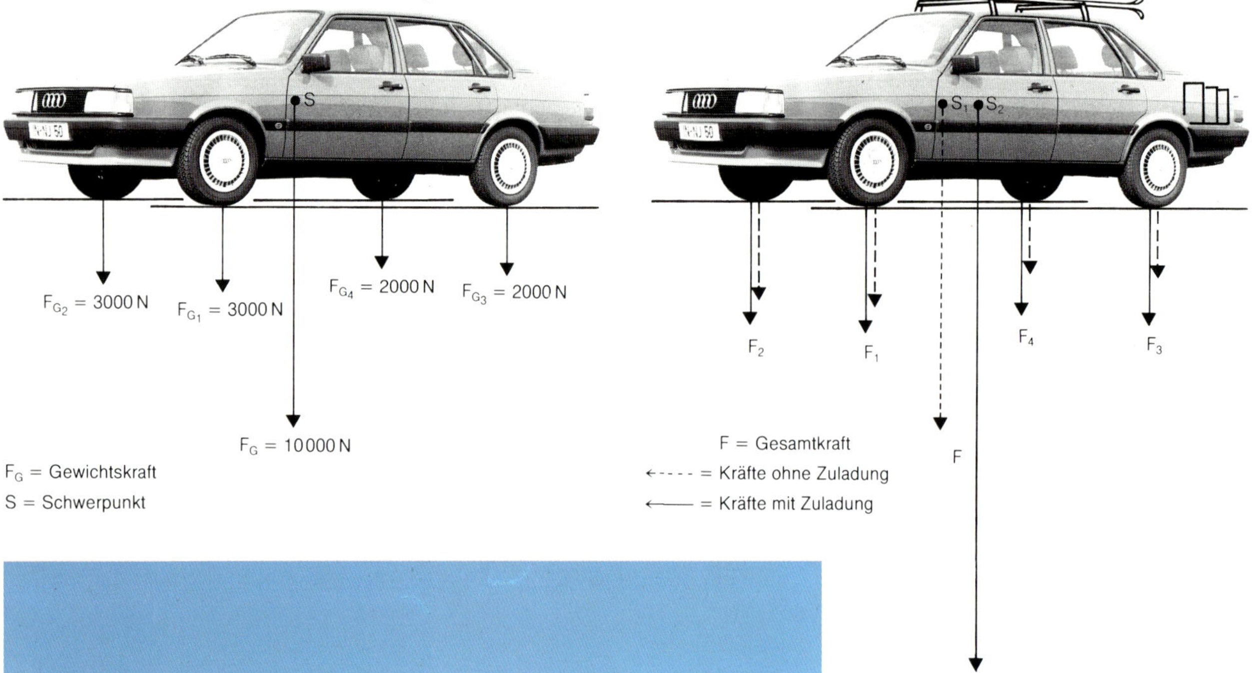

Oben: Die Gesamtgewichtskraft greift am Schwerpunkt an und verteilt sich je nach Zuladung auf die vier Räder.

Bei Rallyes schleppen die Servicefahrzeuge alles überflüssige Gewicht

Zentral für die Reibung und damit für die Führungskräfte, die das Auto manövrierfähig machen, ist natürlich das Gewicht eines Autos. Fahren Sie bergauf oder bergab, müssen Sie daher mit verschlechterten Führungskräften rechnen. Ein Teil des Gewichtes wirkt nun nicht mehr senkrecht zur Fahrbahn, sondern wird in Hangabtrieb umgesetzt. Reibung und Stabilität verringern sich. Mit zunehmendem Gefälle verlängern sich die Bremswege auch bei normalen Straßenverhältnissen deutlich.

Kräfte beim Fahren bergauf ***Kräfte beim Fahren bergab***

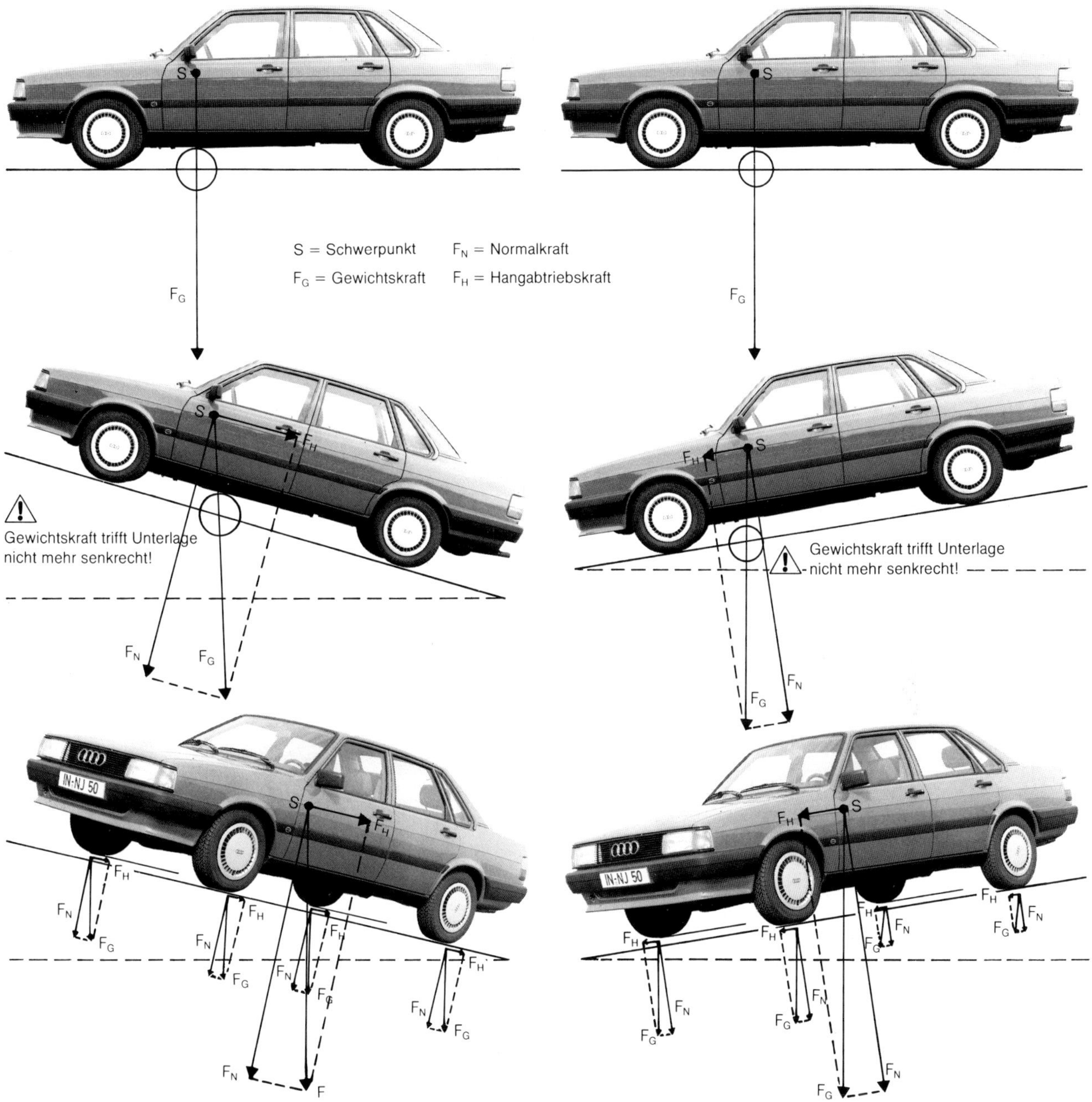

Die Gewichtskraft wird in die Hangabtriebs- und die Normalkraft aufgeteilt. Im Vergleich zur Ebene verlagern sich die Kräfte bergauf von der Vorderachse mehr zur Hinterachse. Bergab wird die Vorderachse stärker belastet.

Lastwechsel – Bremsen

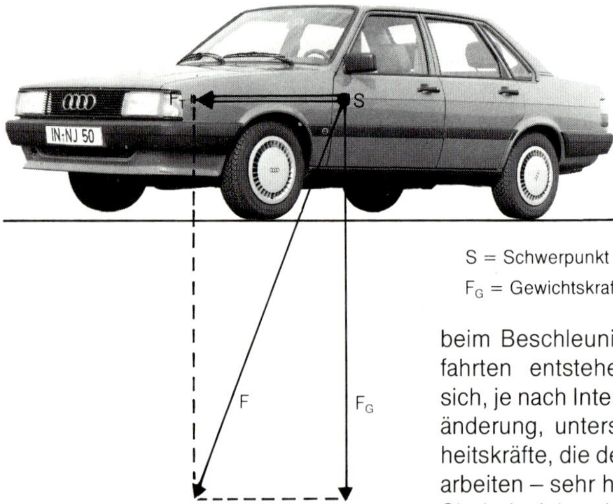

Beim Bremsen wirkt eine Trägheitskraft in Fahrtrichtung.

Lastwechsel – Beschleunigen

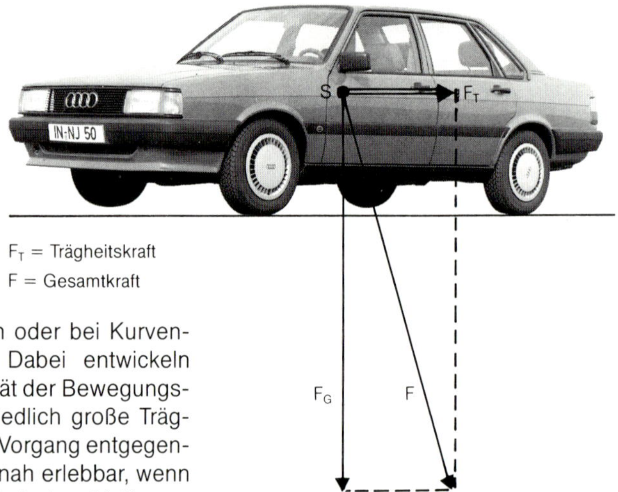

Beim Beschleunigen wirkt eine Trägheitskraft gegen die Fahrtrichtung.

S = Schwerpunkt
F_G = Gewichtskraft
F_T = Trägheitskraft
F = Gesamtkraft

Lastwechselkräfte. Wesentlich für die Fahrtechnik sind vor allem die Lastwechselkräfte, die bei Bewegungsänderungen, das heißt beim Bremsen, beim Beschleunigen oder bei Kurvenfahrten entstehen. Dabei entwickeln sich, je nach Intensität der Bewegungsänderung, unterschiedlich große Trägheitskräfte, die dem Vorgang entgegenarbeiten – sehr hautnah erlebbar, wenn Sie beispielsweise bei einer Vollbremsung in die Gurte gedrückt werden. Genau, wie es Sie beim Bremsen nach vorne drückt, werden auch die Räder an der Vorderachse verstärkt belastet. Die Vorderreifen haben im Vergleich zu den Hinterreifen deutlich größere Bremswirkung.

Analog dazu werden beim Beschleunigungsvorgang natürlich die Hinterräder stärker belastet, in der Kurve die Reifen an der Außenseite. Größere Belastung

In der Kurve

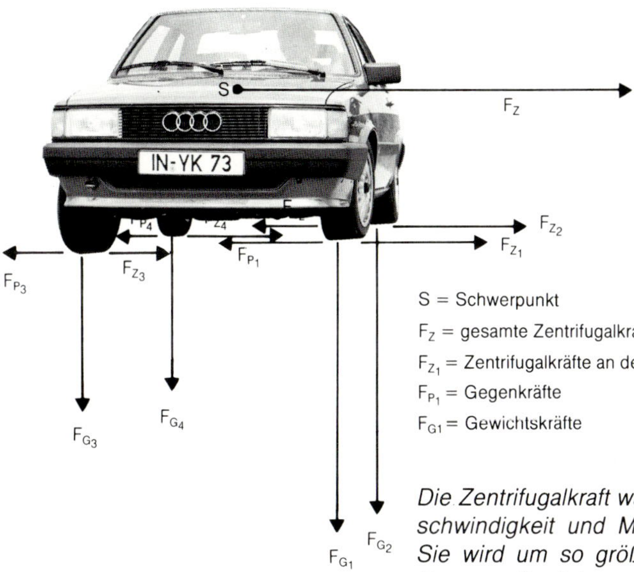

S = Schwerpunkt

F_Z = gesamte Zentrifugalkraft

F_{Z_1} = Zentrifugalkräfte an den einzelnen Rädern

F_{P_1} = Gegenkräfte

F_{G1} = Gewichtskräfte

Die Zentrifugalkraft wächst mit der Geschwindigkeit und Masse des Autos. Sie wird um so größer, je enger der Kurvenradius ist.

bedeutet mehr Reibung, ein stärker belasteter Reifen hat mehr Griff, bremst besser und dreht beim Beschleunigen nicht so leicht durch. Die Kunst des Autofahrens besteht insbesondere auch darin, sich diese Lastwechselreaktionen zunutze zu machen.

Die Zentrifugalkraft, also die Kraft, die Sie in einer Kurve nach außen drückt, ist um so größer, je größer Ihre Geschwindigkeit, je größer die Masse Ihres Autos und je enger die Kurve ist. Nur wenn die Zentrifugalkraft die Reibungskräfte an den einzelnen Rädern nicht übersteigt, folgt das Auto problemlos dem Kurvenverlauf. Durch den Lastwechsel werden zudem die Reifen an der Kurvenaußenseite wesentlich stärker belastet als die an der Innenseite, sie können deutlich höhere Reibungskräfte aufbauen. An diesem Beispiel sehen Sie sehr gut, wie nützlich solche physikalischen Überlegungen auch für die Alltagspraxis sein können. Erfahrungsgemäß liegt im Winter am Kurvenrand länger Streugut als auf der übrigen Fahrbahn. Fahren Sie also mit Ihren äußeren Rädern auf dem Fahrbahnrand, und nutzen Sie so die Lastwechselreaktionen Ihres Autos aus. Daß Sie Ihre Geschwindigkeit, auch wenn Sie diesen kleinen Trick anwenden, trotzdem den Umständen gemäß reduzieren müssen, versteht sich von selbst.

Kraftübertragung und Seitenführung. Die Reibungskräfte hängen von der Beschaffenheit der Reibungsflächen einerseits und von der Kraft senkrecht zur Reibungsfläche andererseits ab. Reifen können zwar viel, aber nicht alles. Während ein Reifen maximal Kräfte in oder entgegen der Fahrtrichtung überträgt, kann er nicht gleichzeitig auch noch Kräfte quer zur Fahrtrichtung aufbauen. Ein Reifen, der durch Bremsen oder auch Beschleunigungen beansprucht wird, überträgt fast keine Lenkkräfte mehr. Sie können diese Erscheinung leicht selber testen. Bremsen Sie dazu Ihr Auto relativ hart ab und versuchen Sie, mit den blockierten Rädern eine Kurve zu fahren. Ihr Auto wird nahezu unbeirrt weiter geradeaus fahren.

Andererseits kann ein Reifen, der in einer Kurve maximale Seitenkräfte liefert, nicht zugleich optimal bremsen oder beschleunigen. Aus diesem Zusammenhang läßt sich für nahezu alle Fahrsituationen die klare Forderung ableiten: Nicht bremsen oder Gas geben und gleichzeitig lenken, denn beides wird den Reifen gerade bei extremen Belastungen schnell zu viel. Eine sehr einfache Regel, die aber trotzdem von vielen Autofahrern gerade in Extremsituationen nicht ausreichend beachtet wird. Rallyefahrer nutzen diese Eigenschaft der Reifen beispielsweise beim Driften geschickt aus, um ihre Autos schnell und sicher durch die Kurven zu steuern.

Kraftübertragung

Die Seitenführungskräfte (3/4) nehmen ab, je mehr Kräfte die Reifen beim Bremsen oder Beschleunigen gegen oder in Fahrtrichtung (1/2) auf die Straße übertragen müssen

Die Reifen werden bei scharfer Kurvenfahrt extrem belastet

Oben: Optimales Bremsen genau auf den Punkt erfordert ausgesprochen viel Übung
Rechts: Volles Beschleunigen gelingt nur, wenn Sie nicht gleichzeitig lenken. Zu viel auf einmal geht nicht. Mit zu hohen Belastungen überfordern Sie Ihre Reifen nur

Luftwiderstand. Zum großen Teil läßt sich das Verhalten Ihres Autos erst aus der Betrachtung der dynamischen Kräfte erklären, der Kräfte, die in und durch die Bewegung entstehen. Dabei darf man auch den Luftwiderstand nicht vergessen, selbst wenn er bei den Überlegungen zur Fahrtechnik im Grunde nicht ins Gewicht fällt. Viele Hersteller werben für ihre Fahrzeuge mit einem besonders niedrigen cw-Wert, der Auskunft gibt über die Höhe des Widerstandes, den ein bestimmter Fahrzeugtyp im Windkanal bietet. Bei Geschwindigkeiten über 80 km/h vergrößert sich der Luftwiderstand extrem schnell, so daß das Auto deutlich höheren Kräften entgegenarbeiten muß. Sie sollten sich immer überlegen, ob wirklich alles aufs Dach gepackt werden muß, was eventuell auch im Koffer- oder Innenraum Platz hätte. Montieren Sie gerade bei längeren Fahrten unbenutzte Skiständer oder ähnliches vom Dach Ihres Autos ab, Sie sparen damit viel Benzin.

Fahrwiderstandskräfte

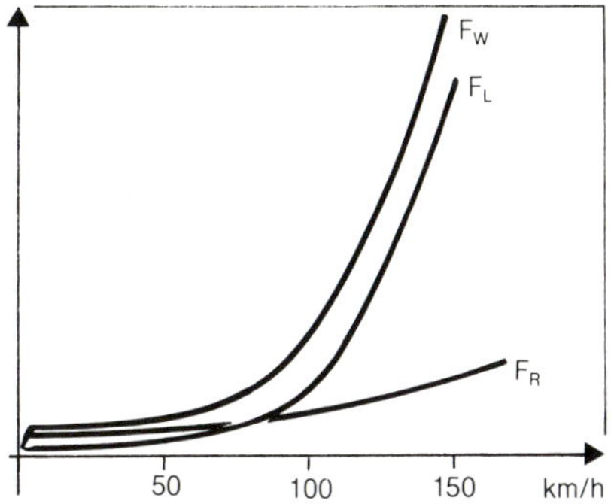

F_R = Rollwiderstandskraft
F_L = Luftwiderstandskraft
F_W = gesamte Widerstandskraft

Gerade bei Rallyes muß die Kraftübertragung genau abgestimmt werden. Beim Driften wird das Auto mehr mit Gas und Bremse als mit dem Lenkrad durch die Kurve gesteuert

Unter- / Übersteuern. Glauben Sie eigentlich, daß Ihre Reifen immer auch in die Richtung weisen, in die Sie gerade fahren? In der Kurve sind die Rollrichtung der Reifen und die Richtung der Fahrzeugbewegung nur bei sehr niedrigen Geschwindigkeiten und sehr großen Kurvenradien in etwa gleich. Ansonsten weichen sie je nach Konstruktionsweise des Autos, Reifenart, aber auch Straßenbeschaffenheit voneinander ab. Aus dieser Abweichung resultiert der sogenannte ›Schräglaufwinkel‹ eines Reifens. Unterschiedliche Autos entwickeln, immer ganz ihrer jeweiligen Konstruktionsweise entsprechend, unterschiedliches Fahrverhalten in der Kurve, das sogenannte Eigenlenkverhalten. Man unterscheidet in der Regel zwischen neutralem sowie unter- und übersteuerndem Fahrverhalten.

Von Untersteuern spricht man, wie es der Begriff schon sehr anschaulich macht, wenn ein Auto die Fahrtrichtung weniger stark ändert, als dies vom Lenkeinschlag der Räder her zu erwarten wäre. Die Schräglaufwinkel an der Vorderachse sind größer als die an der Hinterachse. Sie haben dann das Gefühl, daß Ihr Auto über die Vorderräder hinaus mit der Frontpartie kurvenauswärts drängt. Sie müssen nun stärker einschlagen, um die gewünschte Kurvenfahrt zu erzielen.

Übersteuern ist das genaue Gegenteil von Untersteuern. Ihr Auto ändert beim Lenkeinschlag die Richtung stärker als die Räder an der Vorderachse. Jetzt ist der Schräglaufwinkel an den Hinterrädern wesentlich größer als der an den Vorderrädern. Übersteuerndes Fahrverhalten tritt besonders häufig bei Fahrzeugen mit Heckantrieb auf, wobei der Effekt bei einem Heckmotor noch wesentlich verstärkt wird, durch die größere Masse strebt das Fahrzeugheck stärker kurvenauswärts. Sie arbeiten übersteuerndem Kurvenverhalten am besten durch wohldosiertes Gegenlenken entgegen.

Bei rutschigen Fahrbahnverhältnissen – im Winter, bei Regen oder bei Nässe – sollten Sie in allen Fahrsituationen damit rechnen, daß das konstruktionsbedingte Eigenlenkverhalten weiter verstärkt wird. Durch gezielte Maßnahmen kann ein Fahrer es aber korrigieren oder sogar bewußt bei bestimmten Techniken

Obere Reihe: Derselbe Fahrzeugtyp kann je nach Fahrsituation ein unterschiedliches Eigenlenkverhalten entwickeln. Typisches Untersteuern: der Wagen schiebt über die Vorderräder aus der Kurve (links). Neutrales Fahrverhalten: das Auto folgt dem Lenkeinschlag ziemlich genau (Mitte). Übersteuern: das Heck bricht kurvenauswärts aus (rechts), da hilft nur Gegenlenken

Untere Reihe: Je nach Konstruktionsweise neigt ein Fahrzeug zu spezifischem Eigenlenkverhalten. Der Golf mit Vorderradantrieb und Frontmotor untersteuert eher, der Mercedes verhält sich relativ neutral. Heckantriebler mit Heckmotor wie der Porsche übersteuern normalerweise, da der Schwerpunkt sehr weit hinten liegt, die Zentrifugalkraft zerrt stärker am Heck

einsetzen und verändern. Dazu mehr in den speziellen Kapiteln zur Fahrtechnik. Eines sollten Sie sich vorsichtshalber aber hier schon merken: Beim Fahren bergab ändert sich das Fahrverhalten je nach Gefälle wie folgt: Zuerst reagiert fast jedes Fahrzeug im Grenzbereich auf ein Einlenken in die Kurve mit deutlichem Untersteuern, das bei weiterem Lenken rasch auch in ein ausgeprägtes Übersteuern umschlagen kann. Die Bandbreite neutralen Fahrverhaltens ist deutlich geringer. So ist es bei Fahrten auf Gefällstrecken ratsam, die Fahrt Ihres Autos durch angemessene Geschwindigkeiten in sicheren Grenzen zu halten.

Reifen – Qual der Wahl

Die Reifen entscheiden in unserem Sport noch nicht so sehr über Sieg und Niederlage wie in der Formel-1. Aber es dauert sicherlich nicht mehr lange, bis auch wir so weit sind.

Es ist jetzt schon unheimlich schwer, die richtige Reifenwahl zu treffen. Bei der Rallye Monte Carlo stehen den Werksteams nicht weniger als sieben verschiedene Reifentypen zur Verfügung. Und dann gibts, als sei das noch nicht kompliziert genug, auch noch sechs verschiedene Mischungen. Wenn du da die falsche Entscheidung triffst, fällst du ganz schnell auf die Nase.

Es ist ja nicht immer so, daß wir sagen können: Klare Sache, da haben wir eine trockene Asphaltstraße, da nehmen wir die Slicks. Oder: Da ist jetzt alles eisig, da nehmen wir Spikes. In Monte Carlo gibt es Sonderprüfungen, da sind die ersten sechs Kilometer trocken, dann gehts zehn Kilometer auf Schnee dahin, und dann wirds wieder trocken. Jetzt such dir mal den richtigen Reifen.

Noch schwieriger wirds, wenn sich die Bedingungen unterwegs verändern. Wenns unten am Start der Prüfung regnet, schneits oben im Ziel vielleicht. Oder eine gefährliche Eisplatte ist jetzt, da die Sonne rausgekommen ist, nur noch eine harmlose Pfütze.

Eben weil sich die Verhältnisse bei der Rallye Monte Carlo oft so schnell ändern, werden von den Werkteams sogar ›Eisspione‹ eingesetzt. Die fahren die Sonderprüfungen vorher ab und liefern den Piloten die neuesten Informationen über die Strecke. Danach suche ich mir die Reifen aus. Solche ›Eisspione‹ müssen selbst exzellente Rallyefahrer mit viel Erfahrung sein. Da sie oft schon Stunden vorher in eine Prüfung müssen, weil hinterher abgesperrt wird, sind ihre Informationen entsprechend alt. Aber immer noch besser als das, was wir während des Trainings in unser Gebetbuch eingetragen haben. Das ist oft nicht mehr zu gebrauchen.

Trotz der ›Eisspione‹, die mit Kugelschreiber und Thermometer unterwegs sind, ist die Wahl der richtigen Reifen immer noch Glückssache. Man kann richtig liegen, aber auch total falsch.

Das ist mir bei der Rallye Monte Carlo 1982 passiert. Mein ›Eisspion‹ ist über die Prüfung gefahren und hat mir gesagt, der Asphalt sei vereist, er würde Spikes fahren. Mein Teamkollege Jochi Kleint, der die Monte Carlo auch gut kennt, hat sich dagegen für Racingreifen entschieden. Er hat sich gesagt, das Eis ist so dünn, wenn die Sonne rauskommt, taut es sofort weg. Mir war das zu riskant. Ich bin mit Spikes gefahren.

Das war ein großer Irrtum. Aber ich war das erste Auto auf der Strecke, lag in Führung, ich mußte mich einfach für die sichere Lösung entscheiden. Es war dann aber genau so, wie es Jochi vorausgesagt hatte: Kurz vor dem Start kam tatsächlich die Sonne heraus, das Eis war im Nu weggetaut, und ich bin mit M+S-Reifen über die Strecke gegeigt. Der Jochi hatte mich mit den Racingreifen schon nach zehn Kilometern eingeholt.

Auch 1984 entschied ich mich wieder für M+S-Reifen, während die anderen Slicks aufziehen ließen. Auf vier Kilometern lagen Eis und Schnee, alles andere war trocken. Es war aber meine erste Rallye auf dem Audi quattro, und ich wollte kein unnötiges Risiko eingehen. Mit den Reifen habe ich mich auf dem Schnee dann auch unheimlich sicher gefühlt und habe es richtig schnell laufen lassen. Mit Slicks wäre ich, selbst wenn die auf Schnee

genauso gut gegangen wären, sicherlich viel vorsichtiger gefahren, weil ich einfach Angst gehabt hätte. Im Ziel war ich mit meinen M+S-Reifen dann der Schnellste.
Wenn ich jetzt daran zurückdenke, bin ich mir nicht absolut sicher, ob diese Entscheidung wirklich richtig war. Aber das Gefühl der Sicherheit, das mir diese Reifen gaben, war in diesem Fall entscheidend. Sonst hätte ich mir womöglich unterwegs Gedanken gemacht und gesagt, mei, vielleicht habe ich jetzt doch die falschen Reifen drauf. Allein das hätte mich schon langsamer gemacht, da bin ich mir ganz sicher.
Es gibt natürlich auch Situationen, in denen man etwas riskieren muß. Dann steht halt nicht mehr die Sicherheit im Vordergrund, sondern allein der Gedanke: Mein Gegner liegt in Führung, wenn ich ihn noch einholen will, muß ich was riskieren. Selbst wenn ich normalerweise M+S-Reifen aufziehen lassen müßte, entscheide ich mich in diesem Fall für Slicks, weil ich mir sage: Okay, entweder es haut hin oder nicht. Im umgekehrten Fall, wenn ich in Führung liege, riskiere ich natürlich einen Teufel, sondern wähle auf jeden Fall den sicheren Reifen.
Die Firmen, die die Rallyeteams mit Reifen beliefern, legen sich ganz schön für uns ins Zeug. Ein Sieg mit ihren Reifen ist auf der einen Seite gute Werbung, auf der anderen Seite gewinnen sie aus ihrem Rallyeengagement eine Menge neuer Erkenntnisse, die sie in die Serienproduktion einfließen lassen können.
Aber zurück zu unserem Sport. Die Frage ist nicht mehr so sehr, ob ein Reifen die Belastungen aushält. Viel wichtiger ist, wie gut oder wie schlecht er unter den jeweiligen Bedingungen geht. Bei der Rallye Monte Carlo 1984 haben die Lancia Rally schlecht ausgesehen, weil ihre Reifen nichts taugten. Auf Schnee konnten sie mit uns noch erstaunlicherweise gut mithalten. Sobald zwischen dem Schnee aber etwas Asphalt auftauchte, hat der ihre Reifen sofort zerstört, während wir da überhaupt keine Probleme hatten. Das war für Lancia natürlich tödlich. In Portugal hatten sie so gute Reifen, daß sie mit uns mithalten konnten. Normalerweise haben sie da keine Chance.

Konstruktionsprinzipien

An dieser Stelle wollen wir uns zumindest kurz mit den unterschiedlichen Konstruktionsprinzipien von Autos auseinandersetzen, die für die Fahrtechnik von maßgeblicher Bedeutung sein können. Alle Fahrzeugtypen unterscheiden sich von der Technik und vom Aussehen her, auch wenn die Unterschiede oft nur im Detail liegen. Natürlich kann ich nicht für jeden Fahrzeugtyp ein eigenes Buch schreiben, ich will aber in diesem Abschnitt eine Gruppeneinteilung vorschlagen, die ich weiter hinten, immer wenn es nötig ist, wieder aufnehmen werde.
Von grundlegender Bedeutung für die jeweilige Fahrtechnik sind sowohl die Antriebsart eines Autos als auch seine Gewichtsverteilung, die Lage seines Schwerpunktes. Dieser wird verständlicherweise ganz entscheidend von der Position des Motors beeinflußt. Bei Autos mit Frontantrieb befindet sich der Motor in der Regel über der Vorderachse, bei Autos mit Heckantrieb eventuell auch hinten, wie das beim mittlerweile schon legendären Käfer der Fall ist.

Beim Allradantrieb müssen wir wiederum zwischen zwei verschiedenen Konzepten unterscheiden, der Variante mit zuschaltbarem und der mit permanentem Allradantrieb, bei der ständig alle vier Räder angetrieben werden und ein Umschalten auf konventionellen Zweiradantrieb nicht mehr möglich ist. Die Zukunft gehört hier sicher wohl der per-

Setzen Sie sich mit der Konstruktionsweise Ihres Autos auseinander. Das ist eine wichtige Grundlage

manenten Lösung. ›Vierfüßler‹ haben den Motor normalerweise wie die meisten anderen Autos auch über der Vorderachse. Bei Zweiradbetrieb werden

die Vorderräder angetrieben. Somit kommen wir zu folgender, für die Fahrtechnik manchmal sehr wichtigen Einteilung von Fahrzeugtypen:

- Autos mit Heckantrieb und Motor über der Vorderachse
- Autos mit Heckantrieb und Motor über der Hinterachse
- Autos mit Frontantrieb und Motor über der Vorderachse
- Autos mit Allradantrieb und Motor über der Vorderachse

Möglicherweise vermissen Sie jetzt den Mittelmotor. Autos mit Mittelmotor reagieren ähnlich wie ihre ›Verwandten‹ mit dem gleichen Antriebskonzept. Allerdings sind sie im Grenzbereich relativ schwer zu beherrschen, da die meisten Reaktionen ziemlich übergangslos auftreten und sich damit nicht so einfach kontrollieren lassen. Für Großserien sind Mittelmotoren zudem nicht sehr beliebt, da der Motor im Fahrgastraum untergebracht werden muß. Dieses Prinzip wird daher sehr selten verfolgt und ist fast nur in einigen wenigen rein zweisitzigen Sportwagen zu finden.

Autos mit Heck- oder Frontantrieb benötigen an der jeweils angetriebenen Achse ein Differential, ein Ausgleichsgetriebe, das beispielsweise in einer Kurve den unterschiedlichen Vortrieb der Räder reguliert. Allradgetriebene Fahrzeuge brauchen dagegen gleich drei derartige Differentiale, nämlich an der Vorder- und an der Hinterachse sowie zwischen den beiden Achsen. Lassen sich diese Differentiale sperren, so erzielt man einen besseren Geradeauslauf und damit auch Vorteile bei schlechten Straßenverhältnissen. Allerdings ›meldet‹ sich eine Differentialsperre bei Kurvenfahrten meistens mit einem leichten ›Knurren‹, da die Räder sehr unterschiedliche Rollgeschwindigkeiten aufweisen. Die Fahrtechnik wird dadurch jedoch grundsätzlich nicht verändert.

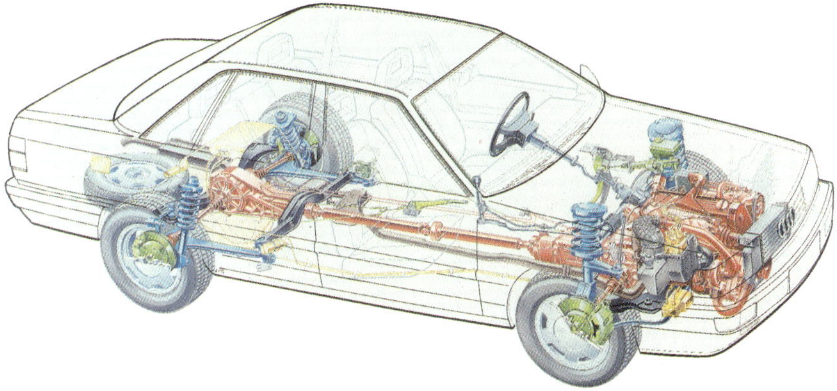

Die grundlegenden Fahrtechniken wie Lenken und Bremsen weichen zwischen den verschiedenen Antriebs- und Motorkonzepten im Grunde noch nicht ab. Erst bei gehobeneren Techniken wie dem Driften müssen Sie sich sehr stark am Konstruktionsprinzip Ihres Autos ausrichten. Überall wo es zu diesen Unterschieden kommt, werden sie im Text dargestellt.
Darüber hinaus gibt es einige andere technische Details, die die Fahrtechnik beeinflussen, genannt sei hier als ein Beispiel nur das ›Anti-Blockier-System‹. Ich werde Sie jeweils auf die wichtigen Abweichungen hinweisen.
Wollen Sie Ihre Fahrtechnik perfektionieren, müssen Sie sich ganz auf Ihr Auto einstellen. Beschäftigen Sie sich mit seiner Technik, lernen Sie seine Stärken und Schwächen kennen. Nur wenn Sie sich in Ihr Auto ›einleben‹, werden Sie es auf Dauer wirklich beherrschen und damit für alle Situationen gewappnet sein.

Das Auto im ›Griff‹ haben

Gerade sportliches Fahren setzt eine sichere und präzise Bedienungsweise des Autos voraus. Auch einem alten Hasen kann es daher nicht schaden, seine Grundfertigkeiten beim Autofahren einmal zu überdenken. Mit der Zeit schleicht sich leicht die eine oder andere Gewohnheit ein, die es in einer schwierigen Situation eventuell unmöglich macht, rechtzeitig und angemessen zu reagieren. Hier nur einige Tips und Anmerkungen, da ich davon ausgehe, daß Sie Ihr ›Cockpit‹ im Grunde bereits beherrschen.

Sitzposition. Sie sollten so sitzen, daß Sie alle Elemente rasch und funktionsgerecht bedienen können, daß Sie einen sicheren Überblick über die jeweilige Fahrsituation und das eigene Auto haben. Gott sei Dank gibt es heute in nahezu allen Autos leicht und gut einstellbare Sitze, die den ›Fahrschemel‹ vergangener Tage abgelöst haben. Ihre Sitzposition ist dann richtig, wenn das linke Bein bei durchgetretener Kupplung noch nicht ganz durchgedrückt ist. Auch Ihre Arme sollten beim Griff ans Lenkrad leicht angewinkelt sein. Oft gelten zwar noch völlig gestreckte Arme als besonders sportlich, lassen Sie sich aber davon nicht in die Irre führen. Es kommt auch niemand auf die Idee, mit durchgedrückten Knien zu gehen.
Haben Sie eine variable Nackenstütze, so stellen Sie sie so ein, daß sie im Notfall funktionsgerecht wirksam werden kann. Der Hinterkopf sollte in etwa in Augenhöhe auf ihr aufliegen können. Und noch ein kleiner Tip: Schmerzt Ihnen bei längeren Fahrten leicht der Rükken, variieren Sie die Neigung der Rükkenlehne von Zeit zu Zeit ein wenig. Ihre Wirbelsäule kommt damit in eine etwas andere Position, und Sie wirken so eventuellen Verspannungen entgegen.

Richtig sitzen, richtig lenken: Auch beim Einschlagen sollten die Schultern den Kontakt zur Rückenlehne nicht verlieren. Das gibt Halt

Nur wer optimal sitzt, kann auch optimal fahren: die Arme leicht angewinkelt, alle Bedienungselemente in ›Griffnähe‹. Stellen Sie alles auf Ihre Bedürfnisse ein

Lenken. Ergreifen Sie das Lenkrad mit beiden Händen so, daß Handballen und Daumen auf ihm aufliegen und die übrigen Finger den Ring umfassen. Sie können sich so notfalls gut abstützen. Die Hände sollten sich links und rechts jeweils in gleicher Höhe auf dem Lenkrad befinden, verglichen mit dem Zifferblatt einer Uhr etwa im 9-Uhr- und im 3-Uhr-Bereich. Behalten Sie die so gewählte Griffposition, soweit möglich, immer bei, auch wenn Ihnen Ihre Arme beim Einschlagen zunächst etwas ›verschlungen‹ vorkommen. Der Vorteil liegt darin, daß Sie immer den tatsächlichen Lenkeinschlag der Vorderräder kennen, was unerläßlich ist, wollen Sie in gefährlichen Extremsituationen richtig agieren. In besonders engen Kurven müssen Sie allerdings ›übergreifen‹. Sie ergreifen dazu mit der Hand, in deren Richtung Sie fahren wollen, das Lenkrad über der anderen Hand, lassen es durch diese beim Einschlagen leicht hindurchgleiten und fassen erst dann wieder fest zu, wenn sich die Hand, mit der Sie übergegriffen haben, wieder in der Grundstellung befindet. Die Lenkbewegung wird dann wie gewohnt mit beiden Händen weitergeführt. Rallyefahrzeuge haben meist eine so große Lenkübersetzung, daß auch in noch so engen Kurven ein Übergreifen nicht nötig ist.

Griffpositionen am Lenkrad

Mit dem Griff ans Lenkrad fängt es an. Sie sollten immer den Lenkeinschlag Ihrer Vorderräder kennen, um im Notfall richtig reagieren zu können. Denken Sie daran!

Kuppeln. Die meisten heute üblichen Kupplungen sind sogenannte Scheibenkupplungen. Kupplungs- und Mitnehmerscheibe sind, wenn das Kupplungspedal nicht betätigt wird, fest aufeinandergepreßt und stellen eine feste Verbindung zwischen Motor und Getriebe her. Beim Treten des Pedals werden die Scheiben voneinander getrennt, die Kraftübertragung ist unterbrochen. Treten Sie das Kupplungspedal nur zum Teil, schleifen die Scheiben aneinander. Die Motorkraft läßt sich so relativ sanft auf die Reifen übertragen. Besonders gefühlvolles Schleifenlassen der Kupplung hilft, wie Sie wissen, beim Anfahren auf Schnee und Eis.

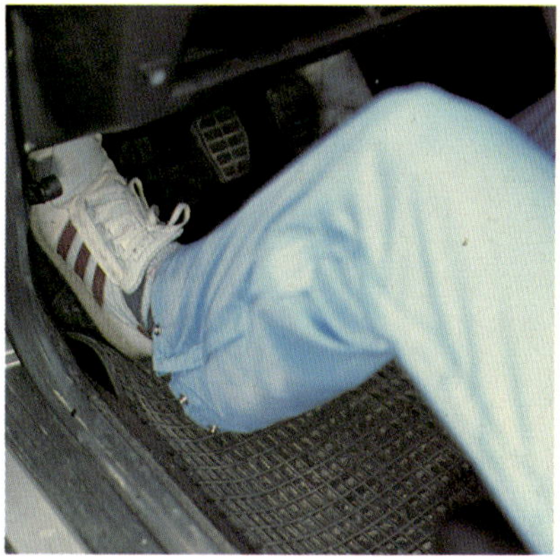

Lassen Sie den Fuß nicht auf der Kupplung stehen

Den Fuß immer nur zum Schalten aufs Pedal

Gasgeben. Mit dem Gaspedal regulieren Sie über die Zufuhr von Benzingasgemisch die Drehzahl Ihres Motors und damit Leistung und Drehmoment. Ist über die Leistung das tatsächliche Arbeitsvermögen des Motors pro Zeiteinheit in KW – früher PS – definiert, so gibt das Drehmoment an, wie gut der Motor seine Leistung in Kraft, also Beschleunigung umsetzt, wie gut er ›durchzieht‹.

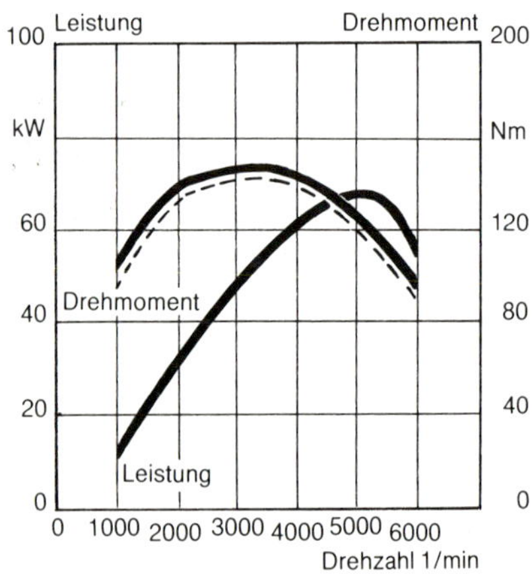

Motorleistung und Drehmoment beim Audi 80 quattro (1,8 l, 66 kW/90 PS)

Ihr Auto beschleunigt um so besser, je höher das Drehmoment ist. Studieren Sie ruhig einmal die Diagramme über Leistung, Drehmoment und Drehzahl, die Sie in der Regel in der Betriebsanleitung finden können. Sie lernen so den Charakter Ihres Motors besser kennen und entwickeln automatisch mehr Verständnis für eine sinnvolle und effektive Betätigung des Gaspedals.

Bremsen. Die Fußbremse wird in der Regel mit dem rechten Fuß bedient. Rallyefahrer setzen im Rennbetrieb allerdings oft die Technik des ›Linksbremsens‹ oder ›left-foot-breakings‹ ein, die die skandinavischen Profis für die Fahrzeuge mit Front- und Allradantrieb erfolgreich eingeführt haben.
Wer von Ihnen bereits ein ›Anti-Blokkier-System‹ – kurz ABS-System – zusätzlich eingebaut hat, braucht sich um die Regulierung der Bremskräfte in Extremsituationen fast keine Gedanken mehr zu machen. Moderne Elektronik denkt für den Fahrer und liefert stets einen unter den äußeren Bedingungen optimalen Bremsweg. Bei einer Notbremsung treten Sie unbekümmert voll auf das Bremspedal, und an den einzelnen Rädern reguliert sich die jeweilige Bremskraft so, daß die Räder gerade nicht blockieren und damit die bestmögliche Verzögerung entsteht. Fahrtechniken wie das Driften lassen sich mit ABS allerdings nur sehr schwer durchführen, da man hier das Blockieren gezielt einsetzt.
Haben Sie kein ABS-System, so versuchen Sie auf jeden Fall, ›progressiv‹ zu bremsen, das heißt, treten Sie entschlossen und doch gefühlvoll immer stärker auf die Bremse, bis Sie die Verzögerung erreichen, die der jeweiligen Situation entspricht. Die Reifen sollten nicht blockieren. Blockierende Reifen bremsen deutlich schlechter und bauen fast keine Seitenführungskräfte mehr auf.

Handbremse. Wollen Sie die Handbremse nicht nur als reine Feststellbremse nutzen, sondern sie als zusätzliches Element in die Fahrtechnik miteinbeziehen, so ist es notwendig, daß sie nur auf die Räder der Hinterachse wirkt. Durch kurzes Betätigen im Fahrbetrieb kann ein Auto, das gerade in einer Kurve gefährlich untersteuert, geschickt kontrolliert werden. Mehr über diese und ähnliche Techniken, die die Handbremse miteinbeziehen, in den speziellen Kapiteln zur Fahrtechnik.

Schalten. Schalten Sie weich, wählen Sie den der jeweiligen Situation angemessenen Gang, und schalten Sie beim Beschleunigen rechtzeitig. Wenn Sie längere, relativ geradlinige und ebenmäßige Strecken mit gleichbleibender Geschwindigkeit durchfahren, legen Sie ruhig einen höheren Gang ein, Sie fahren so energiebewußter und materialschonender. Bevor Sie allerdings wieder energisch beschleunigen, beispielsweise um ein langsameres Fahrzeug rasch zu überholen, schalten Sie einen Gang herunter, damit Sie den Motor mit seiner relativ niedrigen Drehzahl nicht überfordern und Sie wieder über ein günstiges Drehmoment verfügen. Nutzen Sie die Möglichkeiten Ihres Autos der Fahrsituation entsprechend überlegt aus, fahren Sie bewußt, seien Sie kein Schaltmuffel.

Denken Sie beim Schalten daran, wie kompliziert und verletzlich Ihr Getriebe ist

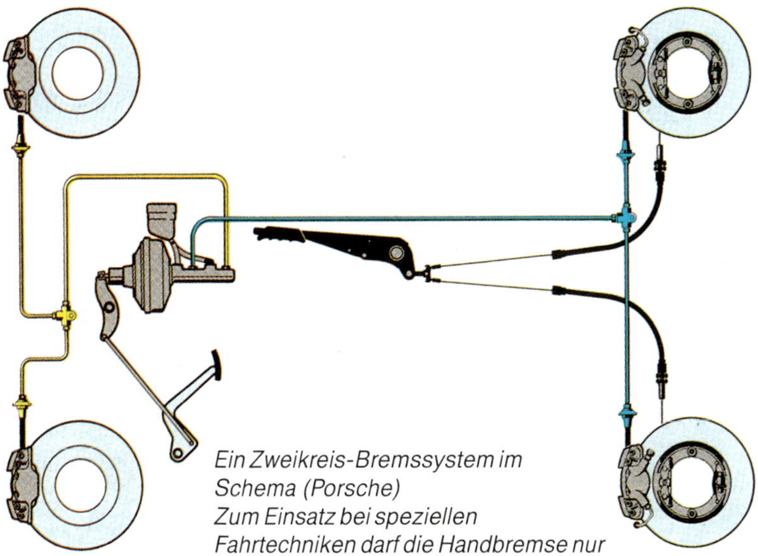

Ein Zweikreis-Bremssystem im Schema (Porsche)
Zum Einsatz bei speziellen Fahrtechniken darf die Handbremse nur auf die Hinterräder wirken

Instrumente. So manches Armaturenbrett in modernen Autos erinnert heute an die Instrumententafel im Cockpit eines Flugzeugs. Tachometer, Kilometerzähler, Tankuhr und Temperaturanzeige des Kühlwassers zählen zur Standardausrüstung fast eines jeden Autos. Drehzahlmesser, Öldruck- und Öltemperaturanzeige sind weitere sinnvolle Armaturen. Neben der meist vorhandenen Uhr finden wir oft noch Anzeigeinstrumente für den jeweiligen Strom- und Benzinverbrauch. Darüber hinaus gibt es heute bereits kleine Bordcomputer, die aktuelle Daten hochrechnen und so sinnvolle Informationen über den weiteren Fahrbetrieb liefern. Außen- und Innentemperatur werden beispiels-

selben Maße wird Ihre Fahrweise konzentrierter und sicherer; Sie entwickeln mehr Übersicht und fahren vorausschauender. In diesem Sinne sind die Instrumente ein sehr wichtiger Bestandteil der sicheren Bedienung Ihres Autos.

Cockpit von Serien- und Rallyefahrzeugen unterscheiden sich ziemlich. Nutzen Sie die Technik sinnvoll

weise gemessen, so daß der Fahrer im Winter frühzeitig gewarnt wird, wenn eventuell mit Glatteis zu rechnen ist.
Nicht die Vielzahl der Instrumente bedeutet gutes, sicheres und auch sportliches Fahren, ausschlaggebend ist, wie der Fahrer diese Informationen tatsächlich nutzt. Wenn wir die Daten, die uns die Instrumente zur jeweiligen Situation liefern, so aufnehmen lernen, daß wir dadurch nicht abgelenkt werden, können sie uns wirklich dabei helfen, daß unsere Fahrweise vorausschauender, dem Fahrzeug angepaßter, ökonomischer und dadurch sicherer und sportlicher wird. Wenn Sie beispielsweise beim Warmfahren Ihres Autos die Motortemperaturanzeige im Auge behalten und erst bei Erreichen der normalen Betriebstemperatur Ihr Auto stärker belasten, so ist das ein Schritt in die richtige Richtung. Die gezielte Aufnahme und Verarbeitung aller verfügbaren Informationen erfordert zwar zunächst ständige Konzentration, wird aber nach einiger Übung rasch automatisiert. Im

Ärger und Freude mit der Technik

Wenn du gewinnst, hast du Freude mit der Technik. Auch wenn du vorher Ärger gehabt hast.

Die Freude mit der Technik ist ja fast schon selbstverständlich. Das setzt man voraus, daß das Auto läuft. Aber der Ärger mit der Technik, das ist eine schlimme Sache. Vor allem, wenn so ein Millionenunternehmen an einem defekten Kabel scheitert, das keine zwanzig Pfennige kostet.

Ein Ausfall wegen eines technischen Problems ärgert mich wenig. Früher hat mich auch das hart getroffen, weil ich mich immer gefragt habe, ob ich nicht vielleicht doch auch ein bißchen schuld war an diesem technischen Ausfall, weil ich nicht vorsichtig genug gefahren bin, zum Auto nicht lieb genug war. Ich hatte ja mal eine wirklich schwarze Serie, das war bei Opel in den Jahren 1976 und 1977. Da bin ich dauernd ausgefallen. Wenn ich da mal angekommen bin, dann war das schon was Schönes.

In dieser Zeit haben die Leute gesagt, mei, der Röhrl, der macht auch alles kaputt. Da war ich dann selbst unsicher, weil ich mir so was immer gleich zu Herzen nehme, und ich habe mich geärgert, weil ich eine Mitschuld eben nicht hundertprozentig ausschließen konnte. Heute bin ich darüber vollkommen erhaben. Das macht mir nichts mehr aus.

Natürlich, so ein Unfall wie beim Monte-Carlo-Training 1984, als da was abgebrochen ist am Auto, das ist eine schlimme Sache. Im Endeffekt bin ich nach einem technischen Defekt nämlich genauso tot, wie wenn ich einen Unfall selbst verschulde.

Wenn wir schon bei Unfällen sind: Natürlich wird durch die technische Weiterentwicklung der Autos auch die Gefahr in diesem Sport immer größer. Die Verhältnisse wachsen da ja nicht mit wie auf den Rundstrecken. Die wurden in den letzten Jahren den immer schnelleren Autos angepaßt. Bei uns ist das gar nicht möglich. Wir fahren die gleichen Strecken wie schon vor fünf oder zwanzig Jahren, nur daß die meisten Autos heute eben 100 bis 200 PS mehr unter der Haube haben. Das sollte man schon einsehen, daß die Natur, in der unser Sport stattfindet, in diesem Fall einfach stärker ist. Sonst wird die Gefahr irgendwann nicht mehr kalkulierbar. Das soll nicht heißen, daß ich etwas gegen die technische Entwicklung habe. Ganz im Gegenteil. Für mich ist Technik etwas Faszinierendes. Als ich vor dieser Saison zu Audi gegangen bin, war es der Allradantrieb, der diese Entscheidung am meisten beeinflußt hat. Das war für mich etwas absolut Neues, was ich unbedingt beherrschen wollte. Eine echte Herausforderung.

Technische Weiterentwicklung muß sein. Auch in unserem Sport. Nur bin ich der Meinung, daß sie nicht so weit führen darf, daß Rallyes nur noch von gut ausgerüsteten Werksteams gewonnen werden können, die mit einem Millionenaufwand an die Sache herangehen. Bei der Weltmeisterschaft sind wir ja schon lange so weit, aber mit den Werksteams allein kann man keine Rallye-WM bestreiten. Wir brauchen die Privatfahrer, die für ihren Sport Freizeit und eine Menge Geld opfern. Die Autos dürfen deshalb nie so teuer werden, daß diese Leute sie sich nicht mehr leisten können.

In den letzten Jahren war es ja praktisch so, daß nur noch zwei Teams dominierten: Audi und Lancia. Die kämpften Siege und Titel untereinander aus, die anderen, die die technische Entwicklung verschlafen hatten, schauten in die Röhre. Wenn du keinen Lancia oder Audi gefahren bist, hattest du keine Chance. Früher war es interessanter, da waren fünf oder sechs Autos da, die gewinnen konnten. Aber das ist sicherlich bald wieder soweit. Der neue Peugeot 205 T 16-Allrad ist ja schon wieder ein weiterer ernster Gegner.

Für mich persönlich ist es gut, daß die Technik immer weiterentwickelt wird. Es wird damit auch immer schwieriger, diese Technik im harten Wettbewerb zu beherrschen. An die Piloten werden höhere Anforderungen gestellt, Abenteurer und Hasardeure werden immer weniger Chancen haben.

Bremsscheibenschaden bei der Rallye Portugal

IN-NJ 99

Fahrtechnik für jedermann

Sicher und sportlich durch die Kurve

Nachdem Sie sich mit der bestmöglichen Bedienung und Nutzung aller wichtigen Elemente, die das Innenleben Ihres Autos ausmachen, vertraut gemacht haben, besitzen Sie einen soliden Grundstock für sicheres und auch sportliches Autofahren. Aber erst das Beherrschen verschiedener Fahrtechniken und situationsgerechtes Timing der unterschiedlichen Handlungsabläufe lassen Sie zu einem wirklich guten und sicheren Autofahrer werden. Sicher Auto fahren heißt dabei, daß Sie Standard-, aber auch Notsituationen im täglichen Straßenverkehr sicher zu meistern verstehen.

Wenn Sie Autofahren einmal als Sport betrachten, wird Ihnen bei einem kleinen Vergleich rasch klar, was Sie auf den nächsten Seiten erwartet. Wenn Sie sich beispielsweise ein Surfbrett kaufen, müssen Sie zuerst lernen, das Brett samt Mast, Gabelbaum und Segel richtig aufzubauen und zu trimmen. Aber allein dieses Können macht noch lange keinen guten Surfer aus. Erst Techniken wie Start, Wende, Halse oder Duckjibe kennzeichnen den eigentlichen Surfsport.

Auch zum Autofahren müssen Sie sehr verschiedene Techniken beherrschen, einfache wie Anlassen, Anfahren, Einparken, Abbiegen, Anfahren am Berg usw., die Sie alle bereits in der Fahrschule ausreichend gelernt haben, die Ihnen mittlerweile in Fleisch und Blut übergegangen sind. Es gibt aber auch anspruchsvollere Fahrtechniken beispielsweise für Notbremsungen oder kompliziertere Kurventechniken bis hin zu spektakulären Drifts, mit denen Sie weiter hinten ebenfalls vertraut gemacht werden. In der ›Fahrtechnik für jedermann‹ erfahren Sie nun mehr über die Fahrtechniken, die Sie auch im täglichen Straßenverkehr beherrschen sollten. Im Kapitel ›Fahrtechnik für Fortgeschrittene‹ werden dann Dinge erläutert, die nicht mehr notwendigerweise im Alltagsverkehr gebraucht werden, sondern die bereits dem Bereich Autosport zugerechnet werden können, dabei aber ohne Zweifel auch allgemein als Kennzeichen sicheren und sportlichen Autofahrens gelten dürfen.

Anfahren am Berg

Zwar übt man das Anfahren am Berg gezielt bei der Ausbildung zum Führerschein, trotzdem wollen wir uns nochmals kurz mit dieser im Grunde sehr einfachen Technik beschäftigen. Gerade unter extremen Bedingungen – denken wir nur an Paßfahrten – können wir immer wieder Fahrer beobachten, die unsicher, oft auch ungekonnt am Berg anfahren. Wenn wir in einer Bergaufpassage aus irgendwelchen Gründen einmal anhalten müssen, treten wir am Ende des Bremsvorganges wie gewohnt die Kupplung, aber auch weiter

fest auf die Bremse. Wenn das Auto sicher steht, ziehen wir die Handbremse so kräftig an, daß zu erwarten ist, daß unser Auto auch bei gelöster Fußbremse nicht rückwärts rollt. Dies überprüfen wir vorsichtig und ziehen die Handbremse gegebenenfalls noch etwas nach. Sollte bei Ihrem Auto die Feststellbremse nicht mit der Hand, sondern mit dem linken Fuß bedient werden müssen, so dürfen Sie nicht vergessen, daß Sie – bevor Sie das Kupplungspedal loslassen, um mit diesem Bein die Feststellbremse zu betätigen – zuerst in den Leerlauf schalten müssen.
Ihr Auto steht jetzt sicher, Sie legen den ersten Gang ein und bereiten sich auf das Lösen der Feststellbremse vor. Dazu lassen Sie die Kupplung soweit kommen, daß sie zu schleifen beginnt. Dann geben Sie entschlossen so viel Gas, daß Ihr Auto auch tatsächlich bei dieser Steigung anfahren kann, nicht mehr, aber auch nicht weniger. Gleichzeitig lösen Sie jetzt die Feststellbremse, lassen die Kupplung intensiver greifen und geben ausreichend mehr Gas. So fährt Ihr Auto problemlos ohne Rückwärtsbewegung an. Sollte es dabei zunächst doch etwas zurückrollen, so ist das nicht weiter tragisch. Nur wenn es zu stark nach hinten rollt oder wenn Sie gar Ihren Motor abgewürgt haben, treten Sie wieder kräftig auf Bremse und Kupplung. Starten Sie ruhig, überlegt und selbstbewußt einen neuerlichen Versuch, der dann sicher funktionieren wird.
Manch extremes Anfahren am Berg kann man mit vorausschauender Fahrweise geschickt umgehen. Wenn Sie die Möglichkeit dazu haben, wählen Sie nicht gerade die steilste Passage zum Anhalten. Ein letzter Tip: Lassen Sie sich durch vorschnelles Hupen von sehr kritischen nachfolgenden Fahrern nicht nervös machen. Mit Ruhe gelingt Ihnen das Anfahren am Berg sicher am besten.

Oft wird das Fahren und Anfahren in den Bergen durch schlechte Wege zusätzlich erschwert

Notbremsungen

Wir wollen zwar prinzipiell fahren und nicht bremsen, aber gerade das rechtzeitige und sichere Abstoppen einer Fahrt schützt uns oft vor Unfall, Schaden, Verletzungen und Tod. In Notsituationen, in denen eventuell sogar ein Unfall mit möglicherweise lebensgefährlichen Verletzungen droht, muß schnell, entschlossen und dabei richtig und überlegt gehandelt werden. Überlegt und ruhig handeln können Sie allerdings nur dann, wenn Sie die notwendigen Techniken kennen und die jeweiligen Handlungsabläufe zumindest in Gedanken schon mehrmals vor Ihrem inneren Auge abgelaufen sind. Wenn Sie sich nur auf Ihr Talent verlassen und einfach annehmen, daß Sie schon richtig handeln werden, wenn es soweit ist, können Sie schnell bitter überrascht werden.
Wollen wir also festhalten: Der erste Schritt zu einer gelungenen Notbremsung ist, die Techniken zu kennen. Die verschiedenen Arten werden Ihnen auf den nächsten Seiten erläutert, aufgegliedert nach ›Notbremsung bei gerader Fahrt‹, ›Bremshaken‹ und ›Notbremsung in der Kurve‹.
Der Erfolg einer Notbremsung hängt nicht zuletzt entscheidend von Ihrer Reaktionszeit ab, also der Zeit, die Sie brauchen, um eine Situation zu erfassen, die verstreicht, bis Sie tatsächlich entsprechend handeln. Wenn Sie beispielsweise bedenken, daß Sie bei einer durchaus üblichen Geschwindigkeit

von 100 km/h bei einer angemessenen Reaktionszeit von einer Sekunde bereits 27,8 Meter zurücklegen, ist sofort einsichtig, welche enorme Bedeutung der Reaktionszeit zukommt. Sie können sie dadurch verringern, daß Sie sich auf die jeweilige Situation konzentrieren, daß Sie vorausschauend mit entsprechend gefährlichen Momenten rechnen, daß Sie nur ausgeruht und mit guter Konstitution Auto fahren. Sorgen Sie vor längeren Fahrten für ausreichenden Schlaf, machen Sie rechtzeitig kleine Pausen, essen Sie das Richtige, trinken Sie keinen Alkohol und überschätzen Sie Ihre eigene Leistungsfähigkeit nicht leichtsinnig.

Notbremsung bei gerader Fahrt

Jeder von uns hat sicher oft genug schon Situationen erlebt, in denen die letzte Möglichkeit, einen Unfall zu vermeiden, nur eine gekonnte Notbremsung mit möglichst kurzem Bremsweg war. Notbremsung heißt natürlich nicht,

Oben: Planen Sie immer einen genügend langen Reaktionsweg mit ein (gelber Pfeil). Der tatsächliche Bremsweg (blauer Pfeil) reicht nicht

Unten: Sollen die Reifen optimal bremsen, müssen sie sich gerade noch drehen. Bei Blockieren kurz den Druck lösen und neuen Versuch starten

daß Sie dabei lediglich mit aller Kraft auf das Bremspedal ›latschen‹, so daß alles nur so pfeift, qualmt und quietscht. Notbremsung bedeutet vielmehr, optimal zu bremsen, wobei wir dann optimal bremsen, wenn wir entsprechend der äußeren Bedingungen und der technischen Möglichkeiten des Autos die bestmögliche Bremsverzögerung, also den kürzesten Bremsweg erzielen.
Gut bremsen heißt, daß zwischen Straßenbelag und Reifen möglichst viel Reibung entsteht, also viel Reibungskräfte gegen die Fahrtrichtung wirken und so unser Auto möglichst rasch abbremsen. Die stärkste Reibung erzielen wir, wenn sich beim Bremsvorgang die bremsenden Räder gerade noch drehen. Blokkierende Räder dagegen bremsen aufgrund geringerer Reibungskräfte bei weitem nicht so gut. Haben Sie erkannt, daß eine Notbremsung erforderlich ist, treten Sie sofort, entschlossen und energisch auf das Bremspedal. Eine schnelle Reaktion verkürzt schon entscheidend den gesamten Anhalteweg. Treten Sie das Bremspedal aber bitte nur so kräftig, daß die Räder sich gerade noch drehen. Da die Grenze zwischen Noch-Rollen und Blockieren der Räder zwangsläufig sehr schmal ist, erfordert derartiges optimales Bremsen sehr viel Gefühl, Übersicht und Mut zum Handeln. Das ist leichter gesagt als getan, denn in einer überraschenden Notsituation befinden wir uns nach einem kräftigen Adrenalinausstoß automatisch in einer Art Streß- oder Schockzustand. Aber gerade der gute, sichere und auch der sportliche Autofahrer zeichnet sich dadurch aus, daß er in derartigen Situationen kühl, entschlossen, konsequent und vor allem natürlich überlegt und richtig handelt.
Blockieren nun die Räder trotz allem, lösen Sie kurz den Bremsdruck, unterbrechen Sie also für einen Augenblick den Bremsvorgang und starten sofort einen weiteren, etwas sanfteren Versuch. Diesen Vorgang wiederholen Sie jedesmal dann, wenn, trotz des Versuches, optimal zu bremsen, die Räder zu blockieren beginnen. Bremsen mit mehrmaligen Unterbrechungen dieser Art nennt man ›Stotterbremsen‹, der Bremsvorgang wird gleichsam in Etappen abgeleistet. Allerdings wäre es vollkommen falsch, von vornherein eine Stotterbremsung anzustreben. Die Stotterbremsung ist nichts anderes als die günstigste Notlösung, wenn es Ihnen nicht den gesamten Bremsvorgang hindurch gelingen sollte, daß die Räder gerade noch rollen.
Eine Notbremsung wird zwangsläufig deutlich schwieriger, wenn die Fahrbahn glatt und rutschig ist. Unterschiedliche Reibung an allen vier Rädern kompliziert den Bremsvorgang zusätzlich. Eis und Schnee, aber auch regennasse Fahrbahnen oder Laub im Herbst sorgen schnell für schwierige Verhältnisse. Reduzieren Sie daher je nach Straßenverhältnissen von vornherein die Geschwindigkeit und damit indirekt auch den möglichen Bremsweg. Üben Sie optimales Bremsen – beispielsweise auf einem freien Parkplatz mit Eis und Schnee. Sie werden rasch ein besseres Gefühl für das Bremsverhalten Ihres Autos und die optimale Bremsstrategie bekommen.
Das sogenannte ABS-System (›Anti-Blockier-System‹), über das manche Autos bereits serienmäßig, andere als Extra verfügen, liefert optimales Bremsen für jedermann, ohne besondere Anforderungen an die fahrerischen Fähigkeiten zu stellen. Der Fahrer tritt nur so fest er kann auf das Bremspedal, das ABS-System reguliert den Bremsdruck an allen vier Rädern dann so, daß sie beim Bremsvorgang gerade noch rollen. Mit einem ABS-System gelingt jede Notbremsung automatisch in bestmöglicher Weise. Es hat nur einen kleinen Nachteil, es ist noch relativ teuer.

Werden die Reifen voll für das Bremsen beansprucht, können sie keine Seitenführungskräfte mehr übertragen. Der Lenkeinschlag bleibt wirkungslos

Bremshaken

Auch wenn es Ihnen gelingt, wirklich optimal zu bremsen, reicht in vielen Notsituationen der Bremsweg nicht aus, um einen Unfall tatsächlich zu vermeiden. In diesem Abschnitt geht es nun um eine kombinierte Brems- und Ausweichtechnik, den sogenannten ›Bremshaken‹, der vielfach eine erfolgreiche Alternative zur einfachen Notbremsung darstellt. In den angesprochenen Situationen reicht zwar der Bremsweg allein nicht mehr aus, oft aber würde ein Ausweichen unmittelbar vor dem anscheinend unvermeidlichen Aufprall den Unfall in letzter Sekunde noch vermeiden.

Viele Autofahrer versuchen während des Bremsens noch auszuweichen, aber Ihr Auto reagiert nicht auf die Lenkbewegungen. Wenn nämlich die Reifen hohe Bremskräfte zu übertragen haben, können sie nicht mehr die Seitenführungskräfte aufbauen, die zum erfolgreichen Lenken notwendig wären. Eine Grundregel beim Autofahren lautet daher: Entweder Bremsen oder Lenken. In Kombination miteinander ist beides meist nicht erfolgreich. Testen Sie dieses Phänomen einmal, indem Sie – ohne sich und andere zu gefährden – kräftig bremsen und gleichzeitig versuchen zu lenken.

Bei der Technik des Bremshakens wird Bremsen und Lenken scharf getrennt. Zunächst bremsen Sie möglichst lang und optimal, um dann die Bremse wieder zu lösen und dem Hindernis auszuweichen. In dem Augenblick, in dem Sie die Bremse lösen, brauchen die Reifen keine Bremskräfte mehr zu übertragen und können so die notwendigen Seitenführungskräfte für ein erfolgreiches Ausweichmanöver aufbauen. Eigentlich sollten wir statt ›Bremshaken‹ besser der ›Haken nach dem Bremsen‹ sagen, denn der Haken wird erst nach dem eigentlichen Bremsvorgang ›geschlagen‹.

Ein Bremshaken kann nur wohlüberlegt, das heißt ganz bewußt und konzentriert eingesetzt werden. Allzu gerne bleiben die meisten Autofahrer wie gebannt auf der Bremse, bis es eben kracht. Gerade bei Auffahrunfällen ließe sich manchmal doch noch genügend Platz finden, den man geschickt für ein Ausweichmanöver nutzen könnte. In diesem Zusammenhang sollten Sie auch bedenken, daß gerade ein Ausweichen auf eine

Bremsen/beobachten

Lenken

Vorn oder hinten vorbei

Wiese oder in einen Straßengraben weit weniger ernsthafte Folgen haben kann als ein vehementer Crash. Wenn Ausweichen auch nur eine Chance von Erfolg verspricht, nutzen Sie sie mit einem Bremshaken, bevor Sie auf ein anderes Auto oder gar ein festes Hindernis aufprallen. Wenn Sie den Bremshaken tatsächlich erfolgreich anwenden wollen, setzen Sie sich zuerst geistig mit dieser Technik auseinander, das heißt spielen Sie sie in Ihrem Kopf durch, simulieren Sie den genauen Ablauf. Üben Sie sie vielleicht sogar in einem modernen Sicherheitstraining in simulierten Notsituationen.

Unten: Ein Bremshaken verläuft immer nach dem Muster: zunächst optimal bremsen und das Hindernis beobachten (1), dann situationsgerecht ausweichen (2)

1

2

Oben: Ein gekonnter Bremshaken kann Leben retten

Notbremsung in einer Kurve

Eine vorausschauende Fahrweise, richtiges Einschätzen von Kurven und ein entsprechendes Anpassen der Fahrgeschwindigkeit helfen erfolgreich dabei, daß Notbremsungen in einer Kurve nicht zu einem alltäglichen Manöver werden. Trotzdem können persönliche Fehleinschätzungen oder unvorhersehbare Ereignisse auch in einer Kurve eine Notbremsung verlangen, wenn wir einen Unfall vermeiden wollen. Während einer Kurvenfahrt müssen alle Reifen hohe Seitenführungskräfte aufbauen, damit das Auto gegen die Wirkung der Zentrifugalkraft dem Kurvenverlauf folgt. Wenn Sie jetzt kräftig bremsen, können die Reifen, wie schon im Abschnitt ›Physikalisches‹ und beim ›Bremshaken‹ erläutert, keine Seitenführungskräfte mehr entwickeln, so daß Ihr Auto ohne Lenkeffekt kurvenauswärts rutscht, der Wirkung der Zentrifugalkraft folgend. Sie landen sehr schnell im Straßengraben, und statt einer gelungenen Notbremsung haben Sie einen handfesten Crash fabriziert.

Der Grund für das rasche Mißlingen von Bremsmanövern in einer Kurve liegt

Die Notbremsung in der Kurve verläuft wie ein Bremshaken: geradeaus steuern und bremsen (oben), dann im Kurvensinn einlenken (unten)

wieder in der unumstößlichen Tatsache, daß Reifen nur dann Seitenführungskräfte aufbauen können, wenn sie nicht durch extremes Bremsen oder auch Beschleunigen in Rollrichtung beansprucht werden. Wie bereits mehrmals angesprochen: gleichzeitiges Lenken und kräftiges Bremsen erbringt nicht den gewünschten Erfolg. Wir müssen auch bei einer Notbremsung in einer Kurve bewußt Lenken und Bremsen voneinander trennen. Trotz der Kurve nehmen Sie vor dem Bremsen den Lenkeinschlag zurück, stellen also die Lenkung gerade. Jetzt bremsen Sie energisch und möglichst optimal, solange noch Platz auf der Straße vorhanden ist. Unmittelbar bevor Sie den kurvenäußeren Straßenrand erreichen, lösen Sie die Bremse und lenken wieder zügig in die Kurve ein. Bei dieser Bremstechnik wechseln Lenken und Bremsen einander ab, sie entspricht damit in ihrem ganzen Ablauf grundsätzlich dem bereits ausführlich besprochenen Bremshaken.

Es erfordert ohne Zweifel Überwindung, lenken Sie doch beim eigentlichen Bremsvorgang kurvenauswärts, Richtung Straßenrand. Spielen Sie den Ablauf mehrmals in Gedanken durch, denn sonst werden Sie diese im Ernstfall möglicherweise sehr wichtige Technik nicht auf Anhieb beherrschen, obwohl das sehr schnell notwendig sein kann. Vielleicht sollten Sie auch gerade diesen Bremsablauf in einem ungefährlichen Sicherheitstraining üben.

Wenn Sie eine mögliche Notsituation mit geringerem Bremsaufwand bereinigen können, dann müssen Sie nicht gleich die extreme Variante des eben beschriebenen Notbremsens einsetzen. Bremsen Sie gefühlvoll, und nehmen Sie synchron zum Bremsen den Lenkeinschlag so weit zurück, daß Ihr Auto weitgehend der eingeschlagenen Fahrlinie folgt, trotz Bremsens. Vorsicht, das funktioniert nur dann, wenn Sie tatsächlich weich und gefühlvoll bremsen, sonst rutscht Ihr Auto Richtung Straßengraben. Bei extrem glatten Fahrbahnverhältnissen, wie sie bei starkem Regen, bei Eis oder Schnee auftreten, sehen Sie in der Kurve, soweit nur eben möglich, insgesamt besser von starken Bremsmanövern ab, Sie kommen zu rasch ins Rutschen, und Ihr Auto reagiert nur noch sehr träge auf die Lenkung. Natürlich besteht Autofahren nicht nur aus Bremsen, aber unter dem Strich wird es erst durch konsequentes und gekonntes Bremsen richtig sicher.

Augenblicke zum Verzweifeln

Natürlich gibt es auch in unserem Sport Augenblicke zum Verzweifeln. Vielleicht mehr noch als in einem anderen Sport. Wir arbeiten halt mit einer komplizierten Technik, und wenn dir die die Zunge rausstreckt, dann stehst du da wie der Ochs vor dem Berg, und dein ganzes Können nützt dir einen Dreck.

Die Akropolis-Rallye 1984 war so eine Rallye zum Verzweifeln. Mir stellen sich jetzt noch die Haare auf, wenn ich nur daran denke.

Ich habe in Griechenland wieder den neuen Audi quattro Sport gefahren. Drei Wochen vorher bin ich in Korsika mit dem Auto ausgefallen, weil der Thermostat kaputt war und der Motor überhitzte. Ein Defekt, der mit dem neuen Auto an sich gar nichts zu tun hatte und deshalb doppelt ärgerlich war. Nach dieser verpatzten WM-Premiere ging es mir in Griechenland eigentlich nur darum, das Auto ins Ziel zu bringen. Das war für mich wichtig, aber auch für das Team. Ich habe deshalb alles vermieden, was dem Auto irgendwie weh tun konnte. Aber die ganze Vorsicht hat am Ende nichts genützt.

Gleich auf der ersten Sonderprüfung hatten wir einen Plattfuß. Das hat zwar mit der Technik nichts zu tun und ist auf den mörderischen Schotterstrekken in Griechenland eigentlich auch kein Beinbruch. Ich war nur sauer, daß es gerade uns erwischt hatte, wo ich mir doch so vorgenommen hatte, auf das Auto aufzupassen. Aber da haben wohl die Götter auf dem Olymp Schicksal gespielt. Im letzten Jahr profitierte ich vom Ausfall Hannu Mikkolas, der in der letzten Nacht mit Motorschaden stehenblieb, und gewann die Rallye. Diesmal gaben die Götter mir einen Tritt. Das nennt man wohl ausgleichende Gerechtigkeit.

Es passierte schon nach eineinhalb Kilometern, auf einem engen Weg, auf dem lose Felsbrocken herumlagen. Ich bin zwar, so gut es ging, um die Steine herumgekurvt, aber über einen mußte ich drüber, weil ich rechts wegen einer Felswand keinen Platz mehr hatte. Die Folge: Plattfuß vorne links! Ich bin da leicht versetzt drüber und habe den Felsen damit auch noch für meine Konkurrenten auf die Seite geschoben. Die hätten sonst garantiert alle auch einen Platten gefahren. Natürlich ist wegen so einer Reifenpanne bei einer 2600 Kilometer langen Rallye wie der Akropolis noch nichts verloren. Aber geärgert hats mich trotzdem.

Wir sind auf den 14. Platz zurückgefallen. Das fängt ja gut an, habe ich zum Christian gesagt, dann aber ordentlich Gas gegeben. Wir fuhren fünf Bestzeiten hintereinander, haben uns einen nach dem anderen geschnappt, und im Ziel der ersten Etappe in Kalambaka lagen wir zwei Sekunden vor dem Ari Vatanen auf dem Peugeot 205 T 16 an der Spitze. Das hat sauber gepaßt. Ich konnte also auch am nächsten Tag als erstes Auto auf die Strecke, mußte nicht den Staub der anderen schlukken.

Allzulange konnten wir uns auf dieser zweiten Etappe allerdings nicht über unsere Führung freuen. Schon auf der Fahrt zum Start der ersten Prüfung bekamen wir Probleme. Sobald ich richtig Gas gab und über 3500 Umdrehungen kam, setzte der Motor aus. Ich wußte genau, das konnte kein mechanischer Fehler sein. Da spinnt die Elektrik. Vielleicht war nur ein Kabel locker. Wir hatten etwa sechs Minuten Zeit, dann startete die Prüfung. Die Mechaniker schauten sich die Sache an, steckten einige Kabel um, konnten den Fehler aber nicht finden.

Ich mußte mit stotterndem Motor in die Prüfung, und schon da war mir klar: Hinterher finden die sicherlich etwas, irgendwas Kleines, eigentlich hat gar nichts gefehlt, aber ich bin meine Führung los. Genauso war es dann auch. An einem Kabel war die Isolierung durchgescheuert, es gab einen Kurzschluß, die ganze Elektrik war im Eimer. Das kostete mich sieben Minuten.

Ein Augenblick zum Verzweifeln. Wenn da ein Pleuellager ausläuft, sagst du, okay, der Motor ist kaputtgegangen, deshalb haben wir verloren. Das ist Pech. Wenn das Getriebe kaputtgeht, sagst du, okay, das Getriebe war nicht gut genug, deshalb hat Audi nicht gewonnen. Aber wegen so einem Mist, der mit der Technik eines neuen Autos überhaupt nichts zu tun hat, wegen so was zurückzufallen, das tut weh.

Aber da half alles Jammern nichts. Die sieben Minuten mußten wir schlukken. Wir fielen auf den sechsten Platz zurück, die Aufholjagd ging von vorne los. Vor der letzten Etappe hatten wir uns auf den dritten Platz hinter meinen Teamkollegen Stig Blomqvist und Hannu Mikkola vorgekämpft, und da war der Rest für mich sowieso klar: Markku Alen, der hinter mir lag, in Schach halten! Auto ins Ziel bringen! Dreifachsieg sichern!

Auf der ersten Sonderprüfung dieser letzten Schleife bin ich dann gleich Bestzeit gefahren. Nur weil ich nicht wußte, was die anderen machen. Danach konnte auch ich langsamer fah-

ren. Einmal hat der Markku eine Minute kassiert wegen eines Platten. Als er danach noch mal angriff, gab auch ich Gas. Auf der Prüfung war ich klar schneller, lag jetzt mehr als drei Minuten vor ihm. Damit war die Sache erledigt. An einem Servicepunkt bin ich zu ihm hingegangen und habe gefragt: »Na Champion, was ist los, Attacke oder nicht?« Da hat der nur den Kopf geschüttelt: »Keine Attacke! Kaffee!« Ich bin also ganz gemütlich losgefahren in die nächste Prüfung, wie meine Großmutter, und da ist es dann passiert: Vom Bedienungshebel der Kupplung ist ein Stift in die Zündung gefallen und hat den Sensor der Motronik kaputtgeschlagen. Damit war die elektrische Benzineinspritzung kaputt, der Motor blieb stehen. Augenblicke zum Verzweifeln!

Kurventechnik

In diesem Abschnitt wollen wir uns mit der Technik des Kurvenfahrens beschäftigen. Dann besprechen wir die sogenannte Ideallinie von Kurven, die wir mit unserem Auto in der hier beschriebenen Technik befahren wollen. Bremsen, eventuell Schalten, Lenken und Gasgeben bestimmen die Kurventechnik. Aber erst das richtige Ausmaß wie auch das Timing dieser einzelnen Faktoren ergeben zusammengenommen eine abgerundete Fahrweise, die es uns erlaubt, sicher, ökonomisch, aber auch der Situation entsprechend schnell und sportlich durch eine Kurve zu fahren.

Bei der Anfahrt auf die Kurve versuchen Sie zunächst einmal, sie grob abzuschätzen. Nach dieser Einschätzung legen Sie dann Ihre weiteren Aktionen fest. Die grundsätzliche Frage beim Abschätzen einer Kurve ist immer die nach der in ihr überhaupt möglichen Geschwindigkeit. Diese Geschwindigkeit richtet sich nach Kurvenradius, Straßenbelag, Kurvenanlage, aber auch Verkehrsaufkommen oder Übersichtlichkeit. Wenn Sie auf einer Ihnen bekannten Strecke fahren, fällt das richtige Einschätzen der Kurve natürlich leichter, da Sie sich bereits auf Erfahrungswerte stützen können. Bauen Sie bei Ihren Überlegungen vorsichtshalber immer ausreichenden Spielraum ein.

Bei der Anfahrt auf die Kurve bremsen Sie so stark ab, daß Ihr Auto unmittelbar vor Kurvenbeginn etwa mit der Geschwindigkeit fährt, die Sie für diese Kurve als möglich erachten. Manchmal reicht natürlich auch schon ein Zurücknehmen der Gasstellung, um die richtige Geschwindigkeit zu erreichen. Wenn Sie Ihr Auto vor einer Kurve aber relativ stark abbremsen müssen, dann sollten Sie während des Bremsens auch schon den niedrigeren Gang einlegen, der zur geplanten Kurvengeschwindigkeit in Drehzahl und Drehmoment paßt. Passen heißt, daß er auch während der Fahrt durch die Kurve ein gefühlvolles Beschleunigen ohne weitere Schaltvorgänge ermöglicht. Es wäre also vollkommen unsinnig, wenn Sie in einen Gang herunterschalten, mit dem Sie nur bei extrem hohen Drehzahlen überhaupt die geplante Kurvengeschwindigkeit erreichen können.

Die Phasen einer Kurve: günstige Anfahrt mit reduzierter Geschwindigkeit (1), weich einlenken (2), Einschlag beibehalten und leicht beschleunigen (3), weich auslenken (4)

Gas weg, notfalls bremsen, herunterschalten

Weich einlenken und den Lenkeinschlag beibehalten

Haben Sie den Kurveneingang erreicht, müssen Bremsen und Schalten abgeschlossen sein, das Auto soll in die Kurve rollen können, denn dann reagiert es am besten auf die Lenkung. Sie lenken jetzt konsequent, aber trotzdem weich und rund in die Kurve ein. Wenn Sie den Lenkeinschlag erreicht haben, von dem Sie glauben, daß Sie mit ihm ohne weiteres die Kurve sicher durchfahren können, halten Sie während der weiteren Kurvenfahrt das Lenkrad in dieser Stellung. Der beim Einlenken gewählte Lenkeinschlag muß einfach passen. Korrigieren in der Kurve gehört keinesfalls zur optimalen Kurventechnik. Wildes Reißen am Lenkrad oder auch das sogenannte ›Sägen‹ durch immer wieder neue Korrekturen zeichnen beileibe nicht den Könner aus, dies kann immer nur eine Notlösung sein, um Einschätzungs- oder Fahrfehler wettzumachen. Das Einlenken ist immer dann richtig, wenn Sie mit dem gewählten Lenkeinschlag sicher bis zum Kurvenausgang fahren können.
Spricht das Auto wie erwartet auf die Lenkung an und fährt sicher in die Kurve ein, beginnen Sie gefühlvoll und weich zu beschleunigen. Im gesamten Kurvenverlauf sollte das Auto keinesfalls abgebremst werden, sondern weich beschleunigen. Gasgeben und Beschleunigen richten sich nach Kurvenradius, Kurvenlänge und all den sonst bekannten äußeren Bedingungen.
Wenn wir eine Kurve nach dem Einlenken noch nicht übersehen, also den Kurvenausgang noch nicht erkennen können, geben wir nur sehr vorsichtig Gas, so daß unser Auto gerade die Geschwindigkeit hält und förmlich durch die Kurve rollt. Erst wenn wir die Kurve vollständig übersehen können, sollten wir gezielt beschleunigen. Von extremen Lastwechseln durch übertriebenes Gasgeben sehen wir aber beim normalen Kurvenfahren ohnehin ab.
Je nach Fahrzeugtyp müssen Sie mit mehr oder minder starkem Eigenlenkverhalten rechnen, dementsprechend das Auto sozusagen selbständig zu lenken beginnt, möglicherweise, ungeachtet des von Ihnen gewählten Lenkeinschlages, seine ›eigene‹ Kurve fährt und dabei rasch unkontrolliert ins Schleudern geraten kann. Erreichen Sie den Kurvenausgang, so lassen Sie den Lenkeinschlag weich, dem Straßenverlauf gemäß nach und lenken Ihr Auto so aus der Kurve heraus. Den chronologischen Ablauf der Kurventechnik können wir in Stichpunkten wie folgt zusammenfassen:

● Anfahrt
○ Anpassen der Geschwindigkeit durch Gaswegnehmen und Bremsen
○ Einlegen des für die Kurve richtigen Ganges
● Einlenken
○ konsequent, aber weich und gefühlvoll einlenken, bis der für die Kurve richtige Lenkeinschlag erreicht ist
○ beim Einlenken rollt das Auto ohne Bremsen oder Beschleunigen
● Durchfahren der Kurve
○ richtigen Lenkeinschlag sicher beibehalten
○ weiches Beschleunigen
○ keine extremen Lastwechsel
○ nicht schalten
● Ausfahrt
○ weich in gerade Fahrt auslenken
○ notfalls in den nächst höheren Gang schalten

Konzentrieren Sie sich auf die richtige Technik beim Kurvenfahren. Sie werden sie rasch lernen und bald immer öfter das Gefühl haben, daß es wieder ›gepaßt‹ hat. Grundstock richtiger und damit auch sicherer Kurventechnik ist das exakte, verantwortungsbewußte Einschätzen einer Kurve. Die Philosophie nach dem Motto ›Wird schon gut gehen‹ hat beim Autofahren keinen Platz, denn sie ist gleichbedeutend mit leichtsinniger und verantwortungsloser Selbstüberschätzung.

Fahren auf der Ideallinie einer Kurve

Nachdem Sie jetzt die richtige Kurventechnik kennengelernt haben, beschäftigen Sie sich nun mit den möglichen Wegen, auf denen Sie eine Kurve durchfahren können. Natürlich gibt es sehr viele verschiedene Möglichkeiten, und so unterscheiden sich auch die

Fahrspuren verschiedener Fahrer in ein und derselben Kurve oft sehr erheblich. Die beste und günstigste der vielen möglichen Fahrlinien, wir sprechen von der ›Ideallinie‹ einer Kurve, wollen wir in den nächsten Abschnitten betrachten.

Was heißt Ideallinie?

Das Wort ›Ideallinie‹ selbst gibt schon eine Grunddefinition: Die Ideallinie stellt die günstigste Fahrspur in einer Kurve dar. Allerdings ist diese erste Festlegung des Begriffes ›Ideallinie‹ noch sehr unbestimmt, denn was ist schon unter ideal oder günstig genauer zu verstehen? Was der eine Fahrer als günstig ansieht, wird ein anderer als ›Quatsch‹ abqualifizieren. Nur eine anhand sicherer Daten genau ausformulierte Definition des Begriffes kann Klarheit schaffen.

Kurven- und Spurradius in einer Rechtskurve

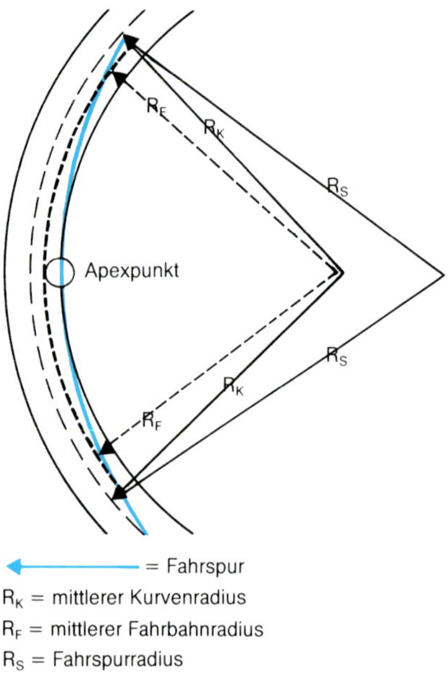

Der Radius der Ideallinie (R_S) ist immer größer als der Kurven- oder Fahrbahnradius (R_K/R_F).

Wir wissen bereits, daß die Wirkung der Zentrifugalkraft den Möglichkeiten zur Kurvenfahrt klare Grenzen setzt. Zur Erinnerung: Die Zentrifugalkraft wirkt während einer Kurvenfahrt immer kurvenauswärts, will uns also aus der Kurve herauszerren. Sie ist um so stärker, je höher die gefahrene Geschwindigkeit, je größer die Masse des Autos und je kleiner der Kurvenradius wird. Durch die Wahl der Fahrspur haben wir zwar keinen Einfluß auf Geschwindigkeit und Masse des Autos, aber auf den Radius der Kurve. Die der Kurvenbewegung entgegenwirkende Zentrifugalkraft wird kleiner und zeigt somit weniger Wirkung, wenn der Radius größer wird. Aufgrund dieser Überlegung wollen wir nun sinnvollerweise zwischen dem Kurvenradius einerseits, der ja fest vorgegeben ist, und dem Radius unserer Fahrspur andererseits, wir sprechen vom Spurradius, unterscheiden. Die Zentrifugalkraft hängt direkt nur vom jeweiligen Spurradius ab. Der Spurradius kann in gewissen Grenzen vom fest vorgegebenen Kurvenradius abweichen. Wählen Sie durch Ihr Lenkverhalten eine Fahrspur, deren Spurradius kleiner ist als der Kurvenradius selbst, haben Sie eine ungünstige Spur eingeschlagen. Wird der Spurradius allerdings größer als der Kurvenradius, so wird unsere Fahrspur immer günstiger. So können Sie jetzt den Begriff Ideallinie mit Hilfe des Kurven- und Spurradius wie folgt exakt definieren:

- Unter Ideallinie ist diejenige Fahrspur in einer Kurve zu verstehen, die im vorgegebenen Spielraum der durch den nicht veränderbaren Kurvenradius bestimmten Kurve den größtmöglichen Spurradius aufweist.

Bei Festlegung der Ideallinie steht einem Renn- oder Rallyefahrer fast immer die gesamte Straßenbreite zur Verfügung. Im Alltagsverkehr können und dürfen wir die Ideallinie allerdings nur, wie es auch gesetzlich festgelegt ist, im Bereich der jeweils rechten Fahrbahnhälfte suchen. Beim Kurvenschneiden erreichen Sie zwar durch den relativ großen Spurradius eine tolle Ideallinie, diese ist aber alles andere als verkehrsgerecht. Beziehen Sie daher von vornherein nur die rechte Fahrspur in die Überlegungen zur Ideallinie ein. Einen Begriff wollen wir uns noch im Zusammenhang mit der Ideallinie einer Kurve merken, nämlich den ›Apex- oder Scheitelpunkt‹. An diesem Punkt berührt die Fahrspur jeweils den kurveninneren Rand der zur Verfügung stehenden Fahrbahn.

Einige konkrete Beispiele aus dem täglichen Straßenverkehr sollen uns nun letzte Klarheit über die anzustrebende Ideallinie in Kurven und Kurvenkombinationen geben.

Rechtskurve

Unsere vorausgegangenen Überlegungen zum Thema Ideallinie wollen wir zuerst an einer einfachen Rechtskurve, die einen gleichmäßigen Kurvenradius aufweist, konkretisieren. Die Ideallinie wird zunächst einmal schon sehr entscheidend durch das Anfahren der Kurve beeinflußt. Eine Rechtskurve beispielsweise fahren Sie am linken Rand der Ihnen zur Verfügung stehenden Fahrbahn an und lenken weich, entsprechend der bereits bekannten Kurventechnik, in die Kurve ein. Den richtigen Lenkeinschlag finden Sie dadurch, daß Sie am Kurvenanfang den möglichen Apex- oder Scheitelpunkt anvisieren und Ihre Fahrspur weitgehend an ihm orientieren. Bei einer gleichmäßig gekrümmten Kurve liegt dieser Apexpunkt, also der Punkt, bei dem die Fahrspur den kurveninneren Straßenrand touchiert, etwa in der Mitte des Kurvenbogens. Haben Sie den Apexpunkt richtig eingeschätzt, rollt Ihr Auto fast automatisch ohne weitere Lenkkorrekturen

In Links- wie in Rechtskurven: Anfahrt am äußeren Fahrbahnrand (1), weich einlenken (2), den Apexpunkt etwa in der Mitte ansteuern (3), Ausfahrt am äußeren Fahrbahnrand (4)

sicher zum Kurvenausgang, wo Sie wieder den gesamten Spielraum der zur Verfügung stehenden Straßenbreite für die Ideallinie ausnutzen. Dazu legen Sie Ihre Fahrspur so an, daß Sie am Kurvenausgang bis an den möglichen linken Rand der verfügbaren Fahrbahn fahren. In Verbindung mit dem weichen Auslenken aus der Kurve schaffen Sie so einen kontinuierlichen Übergang in die neue Gerade.

Für das Festlegen der Ideallinie ist sowohl die richtige Anfahrt als auch das richtige Einschätzen des Apexpunktes, den Sie dann ansteuern, sehr entscheidend. Nicht immer ist der Apexpunkt ohne weiteres richtig zu beurteilen. Ist eine Kurve unübersichtlich oder sind Sie sich aus irgendeinem anderen Grund nicht ganz sicher, planen Sie den Apexpunkt Ihrer Fahrlinie sicherheitshalber mehr in Richtung Kurvenausgang. Wenn Sie so vorgehen, wird Ihnen eine Kurve am Kurvenende niemals gefährlich eng, sondern Sie haben immer ausreichend Platz für ein weiches und sicheres Auslenken in die neue Gerade.

Linkskurve

Um die Ideallinie einer gleichmäßig gekrümmten Linkskurve beschreiben zu können, brauchen Sie eigentlich nur die bereits ausführlich diskutierten Kriterien zur Anlage der Ideallinie einer Rechtskurve zu transformieren. So fahren Sie die Kurve jetzt am rechten Rand der Ihnen zur Verfügung stehenden Fahrbahnbreite an, der in der Regel zugleich auch der rechte Straßenrand ist. Aus dieser Anfahrt lenken Sie am Kurvenanfang wieder weich in die Kurve ein und orientieren Ihre Fahrspur am Apexpunkt. Bei einer Linkskurve mit gleichmäßigem Kurvenradius liegt der Apexpunkt am Mittelstrich der Fahrbahn, etwa wieder in der Mitte des Kurvenbogens. Wenn Sie den Apexpunkt richtig eingeschätzt haben, wird sich Ihre Fahrspur organisch sicher in die Kurve einpassen. Am Kurvenende selbst fahren Sie dann, wie gewohnt, wieder weich bis an den rechten Straßenrand und nutzen so geschickt die gesamte Fahrbahnbreite.

Auch bei Gegenverkehr sind die so verlaufenden Ideallinien ohne Behinderung des Verkehrspartners zu befahren. Wenn bei Gegenverkehr jeder Autofahrer die Ideallinie befährt, gerade dann ist in jeder Situation über die gesamte Kurve ausreichend sicherer Spielraum zwischen den Fahrzeugen. Beobachten Sie bei der Wahl Ihrer Ideallinie Ihre entgegenkommenden Verkehrspartner und orientieren Sie Ihre Fahrspur auch an deren Verhalten. Die Ideallinie ist keine verbindliche Rechtsvorschrift der Straßenverkehrsordnung, sondern lediglich fahrtechnisch eine sehr günstige Lösung. Verwechseln Sie die Ideallinie bitte nicht mit einem Vorfahrtsschild, sondern stimmen Sie sie immer mit den äußeren Bedingungen der Kurve und dem augenblicklichen Verkehrsgeschehen ab.

Enger werdende Kurven

Bei den enger werdenden Kurven, die im Rallye-Jargon auch ›Macht zu‹-Kurven genannt werden, was sehr gut dem Gefühl Ausdruck gibt, das der Fahrer in ihnen hat, wird der Radius zum Kurvenende hin immer kleiner. Sie münden also gleichsam ständig in eine neue, noch engere Kurve. Rallyefahrer notieren meist gerade diese ›Macht zu‹-Kurven sehr gewissenhaft in Ihren ›Gebetbüchern‹, denn sie sind oft heimtükkisch, ja gefährlich, und verlangen in jedem Fall eine besondere Strategie.

Wenn Sie eine typische ›Macht zu‹-Kurve anfahren, steuern Sie sie wie gewohnt von außen her an. Am Kurvenanfang lenken Sie ähnlich der Ideallinie einer langgezogenen Kurve so, daß Ihr

Auto nahezu parallel zum kurvenäußeren Fahrbahnrand fährt. Erst wenn Sie den zweiten, gefährlich engeren Teil der Kurve ein- und übersehen, steuern Sie einen so gewählten Apexpunkt an, daß ein rundes Durchfahren des Kurvenausgangs sichergestellt wird. Bei den typischen enger werdenden Kurven liegt der Apexpunkt zwangsläufig deutlich mehr in Richtung Kurvenausgang.
Bei diesem Kurventyp orientieren Sie sich mit der Anfahrgeschwindigkeit nicht am Anfangsteil der Kurve, sondern am heimtückischeren engeren Teil. Wenn Sie Ihre Fahrspur und -geschwindigkeit am ersten Teil der Kurve ausrichten würden, bekämen Sie am Kurvenausgang sicher Probleme und würden automatisch gefährlich aus dem sicheren Fahrbahnbereich kurvenauswärts getragen. Da Sie auf der Ideallinie einer typischen sich verengenden Kurve den Lenkeinschlag leicht – und dabei möglichst weich – verstärken müssen, sollten Sie auch die Kurventechnik der geänderten Situation anpassen. Sie ge-

Die Ideallinie richtet sich immer am Apexpunkt aus

ben nun nicht schon, wie bisher gewohnt, nach dem ersten Einlenken des Autos in die jeweilige Kurve weich Gas, sondern Sie beschleunigen erst dann, wenn Sie den Apexpunkt ansteuern. Bei enger werdenden Kurven orientieren sich sowohl Fahrtechnik als auch Ideallinie wesentlich mehr am zweiten, engeren Teil, der uns zum Kurvenausgang hin erwartet. Gerade diese soge-

Enger werdende Kurven: Anfahrt am äußeren Fahrbahnrand (1), einlenken in 1. Teil (2), Einschlag verstärken (3), Apexpunkt liegt Richtung Kurvenausgang (4), Ausfahrt (5)

Sich öffnende Kurven: Anfahrt am linken Fahrbahnrand (1), einlenken zum Apexpunkt (2), der nah am Eingang liegt (3), Ausfahrt und Beschleunigen wieder zum äußeren Fahrbahnrand (4)

nannten ›Macht zu‹-Kurven entpuppen sich oft als besonders gefährlich, wenn Sie Ihre Fahrtechnik und Ideallinie nicht wie beschrieben auf die Verhältnisse einstellen.

Sehr oft sind diese etwas heimtückischen Kurven rechtzeitig durch entsprechende Hinweisschilder gut gekennzeichnet. Rechnen Sie aber insbesondere bei unübersichtlichen und auch sehr langgezogenen Kurven immer damit, daß sie sich zunehmend verengen. In der Regel können Sie den exakten Kurvenverlauf erst dann sicher abschätzen, wenn Sie auch den Kurvenausgang gut übersehen können. Unterschätzen Sie diesen Kurventyp nicht, und begegnen Sie den Gefahren mit angepaßter Geschwindigkeit und richtig gewählter Ideallinie. Es lohnt sich wirklich.

Sich öffnende Kurven

Sich öffnende Kurven sind keinesfalls so heimtückisch und gefährlich wie ihre Gegenstücke. Im Gegensatz zu den ›Macht zu‹-Kurven wird bei diesen ›Macht auf‹-Typen der Radius zum Kurvenausgang hin immer größer und weiter, so daß Sie immer ausreichend Platz zum Auslenken haben. Diese Kurven verzeihen zwar Fehler bei der Wahl der Ideallinie, aber als guter und sportlicher Autofahrer wollen Sie sicher gerade auch derartig einfache Situationen sauber zu meistern verstehen.

Nach der Ideallinie fahren Sie wieder wie gewohnt von außen an die Kurve heran und lenken in Richtung Apexpunkt ein, der jetzt mehr in der ersten Hälfte des gesamten Kurvenbogens liegt. Wenn Sie den Apexpunkt richtig eingeschätzt haben, dann paßt der Lenkeinschlag auch bis zum sich öffnenden Kurvenende. Im Vergleich zu einer enger werdenden Kurve können Sie auch früher und kräftiger beschleunigen, denn der größer werdende Kurvenradius läßt natürlich auch größere Geschwindigkeiten zu.

Langgezogene Kurven

Neben dem Kurvenradius selbst beeinflußt auch die Kurvenlänge die Wahl der Ideallinie sehr entscheidend. Insbesondere bei Kurven, die schier nicht enden wollen, wissen wir aus Erfahrung, daß es nicht immer leicht ist, sie ohne mehrere Lenkkorrekturen zu meistern. Von einer gewissen Kurvenlänge an, wir wollen dann von langgezogenen Kurven sprechen, ist es ratsam, die Fahrlinie nach etwas modifizierten Gesichtspunkten anzulegen.

Bei der Anfahrt orientieren Sie sich wie bisher daran, daß Sie sich am kurvenäußeren Rand der Ihnen zur Verfügung stehenden Fahrbahn befinden. Wenn Sie jetzt in die Kurve einlenken, steuern

Langgezogene Kurven: Anfahrt am äußeren Fahrbahnrand (1), Fahrspur bleibt (2) bis zur Ausfahrt außen (3)

Sie nicht wie bisher den Apexpunkt an. Sie wählen besser Ihre Fahrspur derart, daß sie über die gesamte Kurve parallel zum jeweiligen Straßenrand verläuft. Sie fahren also immer am äußeren Rand der Ihnen zur Verfügung stehenden Fahrbahn. Anfangs erscheint Ihnen diese Ideallinie bestimmt etwas ungewohnt, vor allem da Sie sich doch ziemlich am Rand der zur Verfügung stehenden Fahrbahn bewegen. Wenn Sie in langgezogene Kurven aber trotzdem einen Apexpunkt etwa in der Mitte des Kurvenbogens anvisieren, wird Ihnen die Kurve meist am Kurvenausgang zu eng und Sie müssen sie mit nicht ganz einfachen Lenkkorrekturen beenden.

Ist die Kurve unübersichtlich oder müssen Sie aus anderen Gründen mit einer Notsituation rechnen, fahren Sie mit deutlich reduzierter Geschwindigkeit und verlegen Sie Ihre Fahrlinie insgesamt mehr zum Kurveninneren der Fahrbahn. Sollten Sie sehr stark bremsen müssen, bleibt Ihnen so noch die Möglichkeit, während des Bremsvorganges kurz geradeaus zu fahren, ohne auf die Gegenfahrbahn oder in den Straßengraben zu geraten (siehe dazu: ›Notbremsung in einer Kurve‹, Seite 50). Wesentlich für die Fahrt durch langgezogene Kurven ist in jedem Fall, sich nicht an einem Apexpunkt zu orientieren, sondern die Fahrlinie parallel zur Kurvenlinie zu wählen. Der Radius der Fahrspur parallel zum jeweils äußeren Rand ist größer als der mittlere Kurvenradius. Diese Fahrspur befindet sich also im Einklang mit unserer allgemeinen Definition der Ideallinie, da auch hier der größtmögliche Spurradius gegenüber dem Kurvenradius erreicht wird.

Kurvenkombinationen

Bis jetzt haben wir uns jeweils mit einzelnen Kurven beschäftigt, aber im täglichen Verkehr treffen wir nicht selten auf Kurven in den unterschiedlichsten Kombinationen. Ausfahrt aus einer Kurve und Anfahrt der nächsten gehen oft ineinander über. Nicht immer lassen sich unsere bisherigen Gedanken problemlos auf derartige Kurvenfolgen übertragen. Bei Kurvensets – wie man diese Abfolgen auch nennt – gilt es vorrangig, nicht nur die erste Kurve richtig zu fahren, sondern sich an der Kombination in ihrer Gesamtheit auszurichten. Rallyefahrer orientieren sich an der letzten oder auch an der schwierigsten Kurve, wenn sie die Ideallinie für ihre Fahrt vorplanen. Ausgehend von der so ausgewählten zentralen Kurve, an die die Ideallinie und auch die Fahrgeschwindigkeit optimal angepaßt werden, wird die Fahrspur in den anderen Kurven des Sets zu einem möglichst günstigen Kompromiß zwischen den jeweils für die einzelnen Kurven – ständen sie allein – optimalen Fahrweisen. Die Anforderungen müssen aufeinander abgestimmt werden. An drei verschiedenen Beispielen wollen wir uns die allgemeine Situation verdeutlichen.

S-Kurve: Anfahrt am äußeren Fahrbahnrand (1), Apexpunkt erst am Ende, damit optimale Anfahrt der 2. Kurve (2), auf der Ideallinie durch die 2. Kurve (3), Ausfahrt wie gewohnt (4)

›S-Kurve‹. Nehmen wir dazu an, daß zwei Kurven von etwa gleichem Kurvenradius, aber von entgegengesetztem Kurvensinn unmittelbar aneinander anschließen. Wie bereits angedeutet, planen Sie die Ideallinie in diesem Fall am besten nach der letzten, also der zweiten Kurve. Damit Sie diese zweite Kurve optimal von außen her anfahren können, müssen Sie in der ersten Kurve die Ideallinie so verändern, daß Sie bei der Ausfahrt nicht zum fahrbahnäußeren Rand auslenken, sondern auf die optimale Anfahrtspur zur zweiten Kurve kommen. So wird die erste Kurve fast zu einer ›Macht zu‹-Kurve, ihr Apexpunkt liegt deutlich hinter der Mitte des Kurvenbogens.

Dreifach-Kombination. Für das zweite Beispiel wählen wir ein Kurvenset, das aus drei direkt aufeinanderfolgenden Kurven besteht, von denen die zweite, mittlere den engsten Radius aufweist. In diesem Fall bietet es sich an, daß Sie die Ideallinie an der zweiten, der engeren und damit schwierigsten Kurve orientieren. Das bedeutet, daß Sie die Anfahrgeschwindigkeit, in diesem Kurvenset ganz klar an dieser Kurve ausrichten, auch wenn die erste Kurve eine deutlich höhere Geschwindigkeit erlauben würde. Das Auslenken aus der ersten Kurve mündet derart in die Anfahrt zur zweiten, daß Sie sie von außen her optimal ansteuern können. Aber auch die Ausfahrt der zweiten Kurve wird optimal bis zum fahrbahnäußeren Rand gestaltet. Dies führt zwangsläufig zu keiner optimalen Anfahrt der letzten Kurve, deren Fahrlinie dadurch auch nur eine Annäherung an ihre eigentliche Ideallinie

Dreier-Kombination: Anfahrt am äußeren Fahrbahnrand (1), optimale Anfahrt zur 2. Kurve (2), auf der Ideallinie durch die 2. Kurve (3), Ausfahrt der 2. Kurve außen, 3. Kurve innen anfahren (4), auslenken aus der 3. Kurve (5)

werden kann. Da die letzte Kurve ohnehin aufgrund des größeren Kurvenradius eine weit höhere Geschwindigkeit ermöglicht als die zweite, enge Kurve, bringt der eingegangene Kompromiß fast keine Nachteile mit sich. Bei diesem Beispiel orientieren wir uns, wie beschrieben, nicht an der letzten, sondern an der mittleren, weil schwierigsten Kurve.

Monte Carlo 1984: eine Dreifach-Kombination unter erschwerten Bedingungen mit Eis und Schnee

Doppelkurve. Als drittes Beispiel wählen wir eine sogenannte Doppelkurve, bei der zwei Kurven im selben Kurvensinn durch ein kurzes gerades Zwischenstück verbunden sind. Für dieses Kurvenset streben wir jetzt eine Ideallinie an, bei der beide Kurven nahezu in einem gleichmäßigen Bogen durchfahren werden können. Dazu fahren Sie die erste Kurve wieder wie gewohnt von außen her an, lenken aber beim Einfahren in die Kurve zu einem Apexpunkt, der deutlich in der zweiten Hälfte des Kurvenbogens liegt. Dadurch werden Sie am Kurvenende etwas später nach außen getragen, lenken etwas früher in die zweite Kurve ein und können so beide Kurven in einem einzigen weiten Bogen durchfahren. Ihre Fahrt wird dadurch gleichmäßiger und ruhiger, als wenn Sie jede Kurve für sich auf der Ideallinie fahren würden.

Doppelkurve: Ausfahrt aus der 1. und Anfahrt zur 2. Kurve erfolgen nicht ganz am äußeren Fahrbahnrand, um so beide Kurven in einem großen Bogen durchfahren zu können

Auf einem Lancia bei der Rallye Monte Carlo 1983

Im Alltagsverkehr. Oft fehlt natürlich im täglichen Fahrbetrieb die vollständige Übersicht über die Kurvenfolge bei Kurvensets, so daß eine optimale Lösung auch ein wenig dem Zufall überlassen bleibt. Wenn Sie eine Strecke des öfteren befahren, versuchen Sie, sich gerade auch die Kurvensets einzuprägen, und optimieren Sie die Ideallinie von Fahrt zu Fahrt, bis Sie auch hier das beruhigende Gefühl »Paßt!« verspüren. Unübersichtliche Kurvenkombinationen kann man manchmal am Verlauf von Telegrafenmasten, Bäumen, Waldschneisen oder ähnlichem voraussehen, so daß man doch etwas besser vorausplanen kann. Auf derartig vage Informationen sollten Sie sich aber natürlich nur mit der gebotenen Vorsicht verlassen.

Auch wenn Sie jetzt in die eleganten Bogen von Ideallinien verliebt sein sollten, sollten Sie, wenn nur immer möglich, versuchen, geradeaus zu fahren. Durch gezieltes Ansteuern wird manche leichte Kurve und damit auch ihre Ideallinie fast zu einer Geraden.

Überholen

Selbst für den gemütlichen Autofahrer sind Überholvorgänge nahezu unumgänglich, es sei denn, er will bis zum Ziel seiner jeweiligen Fahrt ständig hinter irgendeinem Traktor oder Lastwagen hinterherfahren. Gerade aber bei den zwangsläufig notwendigen Überholvorgängen ereignen sich immer wieder nicht nur sehr viele, sondern vor allem auch sehr folgenschwere Unfälle.

Vielleicht ist es übertrieben, wenn ich hier von einer Technik des Überholens spreche, vielleicht fassen Sie die nachfolgenden Gedanken besser nur als kleine Tips zum Thema auf. In diesem Sinne brauche ich Ihnen auch keine Punkte aus der Straßenverkehrsordnung vorzukauen, denn dergleichen kennen Sie sicher zur Genüge. Meine Tips sollen keinesfalls aus dem Überholen eine Art Sport machen, der zu leichtsinnigen, gefährlichen Manövern führt. Überholen Sie, wenn notwendig, dann aber überlegt, entschlossen und auf die richtige Art und Weise.

Das Überholen auf Autobahnen ist relativ unproblematisch, dagegen muß der Überholvorgang auf einer Straße mit möglichem Gegenverkehr viel genauer auf die jeweilige Verkehrssituation abgestimmt werden. Bevor Sie zum Überholen ansetzen, müssen Sie sich über die Länge der Strecke, die Sie benötigen, im klaren sein. Dazu ein kleines Zahlenbeispiel, das in etwa die Dimensionen veranschaulicht: Sie wollen einen PKW, der um die 5 m lang ist und 80 km/h fährt, überholen. Nehmen wir weiter an, daß Ihr Auto so gut in Fahrt ist, daß es mit durchschnittlich 20 km/h mehr als das zu überholende Fahrzeug, also mit einer mittleren Geschwindigkeit von 100 km/h fährt. Der Weg, der für einen derartigen Überholvorgang notwendig ist, beträgt ca. 300 m.

Zum Überholen brauchen Sie immer eine gute Sicht

Wenn Sie nun auch noch ein entgegenkommendes Fahrzeug einplanen, das ja jederzeit auftauchen kann, brauchen Sie eine weit längere Strecke, bevor Sie tatsächlich ohne Gefahr überholen können. Nehmen wir dazu an, daß sich ein entgegenkommendes Fahrzeug mit der Geschwindigkeit von 100 km/h nähert, so legt dieses Auto in der Zeit, in der Sie den Überholvorgang absolvieren, seinerseits auch ca. 300 m zurück. Somit müssen für den Überholvorgang mindestens 600 m zur Verfügung stehen. Dieses Zahlenbeispiel entspricht einer relativ häufigen Standardsituation auf unseren Land- und Bundesstraßen. Wenn Sie einen Lastwagen, möglicherweise einen ziemlich langen Zug mit Anhänger überholen, verlängert sich die Strecke, die Sie für Ihren Überholvorgang einplanen müssen. Die Überholstrecke muß aber auch dann höher angesetzt werden, wenn Sie mit niedrigerer Geschwindigkeitsdifferenz überholen oder wenn das entgegenkommende Fahrzeug schneller fährt, womit Sie im Grunde immer rechnen müssen. Umgekehrt kann sich die Strecke natürlich auch verringern, beispielsweise dadurch, daß Sie schneller sind als im angeführten Beispiel.

Beim Abschätzen der für ein Überholmanöver notwendigen Sicherheitsstrecke verfahren Sie bitte gewissenhaft und lassen Sie sich nicht trotz unübersichtlicher Passagen wie Kuppen oder Bewuchs neben der Straße in fahrlässiger Weise zum Überholen verleiten.

Schon beim ersten Gedanken zu überholen, beobachten Sie das Fahrzeug, an dem Sie vorbei wollen. »Kann es abbiegen oder will es selbst zu einem Überholvorgang ansetzen?« sollten Sie sich immer prüfend fragen. Stellen Sie sich selbst ganz auf den Überholvorgang ein. Beobachten Sie den nachfolgenden Verkehr, und legen Sie einen Gang ein, der im Verhältnis zu Ihrer augenblicklichen Geschwindigkeit optimales Beschleunigen gewährleistet. Wenn Sie nun tatsächlich überholen wollen, handeln Sie entschlossen und zielstrebig. Geben Sie kräftig Gas und lenken weich auf eine Überholspur mit ausreichendem Sicherheitsabstand zu dem zu überholenden Fahrzeug. Auch während des Überholens beobachten Sie konsequent das Verhalten des Verkehrspartners, den Sie gerade überholen, und natürlich den möglichen Gegenverkehr. Sobald Sie das Fahrzeug überholt haben, lenken Sie weich, aber zügig zurück auf die rechte Fahrbahnhälfte, damit Sie die Gegenfahrbahn nicht länger als notwendig befahren. Oft kann man beobachten, daß gerade dieses Einscheren zu lange hinausgezögert wird und sich damit der Überholvorgang unnötig verlängert. Falsch und gefährlich ist aber auch das ›Schneiden‹ der gerade überholten Autos. Fahren Sie der Situation angemessen, bleiben Sie gerade bei Gegenverkehr nicht länger als nötig auf der linken Fahrbahnhälfte.

Lenken Sie auch beim Überholvorgang möglichst weich, damit das Auto sicher auf die Lenkung reagiert und nicht durch zu hastige Lenkbewegungen ins Schlingern gerät. Nach dem Überholvorgang legen Sie wieder einen Gang ein, der Ihrer neuen Geschwindigkeit – bei der Sie jetzt nicht mehr stark beschleunigen müssen – angemessen ist.

Wenn Sie selbst überholt werden, entwickeln Sie bitte keinen falschen Ehrgeiz, sondern erleichtern Sie das Überholmanöver durch faires Verhalten. Achten Sie auch auf Überholende, die Ihnen entgegenkommen. Verringern Sie Ihre Geschwindigkeit gegebenenfalls rechtzeitig, und fahren Sie äußerst rechts, um einem etwaigen Zusammenstoß vorzubeugen. Wildes Hupen, Gestikulieren oder auch Lichtzeichen führen zu keiner Lösung der möglicherweise gefährlichen Situation. Überholen Sie bitte nie nach dem Motto ›Wird schon gehen‹, sondern handeln Sie gewissenhaft, fair, beherrscht und entschlossen.

Ein ›Bad‹ in der Menge – bei der Rallye Portugal 1984

Mein erster WM-Sieg

Mein erster Sieg bei der Rallye Monte Carlo 1980 war ein großes Erlebnis, Portugal im selben Jahr mit dem Teufelsritt über Arganil, aber auch Monte Carlo 1984, meine WM-Premiere auf dem Audi quattro. Alles schöne Erlebnisse. Ganz toll war aber mein Sieg bei der Akropolis-Rallye 1975. Weil es mein erster WM-Sieg war.

Am Start war alles, was in der Branche Rang und Namen hatte. Mittendrin, von den Großen nur milde belächelt, ich mit meinem Opel Kadett. Am Anfang der Rallye stand damals noch ein Rundstreckenrennen auf einem Flugplatz. Nach diesen Ergebnissen wurde, fast wie in der Formel-1, die Startreihenfolge festgelegt. In Griechenland ist das wegen des Staubs, der dich manchmal wie gegen eine Mauer fahren läßt und natürlich sofort langsamer macht, sehr wichtig.

Da ging es also auf einem verdammt rutschigen Belag zwischen den Flugzeughallen umeinander, das war ganz schön problematisch zu fahren. Auch von der Linie her war der Kurs nicht einfach. Vorher gab es ein richtiges Training, und schon da war ich pro Runde etwa acht Sekunden schneller als der routinierte Rauno Aaltonen auf dem zweiten Opel. Das war ein hoffnungsvoller Auftakt, mit dem ich nicht gerechnet hatte, und schon mal ein gutes Zeichen.

Im Rennen habe ich mich dann gleich hinter Björn Waldegaard mit dem Lancia Stratos gehängt. Das war damals einer der großen Favoriten, und ich habe mir gedacht, solange du den nicht aus den Augen verlierst, liegst du noch gut im Rennen. Obwohl er das viel stärkere Auto hatte, konnte er mich nicht abschütteln. Der Rauno, der alte Fuchs, hat das auch ganz schlau angestellt, der ist immer hinter mir hergefahren, auf der genau gleichen Linie. So konnte er mein Tempo halten. Trotzdem: bei der Rallye war ich zweiter Starter, vor mir nur der große Waldegaard, und alles war ohne Probleme gelaufen. Ich wurde immer zuversichtlicher.

In den Tagen vor dem Start war mir nicht ganz wohl gewesen in meiner Haut. Es war schließlich meine erste Akropolis-Rallye, und vorher hatten mich alle gewarnt. Auf den griechischen Schotterpfaden sei es unheimlich schwer zu fahren, sagten sie, und da brauche man schon ein paar Jahre Erfahrung, bis man da zum erstenmal an einen Sieg denken dürfe. Ich habe nur gedacht: Was soll's, ich habe hier nichts zu verlieren, kann unbeschwert losfahren.

Es lief dann auch viel besser als erwartet. Im Ziel der ersten Etappe in Kalambaka war ich schon Zweiter. In Führung lag Achim Warmbold auf dem Toyota, der sich damals gerne als die Nummer 1 in Deutschland feiern ließ. Auf dem Weg zurück nach Athen hatte die Nummer 1 aber leider einen Reifenschaden, und so lag plötzlich der Röhrl in Führung, die Nummer wasweißich.

Waldegaard, der große Favorit, lag schon sechs Minuten hinter mir, und die Leute von seinem Team haben in ihrer Verzweiflung genau ausgerechnet, daß er mir von jetzt an pro Sonderprüfung 25 Sekunden abknöpfen müßte, um mich noch zu überholen. 25 Sekunden, das war auch für einen wie ihn eine Menge Holz.

Es hat sich dann auch schon auf den nächsten zwei Sonderprüfungen gezeigt, daß diese Rechnung niemals aufgehen kann. Auf der ersten war ich nur zwei Sekunden langsamer als Waldegaard, auf der zweiten sogar zwei Sekunden schneller als er. Natürlich ist er gefahren wie ein Wahnsinniger, hat alles darangesetzt, um mich noch einzuholen. Aber irgendwann machte ein kapitaler Motorschaden seiner verwegenen Aufholjagd ein vorzeitiges Ende.

Langsam begann ich mich damit abzufinden, daß ich die Rallye unter Umständen gewinnen könnte. Ich führte mit beruhigendem Vorsprung vor Warmbold, der Nummer 1. Der war natürlich total sauer und gab wie ein Verrückter Gas. Der hat seinen armen Toyota derart durch die Gegend geprügelt, daß sein Ausfall eigentlich nur noch eine Frage der Zeit war. Irgendwo hat er sich dann auch rausgehauen, und plötzlich war da niemand mehr, der mir meinen ersten WM-Sieg noch hätte streitig machen können.

Im Ziel in Athen hatte ich 38 Minuten Vorsprung. Nicht zu fassen. Ich war der glücklichste Mensch auf der Welt.

Fahrtechnik für Fortgeschrittene

»Noch stärker rechts einlenken ...«

Wie Sie es sicher bereits einmal im Fernsehen oder in einer Zeitschrift gesehen haben, bewegt die Zunft der Rallyefahrer Ihre Autos ziemlich spektakulär um die Ecken. Was da aber auf den ersten Blick wie ein zufälliges, unkontrolliertes Schleudern aussehen mag, entpuppt sich bei genauerem Studium als ganz gezielte und exakt beherrschte Fahrtechnik. Die Autos werden dabei weit mehr mit Gas und Bremse durch die Kurven gesteuert als durch den Lenkeinschlag der Räder, das eigentliche Lenken.
Allerdings ist nicht jedes Schlingern in einer Kurve schon ein Teil besonderer Fahrtechnik, meist gründet es eben nur in einem ganz simplen Fahrfehler und hat damit keine Verwandtschaft mit dem kontrollierten Rutschen der Rallyefahrer, den sogenannten ›Drifts‹. Diese Fahrtechnik macht gleichsam aus der Not eine Tugend. Gerade bei schnellem Fahren auf rutschigem oder losem Untergrund, wie dies bei Wertungsprüfungen von Rallyes oft gefordert wird, gerät ein Auto rasch ins Rutschen. Rallyefahrer provozieren dieses Rutschen, sie haben in intensivem Training gelernt, damit umzugehen, es zu beherrschen, und lenken Ihr Auto mit den ›Drifts‹ meist ausgesprochen sicher und exakt um die Kurven.
Eine Art Vor- oder auch Lernstufe für das Fahren in ›Drifts‹ sind die sogenannten ›Turns‹, die nichts anderes sind als systematisch produzierte Dreher eines Autos. Dabei lernen Sie, wie ein Auto überhaupt in extremes, aber noch kontrolliertes Rutschen gebracht werden kann. Darüber hinaus erleben Sie auch das zunächst einmal ungewohnte Gefühl, in einem schleudernden Auto zu sitzen. Bei diesen harmlosen und nicht allzu schwierigen Fahrübungen verlieren Sie rasch die mögliche Furcht, ja Sie lernen sogar, mit dem Schleudern umzugehen. Neben den bewußt eingeleiteten Turns und Drifts will ich Ihnen aber auch einige Möglichkeiten zeigen, wie Sie unkontrolliertes Schleudern notfalls wieder in Griff bekommen können.
Sind Sie etwas überrascht, was ich Ihnen unter dem Titel ›Sicher und sportlich Auto fahren‹ alles zumute? Haben Sie keine Angst, ich will aus Ihnen keine Rallyefahrer machen. Diese Fahrtechniken sind natürlich nicht unbedingt die alltägliche ›Hausmannskost‹ für den ›Normalfahrer‹, Sie müssen sie auch nicht unbedingt erlernen, um sicher Auto fahren zu können. Wer aber lernt, sein Auto auf diese Weise auch im Grenzbereich zu beherrschen, der kann vielleicht eine überraschende, möglicherweise unverschuldete Notsituation gekonnt meistern, während er sonst nur noch auf ein Wunder hoffen kann. Natürlich kann dieses Kapitel auch eine erste Fundgrube für angehende Sportfahrer sein, die diese Techniken in einem echten sportlichen Wettbewerb dringend benötigen.

Turns

Wie schon kurz angedeutet, sind Turns nichts anderes als kontrollierte Dreher eines Autos. Sie lernen beim Turn, wie Ihr Auto durch geschickte Kombination von Lenken, Bremsen oder Gasgeben ins Schleudern gebracht werden kann. So mit der Sache vertraut gemacht, werden Sie nicht mehr hilflos überrascht sein, wenn Ihr Auto tatsächlich einmal im Alltagsverkehr ins Schleudern geraten sollte. Überblick und ein Schuß Gelassenheit ermöglichen viel eher die richtige Reaktionsweise als Hektik und Verwirrung. Machen Sie sich mit dem Schleuderverhalten Ihres Autos vertraut, trainieren Sie für den Ernstfall.

Im folgenden werden typische Turns kurz vorgestellt. Das sind natürlich keine Fahrübungen für den Alltagsverkehr. Wollen Sie diese Turns ausprobieren und erlernen, melden Sie sich bei einem Sicherheitstraining an oder versuchen Sie es auf einem verschneiten und leeren Parkplatz mit genügend Platz.

Vorwärtsturn

Bei einem Vorwärtsturn bringen Sie das Auto derart zum Schleudern, daß es anschließend um 180 Grad gedreht mit dem Heck voraus in einer zur Anfahrtsrichtung parallelen Spur steht oder rollt. Dazu fahren Sie im zweiten Gang mit mittlerer Geschwindigkeit und ergreifen mit der linken Hand das Lenkrad oben an der 12-Uhr-Position. Zugleich greifen Sie mit der rechten Hand an den Handbremshebel, den Sie aber noch nicht betätigen. Nun schlagen Sie kräf-

1

2

3

Der Vorwärtsturn: gegenlenken (1), stark einlenken (2), Handbremse (3), kuppeln, lenken (4), nach hinten sehen und (5) Handbremse lösen, rückwärts weiterrollen (6)

4

5

6

tig bis zur Position 3 Uhr ein, dann sofort über 12 Uhr zurück bis nach 9 Uhr, warten einen kurzen Augenblick – etwa ein bis zwei Sekunden – und ziehen mit der rechten Hand kräftig die Handbremse. Wenn Sie diese Aktionen in Bewegungsgeschwindigkeit und im Timing richtig aufeinander abstimmen, schleudert Ihr Wagenheck nach rechts und Ihr Auto dreht sich.

Während des Drehens versuchen Sie vor allem zunächst einmal, den Überblick zu bewahren, schauen Sie dann durch das Heckfenster, denn Sie werden ja nach gelungenem Turn rückwärts fahren. Nehmen Sie im Verlauf des Schleudervorganges den Lenkeinschlag zurück (12-Uhr-Position), damit Ihr Auto nach dem Turn keine Kurve mehr fährt, sondern geradeaus rollen kann. Aus dem gleichen Grund treten Sie während des Drehens die Kupplung vollständig durch, damit Sie mit dem noch eingelegten Vorwärtsgang auch tatsächlich rückwärtsrollen können und der Motor nicht unsachgemäß abgewürgt wird. Wenn Sie durch das Heckfenster feststellen, daß Sie die 180-Grad-Drehung fast vollendet haben, lösen Sie die Handbremse. Die Schleuderbewegung wird unterbrochen, und Ihr Auto rollt rückwärts weiter.

Ziemlich viel auf einmal, werden Sie jetzt mit Recht sagen: lenken, Handbremse, lenken, kuppeln und die Handbremse wieder lösen. Üben Sie den Turn auf Etappen. Zuerst versuchen Sie, das Auto überhaupt einmal ins Drehen zu bekommen, ohne irgendwelche weitere Aktionen. Wenn Sie diesen Auslösemechanismus einmal beherrschen, versuchen Sie den weiteren Ablauf mit den beschriebenen Handlungen unter Kontrolle zu bringen. Wenn Sie auch noch während des Drehens den Rückwärtsgang einlegen, können Sie nach dem Turn elegant rückwärts weiterfahren.

Sie erleben jetzt selbst, wie Sie trotz des Schleuderns den Überblick bewahren und zielstrebig handeln können. Sie können einen Dreher natürlich auch in entgegengesetzter Richtung, also linksherum, vollführen. Dazu verändern Sie nur die einleitende Lenkbewegung: Sie schlagen zunächst bis zur 9-Uhr-Position ein und dann zur Position 3 Uhr zurück. Nach dem Ziehen der Handbremse wird Ihr Auto jetzt mit dem Wagenheck kräftig nach links drehen. Haben Sie Mut zum Handeln, erschrecken Sie nicht vor den anfangs ungewohnten Schleuderbewegungen Ihres bis dahin so ruhigen Autos und freuen Sie sich, wenn Ihnen der Vorwärtsturn so richtig kernig gelingt.
Sollte bei Ihrem Auto die Handbremse allerdings an der Vorderachse wirksam werden – dies ist aber nur sehr selten der Fall –, dann wird der Vorwärtsturn nicht funktionieren, denn nur wenn die Hinterräder blockieren, bricht das Wagenheck wie gewünscht aus.

Rückwärtsturn

Bei diesem Turn fahren wir rückwärts und vollführen einen Dreher, bei dem sich das Auto wie beim Vorwärtsturn um 180 Grad dreht. So befindet sich das Auto nach geglückter Drehung in einer zur Anfahrspur parallelen Richtung und kann vorwärts weiterfahren.
Probieren Sie den Rückwärtsturn auf einem geeigneten Übungsgelände einmal aus. Fahren Sie dazu rückwärts mit einiger Geschwindigkeit an. Dabei blikken Sie durch das Heckfenster auf die Fahrbahn. Sie ergreifen auch jetzt das Lenkrad wieder mit der linken Hand an der 12-Uhr-Position. Um nun einen gekonnten Dreher beispielsweise linksherum auszulösen, lenken Sie rasch nach rechts etwa auf die Höhe der Position 4 Uhr. Wenn dann das Auto aufgrund des heftigen Lenkeinschlages aus der Spur ausbricht, treten Sie kräftig auf die Fußbremse und am besten auch gleichzeitig die Kupplung vollständig durch. Da hier mit dem Blockieren der Räder gearbeitet wird, macht diese Übung mit ABS Schwierigkeiten.
Das Treten der Fußbremse bewirkt, daß die eingeschlagenen Vorderräder blokkieren und das Auto dadurch kräftig linksherum dreht. Das Treten der Kupplung verhindert ein mögliches Abwürgen des Motors, außerdem kann das Auto nach dem kompletten Turn ungehindert in Vorwärtsrichtung weiterrollen. Während der Drehung blicken Sie dann wieder durch die Frontscheibe und nehmen den Lenkeinschlag zurück. Kurz bevor Sie die 180-Grad-Drehung absolviert haben, lösen Sie die Bremse, die Drehung wird unterbrochen, und das Auto kann vorwärts wegrollen. Wenn Sie nach dem Turn sofort anfahren wollen, legen Sie bereits während der Drehung – Kupplung! – den ersten Gang ein. Üben Sie auch diesmal wieder in Etappen, also zuerst das Auslösen der Drehung, bevor Sie den weiteren Handlungsablauf trainieren.
Auch beim Rückwärtsturn können Sie ohne weiteres eine Drehung anders-, also rechtsherum erzeugen. Sie brauchen dazu nur statt bis zur Position 4 Uhr zur anderen Seite bis zur Position 8 Uhr einzuschlagen.
Ein Rückwärtsturn sollte eigentlich mit jedem Fahrzeug klappen, denn die Fußbremse wirkt bei allen Autos immer auch auf die Vorderräder. Üben Sie den Rückwärtsturn mal links-, mal rechtsherum. Sie werden so sehr rasch mit bewußtem und gezieltem Handeln in Extremsituationen vertraut, in die Sie sich zwar nicht bringen sollten, in die Sie aber doch unversehens immer wieder geraten können.

1

2

3

4

Der Rückwärtsturn: gegenlenken (1), stark einlenken (2), Fußbremse (3), 'rum! (4)

Fahren im Drift

Waren die Turns im Grunde noch Fahrübungen ohne allzu breites Anwendungsgebiet, sieht man von den reinen Lern- und Gewöhnungseffekten einmal ab, so läßt sich das Durchfahren von Kurven im Drift sehr wohl ausgiebig in der Fahrpraxis einsetzen. Dieses mehr rutschende, schleudernde Fahren, das Rallyefahrer einfachheitshalber ›driften‹ nennen, läßt sich gerade bei rutschiger Fahrbahn sehr vielfältig anwenden.

Auch wenn Sie ausgesprochen vorsichtig fahren, kann Ihr Auto beispielsweise bei Glatteis in Kurven unversehens ins Rutschen und Schleudern geraten. Beherrschen Sie das Driften, können Sie derartige Notsituationen allerdings sicher meistern. Bei extremer Glätte kann sogar oft ein bewußter Drift einem ansonsten unvermeidbaren und unkontrollierten Schleudern vorbeugen.

Driften gehört natürlich zu den Grundkenntnissen, die jeder profilierte Rallyefahrer beherrschen muß. Ohne perfekte Drifttechnik wäre ein Rallyefahrer nicht nur zu langsam, sondern er würde sich zudem alsbald im Straßengraben wiederfinden. Natürlich muß nicht um jeden Preis spektakulär um die Ecken gedriftet werden. Auf griffiger Fahrbahn ist das gekonnte Fahren auf der Ideallinie, das sogenannte Fahren auf dem ›Strich‹, mit Abstand die schnellste Möglichkeit, Kurven zu nehmen. Beim Fahren im Drift bewegt sich ein Auto immer mehr oder minder quer zur tatsächlichen Fahrtrichtung, so daß zwangsläufig Energie für diese Querkräfte aufgebracht werden muß, die dem eigentlichen Vorwärtstrieb fehlt.

Einen Teil meiner Rallyetaktik könnte man so in etwa wie folgt ausformulieren:

- Fahre so oft wie nur eben möglich auf der Ideallinie, drifte dagegen nur so viel wie nötig.

Diese taktische Entscheidung fällt nicht immer leicht, zumal gerade schnelles Fahren auf der Ideallinie bei rutschigem Untergrund nur einen sehr schmalen Grenzbereich zum Ausbrechen aufweist und damit relativ riskant sein kann. Im Drift wird dagegen der Grenzbereich wesentlich breiter und damit wird das Fahren, auch wenn es oft noch so spektakulär aussehen mag, weniger gefährlich. Beherrschen Sie allerdings den Drift nicht richtig, ist es natürlich alles andere als sicher.

Besonders einen sicheren und sportlichen Autofahrer muß es doch reizen, derartige Fahrtechniken zu erlernen. Sicheres fahrtechnisches Können gehört gerade in einer Zeit noch immer steigender Unfallzahlen zur sehr oft zitierten »aktiven Sicherheit«. Wenn ich Sie auch jetzt animiere, sich mit einer so

Siegreicher Einstieg bei Audi – Monte Carlo 1984

extremen Variante des Kurvenfahrens wie dem Driften zu beschäftigen, soll das aber nicht heißen, daß ich Sie damit dazu verleiten möchte, künftig im Alltagsverkehr wie ein verkappter Rallyefahrer um die Ecken zu fegen. Den wirklichen Könner zeichnet nicht sein Imponiergehabe aus, sondern Übersicht und situationsgerechtes Fahren.

Beim Kurvenfahren im Drift müssen Sie je nach Fahrzeugtyp ziemlich stark voneinander abweichende Techniken einsetzen. Wesentlich ist dabei die Antriebsart Ihres Autos. So erfordert ein heckangetriebenes Auto eine andere Fahrtechnik als front- oder allradangetriebene Fahrzeuge. Für alle drei Fahrtechniken sind die Turns gute Vorübungen, weil Sie einerseits das Auslösen von Drifts dadurch kennenlernen, aber andererseits auch das Gefühl, in einem schleudernden Auto zu sitzen, bereits erfahren haben. Haben Sie ein ABS-System, bereitet das Driften Schwierigkeiten, da Sie die Reifen nicht beliebig zum Blockieren bringen können.

Die drei unterschiedlichen Techniken lassen sich in drei Phasen einteilen, die man wie folgt beschreiben kann:

- **Auslösephase:** Das Auto wird aus der geraden Fahrt derart in die Kurve gelenkt, daß das Wagenheck kurvenauswärts rutscht.
- **Driftphase:** Nachdem das Auto quer in die Kurve rutscht, wird es, je nach Drifttechnik und Fahrzeugtyp mit Gas und Bremse gelenkt, der Lenkeinschlag übernimmt dabei meist nur eine korrigierende, den Drift ausgleichende Funktion.
- **Auslenkphase:** Am Kurvenende wird das Driften beendet und das Auto weich in die wieder gerade Fahrt ausgelenkt.

Die drei unterschiedlichen Drifttechniken, das Driften mit Heckantrieb, mit Frontantrieb und mit Allradantrieb, unterscheiden sich grundsätzlich in der zweiten Phase, der eigentlichen Driftphase. Auslöse- und Auslenkphase haben dagegen soviel Gemeinsamkeiten, daß sie jeweils gemeinsam für alle Fahrzeugtypen beschrieben werden können.

Auslösephase

In der Auslösephase bildet das Einlenken in die Kurve den eigentlichen Drehpunkt, an dem das Heck kontrolliert kurvenauswärts rutscht. Je nach Kurvenradius, Griffigkeit der Fahrbahn und Ansprechverhalten des Fahrwerks erge-

In der Auslösephase wird das Auto schon vor Kurvenbeginn in ›Stellung‹ gebracht

2

3

4

1

Einfaches Einlenken: Anfahrt am äußeren Fahrbahnrand (1), durch überstarkes plötzliches Einlenken (2) rutscht der Wagen in die Kurve (3/4) (vgl. Grafik)

ben sich verschiedene Möglichkeiten, das Auto in den Drift einzulenken. Beim Vorwärtsturn haben wir bereits eine sehr extreme Auslösetechnik kennengelernt, die aber in den meisten Fällen viel zu starkes Drehen und Rutschen produzieren würde.

Überstarkes Einschlagen. Eine erste Möglichkeit, das Auto richtig in den Drift einzulenken, besteht einfach darin, daß Sie die Reifen schnell und weit stärker einschlagen, als dies die Kurve eigentlich verlangt. Dieses heftige und übertriebene Einlenken quittiert ein sensibles Fahrwerk möglicherweise bereits mit dem gewünschten Ausbrechen des Wagenhecks. Fährt Ihr Auto dann mit leicht nach außen rutschendem Heck in die Kurve, so nehmen Sie den Lenkeinschlag auf den für die Kurve normalen Wert zurück. Das weitere Lenken des Autos wird durch ein exakt abgestimmtes Wechselspiel zwischen Gasgeben, Bremsen und ausgleichenden Lenkbewegungen geregelt, das je nach Fahrzeugtyp und Antriebsart verschieden ausfällt.

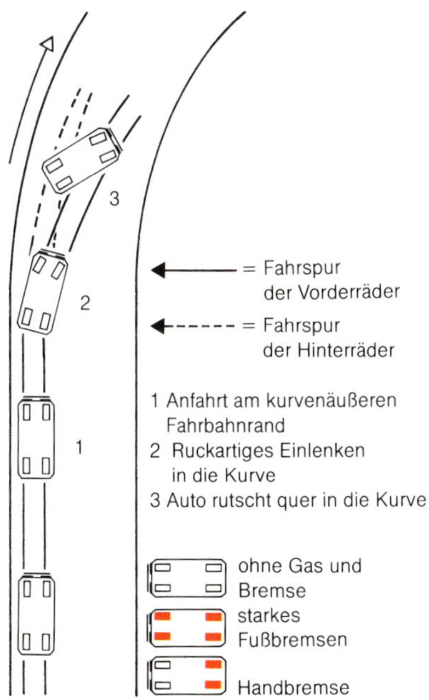

Einleiten eines Driftes mit Einlenken

Handbremse. Reagiert Ihr Auto aufgrund seiner Konstruktionsweise oder auch äußerer Faktoren nicht wie gewünscht auf dieses überstarke Einlenken, kann oft ein kurzes Ziehen der Handbremse wirkungsvoll nachhelfen, was allerdings nur mit einer Handbremse funktioniert, die allein auf die Hinterräder wirkt. Dazu greifen Sie mit der rechten Hand die Handbremse derart, daß Sie gleichzeitig den Feststellknopf mit dem Daumen drücken. Vergessen Sie das nicht, denn sonst bleibt die Handbremse gezogen und Sie erleben sehr schnell einen unliebsamen, heftigen Dreher.
Das kurze Blockieren der Hinterräder, das Sie mit der Handbremse hervorrufen, läßt das Wagenheck nach dem Einlenken weich kurvenauswärts rutschen. Ziehen Sie die Handbremse direkt nach dem ersten kräftigen Einlenken. Also nochmals: Sie lenken kräftig im Kurvensinn ein, ein Augenblick Pause, ein kurzes Ziehen der Handbremse, und schon rutscht Ihr Auto kontrolliert in die

Kurve. Je nach der Einlenkstärke, der Länge der Pause bis zum Ziehen der Handbremse und der Zeit, während der Sie die Handbremse angezogen halten, fällt das Rutschen mehr oder minder heftig aus. Fahrzeuge mit Heckantrieb lassen sich so besonders gut und gezielt mit einem gekonnten Schwung um rechtwinklige Abzweigungen oder Spitzkehren werfen.

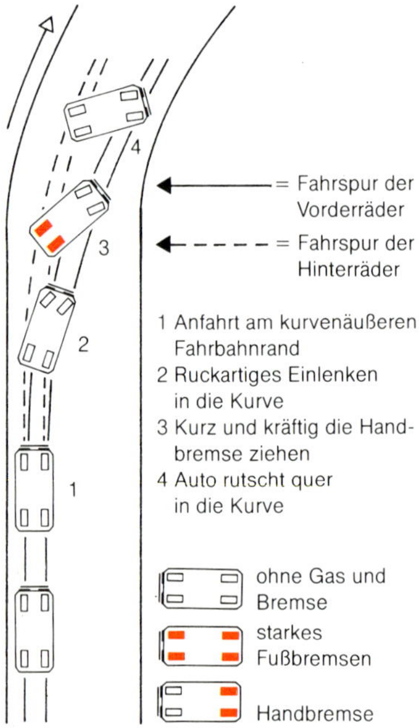

Oben: Einleiten eines Driftes mit Einlenken und Handbremse

Beim Ziehen der Handbremse immer den Knopf gedrückt halten

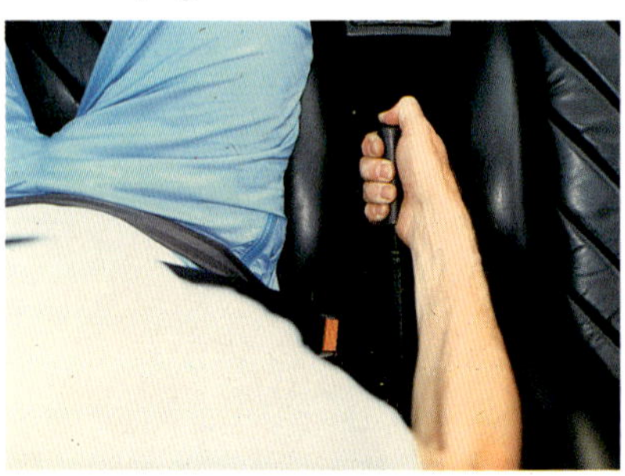

1

2

3

Nach der Anfahrt (1) zur Unterstützung kurz die Handbremse ziehen (2), bis der Wagen quer in die Kurve rutscht (3)

Aufschaukeln. Eine weitere wirkungsvolle Möglichkeit, Ihr Auto rutschend in eine Kurve zu bewegen, besteht darin, daß Sie vor dem eigentlichen übertriebenen Einlenken zuerst weich gegenlenken. Durch das Gegenlenken wird das Wagenheck förmlich zum Driften ›aufgeschaukelt‹. Sie lenken bei der Kurvenanfahrt zuerst weich entgegen dem Kurvensinn, dann aber sofort wieder, nachdem Ihr Auto darauf angesprochen hat, wie bereits mehrmals beschrieben, heftig und deutlich im eigentlichen Kurvensinn. Wenn Sie Gegenlenken und Einlenken gefühlvoll aufeinander abstimmen, lenkt Ihr Auto auf diese Weise sicher in die Kurve ein, wobei das Wagenheck nach Wunsch kontrolliert kurvenauswärts driftet.

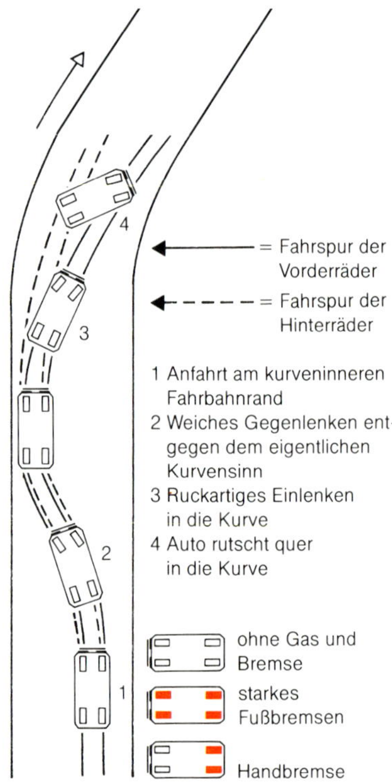

Einleiten eines Driftes mit Gegenlenken und Einlenken

Anstellen. Eine relativ extreme Variante der Auslösephase zum Drift ist das sogenannte ›Anstellen‹. Zum Anstellen betätigen Sie zusätzlich zum Gegenlenken auch noch die Fußbremse. Es führt zu einem sehr wirkungsvollen Einlenken in die Kurve, bei der das Wagenheck besonders deutlich kurvenauswärts driftet. Fahren Sie in der Mitte der Ihnen zur Verfügung stehenden Fahrbahn mit bewußt überhöhter Geschwindigkeit auf die Kurve zu, denn beim Anstellen bremsen Sie zudem relativ stark ab. Machen Sie eine Lenkbewegung entgegen dem eigentlichen Kurvensinn, treten Sie dann, wenn das Auto darauf angesprochen hat, voll auf die Fußbremse. Durch das Blockieren aller vier Räder rutscht Ihr Auto dann leicht quer auf die Kurve zu. Allerdings steht es dabei etwas ungewohnt entgegengesetzt dem Kurvensinn quer zur Fahrtrichtung.
Während dieser Rutschphase, bei der Sie die Anfahrtgeschwindigkeit natürlich zwangsläufig mitreduzieren, lenken Sie im Kurvensinn ein. Das Auto reagiert aber nicht, denn blockierende Räder übertragen keine Seitenführungskräfte, die dazu notwendig wären. Wollen Sie dann tatsächlich in die Kurve einlenken, lassen Sie die Fußbremse einfach los. Ihr Auto reagiert spontan auf

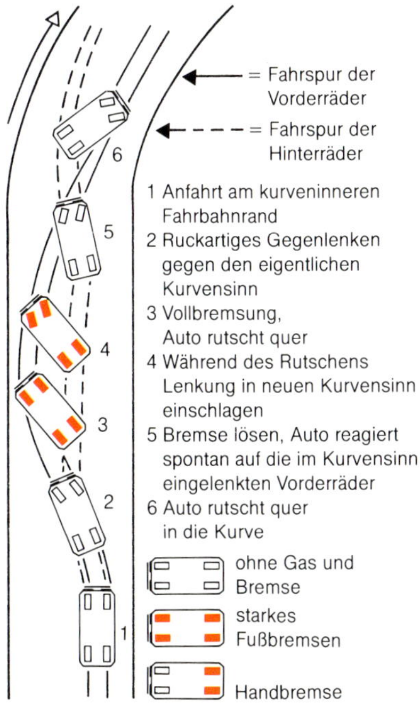

Einleiten eines Driftes mit Anstellen

Anfahrt (1), Fußbremse (2), Bremse wird gelöst (3), der Wagen rutscht quer in die Kurve (4/5)

1

2

3

4

5

die bereits im Kurvensinn eingeschlagenen Vorderräder. Auch bei extrem rutschigem Untergrund steuern Sie Ihr Auto auf diese Weise sicher in die Kurve, wobei das Wagenheck wieder wie beabsichtigt, weich kurvenauswärts driftet. Anstellen ist immer bei sehr rutschigem Untergrund, bei Fahrzeugen mit stark untersteuerndem Fahrverhalten und bei ohnehin hoher Anfahrtgeschwindigkeit, die reduziert werden muß, die geeignete Auslösetechnik.

Welche Technik? Je nach Kurve, Fahrbahnbeschaffenheit und Fahrverhalten Ihres Autos müssen Sie von Fall zu Fall die passende Technik auswählen. Sie brauchen viel Übung und Erfahrung, um die Auslösephase immer der jeweiligen Situation sinnvoll anzupassen. Der Drift durch die Kurve kann nur so gut sein, wie es das Einlenkmanöver zuläßt.
Fahrzeuge mit Heckantrieb reagieren meist relativ sensibel in der Auslösephase, so daß Sie bereits mit gemäßigteren Varianten Ihr Ziel erreichen. Mit einem Heckmotor fällt das Auslenken des Wagenhecks meist sehr nachhaltig aus. Alle Fahrzeuge, die zum Übersteuern neigen, sind relativ leicht in den Drift zu bringen. Fahrzeuge mit Front- oder Allradantrieb muß man etwas stärker aufschaukeln, damit sie sicher in den Drift einlenken. Auch zum Untersteuern neigende Fahrzeuge müssen in der Auslösephase energischer behandelt werden, damit sie tatsächlich in die Kurve hineinrutschen.

Ideallinie. Auch beim Einlenken in den Drift dürfen Sie die Ideallinie nicht vergessen, denn Sie wollen sicher nicht wie irgendein Eisstock durch die Kurve schlittern. Grundsätzlich wird auch im Drift die sonst übliche Ideallinie angestrebt. Aufgrund des Querrutschens des Autos ist es aber notwendig, früher in die Kurve einzulenken. Der Apexpunkt liegt beim Driften etwas höher beim Kurveneingang als bei einer ›normalen‹ Kurvenfahrt, da die Frontpartie des querfahrenden Fahrzeugs eher den Fahrbahnrand erreicht. Nach gekonntem Auslösen kann beim Drift nicht mehr viel passieren.

Driftphase

Wie bereits erläutert, unterscheiden wir in der Driftphase drei unterschiedliche Techniken, die von der Antriebsart des Autos abhängen. So verlangt ein Fahrzeug mit Heckantrieb eine andere Handhabung als ein Fahrzeug mit Front- oder gar Allradantrieb. In der Driftphase wird das Auto mit Gasgeben, Bremsen und ausgleichendem Lenken derart gesteuert, daß es aufgrund des kurvenauswärts rutschenden Hecks der Kurvenlinie folgt.
Damit ein Auto überhaupt driften kann, müssen die Seitenführungskräfte an den Rädern entweder durch starkes Gasgeben oder durch starkes Bremsen abgebaut werden. Ein Reifen, der extrem beschleunigt oder abgebremst wird, kann keine Seitenführungskräfte mehr aufbauen. Das Auto rutscht dann aufgrund der Zentrifugalkraft seitlich über die Räder. Während des Gasgebens werden beim Heckantrieb die Seitenführungskräfte an den Hinterrädern, beim Frontantrieb an den Vorderrädern und beim Allradantrieb gleichzeitig an allen vier Rädern abgebaut. Allein aus diesem Grund werden in der Driftphase sehr unterschiedliche Techniken notwendig, soll ein Auto unabhängig von der Antriebsart mit kurvenauswärtsrutschendem Heck durch die Kurve gesteuert werden.

Wie für ein Lehrbuch gemacht: ein gelungener Drift bei der Monte Carlo 1984

Driftphase mit Heckantrieb. Wenn Sie nach gelungener Auslösephase richtig in eine Kurve hereinrutschen, so daß das Wagenheck leicht kurvenauswärts driftet, kann Ihr Auto leicht durch Gasgeben oder einzelne Gasstöße zum weiteren Driften gebracht werden. Kräftiges Gasgeben mit durchdrehenden Reifen baut die Seitenführungskräfte an den Rädern der Hinterachse fast vollkommen ab. Die Zentrifugalkraft treibt das Wagenheck weiter kurvenauswärts. An der Vorderachse dagegen bleiben die Seitenführungskräfte weitgehend bestehen, so daß das Auto hier große Seitenstabilität aufweist. So wird die allgemeine Vorwärtsbewegung des Autos durch das Kurvenauswärtsrutschen des Hecks überlagert. Sind Vorwärtsbewegung und Drehung des Autos in der richtigen Art und Weise aufeinander abgestimmt, driftet das Auto sauber durch die jeweilige Kurve.

Das Drehen des Autos um die Vorderachse wird durch Gasgeben und ausgleichende Lenkbewegungen reguliert. Kräftiges Gasgeben verstärkt den Drift, das Wagenheck rutscht weiter kurvenauswärts, und das Auto dreht sich stärker. Nehmen Sie allerdings das Gas zurück, wird der Drift des Autos automatisch reduziert. Sie lenken Ihr Auto also hauptsächlich mit dem Gas, energisch, aber trotzdem gefühlvoll.

Ist die Arbeit mit dem Gaspedal gut abgestimmt, muß wenig mit der Lenkung gearbeitet werden. Die Vorderräder müssen immer in die tatsächliche Fahrtrichtung weisen, sie fangen das Wegrutschen des Hecks gleichsam auf. Dabei ist es sehr wichtig, daß Sie das Lenkrad in der bekannten Grundstellung ergreifen und halten (vgl. Seite 39). Sie sollten gerade beim Driften immer die genaue Stellung der Vorderräder kennen, was bei wildem Umgreifen und Hantieren mit der Lenkung sehr rasch nicht mehr möglich ist.

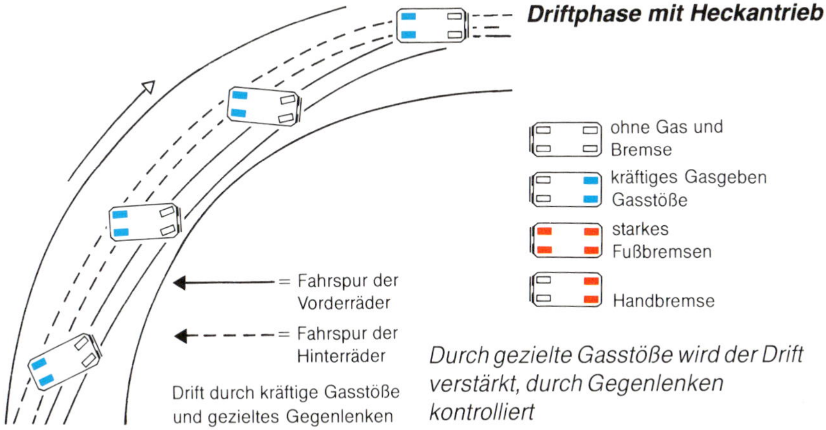

Durch gezielte Gasstöße wird der Drift verstärkt, durch Gegenlenken kontrolliert

Mit der Lenkung können Sie den Drift korrigieren, insbesondere dann, wenn die Arbeit mit dem Gaspedal einmal nicht ganz so exakt abgepaßt war. Lenken Sie gegen den Kurvensinn, so arbeiten Sie dem Rutschen wirkungsvoll entgegen. Lenken Sie dagegen im Kurvensinn, so verstärken Sie das Wegrutschen des Wagenhecks und damit das Driften.
Im richtigen Drift wird allerdings immer hauptsächlich mit dem Gaspedal gesteuert, Lenkeinschläge dienen nur der Korrektur. Die exakte Abstimmung von Gas und Lenkung ermöglicht einen Drift, mit dem Sie Ihr Auto genauso sicher und exakt um eine Kurve bewegen können wie bei einem gewöhnlichem Lenkvorgang. Achten Sie beim Gasgeben immer darauf, daß das Wagenheck nicht zu extrem wegdriftet, damit das Übersteuern immer noch mit der Lenkung ausgeglichen werden kann. Allerdings müssen die Gasstöße trotzdem immer so energisch sein, daß die Räder tatsächlich durchdrehen. Erst dadurch wird der Drift überhaupt möglich.

Driftphase mit Frontantrieb. Entspricht auch die Auslösephase bei Autos mit Frontantrieb weitgehend der bei heckangetriebenen Fahrzeugen, so gelten in der Driftphase völlig andere Regeln. Der grundsätzliche Unterschied besteht darin, daß jetzt beim starken Gasgeben die Seitenführungskräfte an den Vorderrädern abgebaut werden und das Auto damit über die Vorderräder kurvenauswärts rutscht. Beim Fahren mit frontgetriebenen Autos kann das Wagenheck nicht direkt mit einfachem Gasgeben zum Wegdriften gebracht werden.
Um trotzdem durch eine Kurve zu driften, können Sie wie folgt verfahren: Lenken Sie das Auto in der Auslösephase kräftig im Kurvensinn ein und sorgen Sie dafür, daß Ihr Heck jetzt schon deutlich kurvenauswärts wegrutscht. Lenken Sie zu Beginn der Driftphase noch mehr im Kurvensinn ein, damit das Wegdriften des Hecks fortgesetzt oder sogar noch verstärkt wird. Wenn Ihr Auto nun weit genug driftet, geben Sie einen kräftigen Gasstoß, bei dem die Frontpartie kurvenauswärts rutscht und so das Drehen des Autos reduziert. Wenn Sie mit weiterhin stark im Kurvensinn eingeschlagener Lenkung Gas wegnehmen, bauen sich an den Rädern der Vorderachse wieder Seitenführungskräfte auf, und das Wagenheck wird aufgrund der im Kurvensinn stark überzogenen Lenkung wieder mehr kurvenauswärts driften.

Ein kurzes Ziehen der Handbremse unterstützt den Drift, Gasgeben verringert ihn (vgl. Grafik)

Beim Driften mit Frontantrieb wird das Auto zwar auch vor allem mit dem Gaspedal gesteuert, aber im Vergleich zum Heckantrieb in umgekehrter Weise. Wenn Sie Gas wegnehmen, wird der Drift in der Regel verstärkt. Mit einem energischen Gasstoß reduzieren Sie den Drift, und die Frontpartie des Autos beginnt kurvenauswärts zu rutschen.

Driftphase mit Frontantrieb

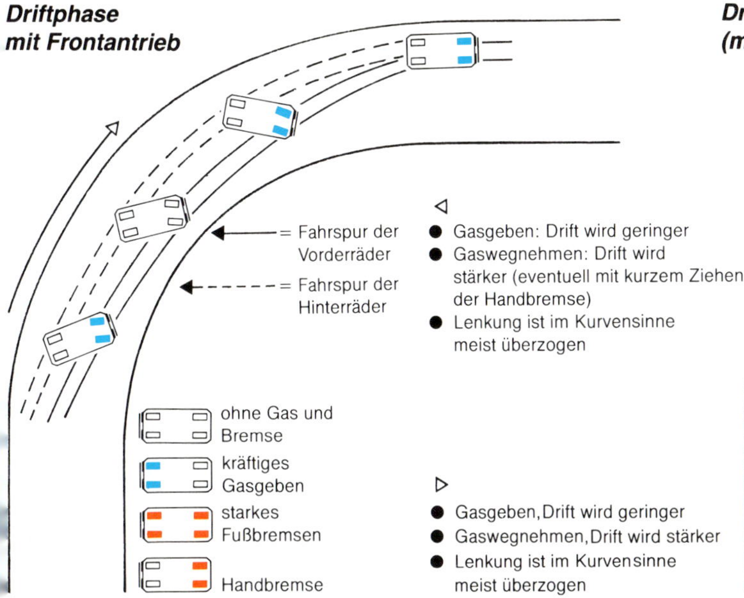

Driftphase mit Frontantrieb (mit Left-Foot-Breaking)

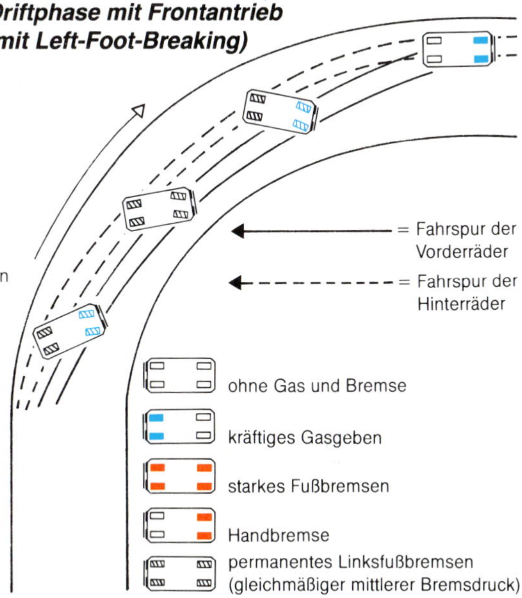

Normalerweise bleibt die Lenkung während der gesamten Driftphase im Kurvensinn stark überzogen. Sie können den Drift aber wie beim Heckantrieb beeinflussen. Wenn das Auto zu stark driftet, hilft entsprechendes Gegenlenken.
Gerade bei relativ schwach motorisierten Fahrzeugen, deren Reifen nicht ohne weiteres durchdrehen, kann man auch durch kurzes energisches Ziehen der Handbremse, die natürlich auch in diesem Fall nur auf die Hinterräder wirken darf, den Drift notfalls verstärken. Mit frontgetriebenen Fahrzeugen gekonnt zu driften, sie sauber durch eine Kurve rutschen zu lassen, verlangt einige Übung und Routine.
Besitzt ein frontgetriebenes Auto ausreichend ›Dampf‹ unter der Motorhaube und ist auch die Bremsanlage entsprechend ausgelegt, können Sie mit der Technik des sogenannten **›left-foot-breaking‹** recht beherzt durch Kurven driften. Wie im Begriff bereits zum Ausdruck kommt, wird mit dem linken Fuß gebremst. Das ist zuerst einmal äußerst ungewohnt, gewöhnlich bedienen wir die Fußbremse ja mit dem rechten Bein. Bei dieser Technik beeinflussen Sie den

›left-foot-breaking‹: Bremse bleibt getreten, beim Gaswegnehmen haben die Vorderräder kurz Seitenführung, der Drift wird stärker

Drift durch gleichzeitiges Gasgeben mit dem rechten und Bremsen mit dem linken Fuß. Allerdings ist es wichtig, daß die Bremsanlage des Autos dieser Fahrtechnik angepaßt wird. Das heißt, das Auto sollte beim Treten der Fußbremse an der Hinterachse überbremsen.
Beim ›left-foot-breaking‹ treten Sie während der Driftphase mit dem linken Fuß gleichmäßig auf die Fußbremse und sorgen mit dem rechten Fuß für energische Gasstöße, die die Vorderräder trotz der Bremswirkung immer wieder zum Durchdrehen bringen. Die Wirkung der Fußbremse sorgt dafür – wenn Sie richtig ausgelegt ist –, daß die Hinterräder fast keine Seitenführung mehr haben und damit das Wegrutschen des Wagenhecks während des gesamten Drifts viel leichter möglich ist. Wenn Sie Gas wegnehmen, wird der Drift verstärkt, da die Vorderräder kurzzeitig Seitenführungskräfte aufbauen können, beim Gasgeben wird er dagegen reduziert. Die Lenkung bleibt auch bei dieser Technik im Kurvensinn überzogen.
Mit dem ›left-foot-breaking‹ haben einige wenige Könner der Rallyeszene gerade bei extrem rutschigem Untergrund sehr spektakuläre Erfolge erzielt. Mit jedem ›Alltagsauto‹ läßt sich diese Technik allerdings nicht anwenden. Normalerweise ist die Bremsanlage nicht entsprechend ausgelegt. Darüber hinaus wird bei gleichzeitigem Bremsen und Gasgeben in der Regel eher der Motor abgewürgt, als daß die Vorderräder zum Durchdrehen gebracht werden.

Driftphase mit Allradantrieb. Das gekonnte Driften mit allradgetriebenen Fahrzeugen war lange eine nicht weiter notwendige Technik. Die meisten Fahrzeuge mit Allradantrieb waren reine Geländewagen und Jeeps, mit denen niemand driften wollte.
Allradgetriebene Fahrzeuge für den alltäglichen Straßenverkehr hatten meist

Driftphase mit Allradantrieb (mit Left-Foot-Breaking)

- Gasgeben, Drift wird geringer
- Gaswegnehmen, Drift wird stärker
- Lenkung ist im Kurvensinne meist überzogen, bei starkem Drift ist aber auch ein Gegenlenken angebracht

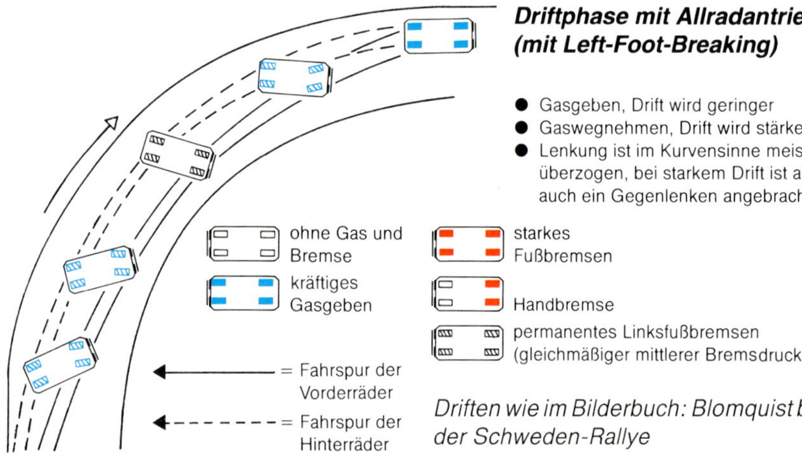

Driften wie im Bilderbuch: Blomquist bei der Schweden-Rallye

nur einen für das Gelände zuschaltbaren Allradantrieb, Driften stand im Grunde nicht zur Diskussion.
Erst als Audi mit der revolutionierenden Idee des permanenten Allradantriebs für Straßenautos ins Geschäft einstieg, wurde auch das Thema Driften mit Allradantrieb rasch aktuell. Audis gerade in letzter Zeit überlegene Erfolge in der Rallyeweltmeisterschaft machten die Sache um so interessanter. Mittlerweile haben die Rallyeprofis auch für die allradgetriebenen Sportwagen eine Fahrweise entwickelt und perfektioniert, mit der sie vehement auch um die schwierigsten Kurven steuern können.
Ich selbst mußte mich erst ziemlich an diese neue Drifttechnik gewöhnen. Heute fasziniert mich das Driften mit meinem quattro ungemein, da der ungestüme Vorwärtstrieb trotz des Querfahrens weitgehend erhalten bleibt und man so ungeheuer schnell selbst schwierigste Kurven meistern kann.
Beim Allradantrieb werden sowohl beim Gasgeben als auch beim Bremsen die Seitenführungskräfte an allen vier Rädern gleichzeitig abgebaut. Dies ist zunächst eine äußerst ungute Ausgangssituation für das Fahren im Drift, denn sowohl beim Bremsen als auch beim Beschleunigen rutscht das Auto zuerst einmal seitlich über alle vier Räder zum Kurvenrand, möglicherweise kommt sogar noch ein leichtes Untersteuern hinzu. Bekommt das Auto in der Auslösephase des Drifts einen entsprechenden Drehimpuls, bei dem das Wagenheck synchron zum Einlenken in die Kurve kurvenauswärts rutscht, so wird beim Abbau der Seitenführung der Reifen das Auto die Drehung um seinen Schwerpunkt herum fortsetzen oder gar verstärken. Das bedeutet, daß sowohl Beschleunigen als auch Bremsen die bereits vorhandene Drehbewegung des Autos fortsetzen und eventuell sogar noch verstärken können.

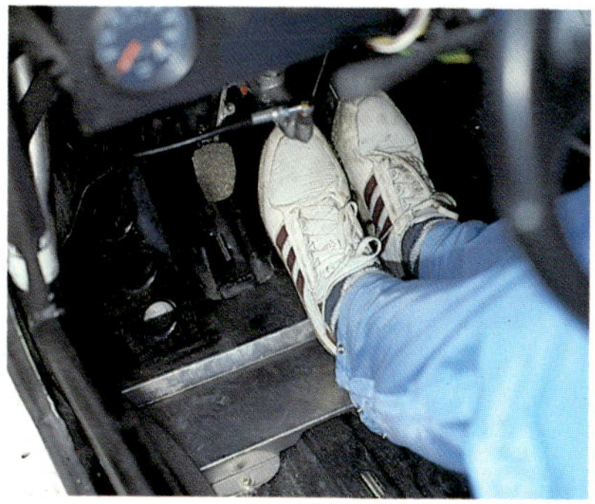

Beim ›left-foot-breaking‹ bleibt der linke Fuß permanent auf der Bremse

Allerdings muß, wie gesagt, vor dem Gasgeben oder Bremsen das Auto im Drehen begriffen sein. Ohne diesen Drehimpuls, den Sie durch Ihr Einlenkmanöver wie beschrieben produzieren können, wird Ihr Auto beim Gasgeben oder Bremsen lediglich seitlich wegdriften und keinesfalls mehr steuerbar sein. Sie lenken mit Ihrem allradgetriebenen Fahrzeug wie gewohnt so in die Kurve ein, daß das Wagenheck kurvenauswärts schwingt. Je nach Situation und Fahrverhalten Ihres Autos verwenden Sie eine der beschriebenen Auslösetechniken. Rutscht das Auto dann leicht quer in die Kurve, stimmen Sie diese Drehung weiter mit kurzen Gasstößen ab. Vorwärts- und Drehbewegung des Autos ergeben zusammengenommen bei entsprechender Koordination einen sauberen Drift. Wichtig ist, daß Sie durch das Gasgeben immer nur eine bereits bestehende Drehbewegung fortsetzen oder gar verstärken können: Ohne Drehimpuls kein Drift.
Die Lenkung bleibt in der Driftphase vorerst leicht im Kurvensinn eingeschlagen. Wie gewohnt kann durch Gegenlenken das Drehen des Autos kontrolliert werden. Je intensiver der Lenkeinschlag im Kurvensinn ausfällt, desto stärker driftet Ihr Auto.

Zwei Dinge sollten Sie bei dieser Drifttechnik grundsätzlich beachten: Die Handbremse wirkt bei eingeschalteter Differentialsperre zwischen Vorder- und Hinterachse ebenfalls auf die Vorderräder, so daß in der Auslösephase ein kurzes Ziehen der Handbremse Sie nicht wie beabsichtigt in die Kurve rutschen läßt. Vergessen Sie aber auch nicht, das Ihr Auto bei Gasstößen nicht nur verstärkt driftet, sondern daß es auch weiter beschleunigt. Mit einem Allradantrieb erreicht man rasch relativ hohe, oft auch gefährliche Kurvengeschwindigkeiten.
Wenn Ihr Auto nur einen Teil der Kraft meines Audi Sport quattros unter der Motorhaube hat, dann läßt sich die schon beschriebene Drifttechnik des **›left-foot-breakings‹** bestens anwenden. Wenn Sie bereits das Driften mit Frontantrieb studiert haben, dann ist Ihnen diese Fahrweise ja in ihren Grundzügen schon geläufig. Nachdem Sie in der Auslösephase die Grundlage für den Drift gelegt haben, kontrollieren Sie ihn folgendermaßen: Der linke Fuß steigt aufs Bremspedal und sorgt für ein beständiges, weiches Bremsen. Der rechte Fuß spielt dagegen mit dem Gaspedal und sorgt für starke Gasstöße. Wenn Sie so verfahren, wird nach dem Gaswegnehmen der Drift verstärkt, da die Vorderräder zwischen Durchdrehen und Blockieren kurzzeitig Seitenführungskräfte aufbauen können. Beim Gasgeben selbst wird der Drift normal weiter aufrechterhalten.
Die Lenkung kann bei gelungenem Zusammenspiel von Bremse und Gasgeben fast in Geradeausstellung gehalten werden. Ansonsten können Sie aber wie gewohnt durch Gegenlenken den Drift abbauen, oder ihn auch durch einen größeren Lenkeinschlag im Kurvensinn verstärken. Wenn Sie das anfangs ungewohnte ›left-foot-breaking‹ einmal beherrschen, dann können Sie

HB Audi TEAM

kontrolliert und sicher driften. Da Rallyeprofis diese Technik sehr ausgiebig einsetzen und damit der linke Fuß sehr häufig mit der Bremse beschäftigt ist, haben moderne Rallyeautos mit Allradantrieb am Schalthebel einen Kupplungsknopf, so daß man auch bei Schaltvorgängen mit dem linken Fuß bremsen kann. Beim ›left-foot-breaking‹ hat der linke Fuß keine Zeit zum Kuppeln, er ist bei richtigen Driftspezialisten eher zum Bremsen da.

Auslenkphase

Am Ende eines jeden Drifts gilt es, das Auto aus seiner Querstellung wieder in die sichere Fahrt geradeaus zu bringen. Am besten ist es, schon während des eigentlichen Drifts diese Auslenkphase miteinzuplanen. Versuchen Sie, so durch die Kurve zu steuern, daß Ihr Auto am Ende der Driftphase bereits weitgehend parallel zur Richtung der sich anschließenden Geraden rutscht. Die Driftbewegung läßt sich, je nach Technik, auf unterschiedliche Weise abbauen.

Besonders effektiv läßt sich in dieser Endphase die Lenkung einsetzen. Energisches Gegenlenken führt zu einem sicheren Ende des Drifts. Spätestens wenn Ihr Auto am Kurvenende in die gewünschte Richtung zeigt, müssen sich auch die Vorderräder in Geradeausstellung befinden. Versäumen Sie dieses Geradeauslenken am Ende des Drifts, schaukelt sich Ihr Auto wie zuvor in der Auslösephase in eine neue und diesmal unpassende Schleuderbewegung. Stellen Sie also die Lenkung mit dem Ende des Drifts geradeaus, und Ihr Auto beendet weich seine spektakuläre Kurvenfahrt.

Wenn Sie den eigentlichen Drift einmal beherrschen, wirft das abschließende Auslenken keine Probleme mehr auf. Bei extrem überzogenen Drifts mit stark ausgeprägter Querfahrt müssen Sie am Kurvenende entschlossen und energisch gegenlenken, damit sich Ihr Auto wieder beruhigt. Dabei nehmen Sie, genau wie sich der Driftwinkel verringert, den Lenkeinschlag zurück, bis Sie die Geradeausstellung erreicht haben.

Normalerweise ist am Ende der Kurve auch das Driften automatisch abgeschlossen. Ein kurzes Ausbrechen des Hecks erst nach der Kurve ist alles andere als ein gezielter Drift und erzielt nur bei wirklich absoluten Laien einen guten Eindruck. Driften bedeutet, daß ein Auto wie beschrieben durch eine Kurve gelenkt wird und nicht, daß das Auto irgendwann einmal quersteht, möglicherweise sogar erst nach der Kurve.

Wirkliches Driften lernt man nicht von heute auf morgen, und vor allen Dingen nicht im Alltagsverkehr. Suchen Sie sich einen großen, freien Platz mit rutschiger Fahrbahn und beginnen Sie hier Ihre ersten Driftversuche. In der Regel ist dazu Nachbars Wiese oder ein Stück Ackerland verständlicherweise alles andere als geeignet. Vielleicht ist in Ihrer Nähe ein Verkehrsübungsplatz mit einer entsprechenden Kreisbahn, auf der sich ausgezeichnet und gefahrlos üben läßt.

Auch 1984 gabs bei der Akropolis viel Staub zu schlucken

Wie ich Weltmeister wurde

Das Jahr 1980, als ich meine erste Weltmeisterschaft holte, war ein Wahnsinnsjahr. Das hat man nur einmal im Leben. Soviel Glück im Lotto, und ich bräuchte nie mehr einen Finger zu rühren.
Ich wurde in diesem Jahr Rallye-Fahrerweltmeister und holte mit Fiat die Rallye-Marken-WM. Für Lancia fuhr ich auch in der Langstrecken-Weltmeisterschaft zusammen mit den Formel-1-Piloten Ricardo Patrese und Eddie Cheever, und auch da holten wir den Titel. Meine Bilanz dieses Jahres: 16 Starts, 13 Siege, zweimal Zweiter und einmal Dritter.
Seit 1978 habe ich mit der Firma, für die ich gerade gefahren bin, in jedem Jahr mindestens eine Weltmeisterschaft errungen. Mit Ausnahme von 1981, wo ich nach dem Rückzug von Mercedes aus dem Motorsport ja in keinem Wettbewerb voll gefahren bin. Mit Fiat war ich 1978, 1979 und 1980 Rallye-Markenweltmeister, 1980 dazu noch Fahrerweltmeister und mit Lancia Langstrecken-Markenweltmeister. 1982 gewann ich die Fahrer-WM auf Opel und 1983 die Marken-WM mit Lancia. Viel mehr kann man, glaube ich, nicht erreichen. Daß ich mit daran beteiligt war, die Markenweltmeisterschaft 1984 für Audi zu gewinnen, war das i-Tüpfelchen.
Dabei war es mir immer ein Greuel, gezielt um eine Meisterschaft zu fahren. Ganz einfach deshalb, weil ich dann von Anfang an taktisch fahren mußte. Ich mußte dann mein eigentliches Anliegen, nämlich zu zeigen, daß ich schnell Auto fahren kann, vielleicht sogar am schnellsten von allen, dieses Anliegen mußte ich in den Hintergrund stellen.
Ich hatte deshalb auch nie soviel Spaß, als wenn ich jede einzelne Rallye losgelöst vom Ziel der Marken-Weltmeisterschaft sehen und so, wie ich wollte, Gas geben konnte. Eine Meisterschaft zu fahren, war für mich deshalb immer ein Alptraum; das war bei der Deutschen Meisterschaft nicht anders als bei der Weltmeisterschaft. Sobald man mir vor einer Saison sagte, in diesem Jahr fahren wir um eine Meisterschaft, konnte ich schon nicht mehr unbeschwert fahren, weil ich da immer nur das Ziel am Ende des Jahres im Auge haben mußte. Ich will aber immer nur das Ziel einer Rallye sehen, sonst nichts.
Als ich deshalb schon im letzten Jahr sagte, ich will nicht Weltmeister werden, haben viele gedacht, jetzt ist er vollends größenwahnsinnig geworden! Ich hatte natürlich nichts gegen den Titel, ich bin ja kein Depp. Ich sträubte mich nur gegen den Zwang, meinen Spaß am Rallyefahren diesem Streben nach dem Titel unterzuordnen. Das war alles.
Wenn ich zum Beispiel an die Neuseeland-Rallye von 1980 denke, könnte ich mich heute noch aufregen. Normalerweise hätte ich diese Rallye vom Start weg locker gewinnen müssen. Ich war aber das einzige Auto vom Team, für Fiat ging es um die Markenweltmeisterschaft, und mein Teamchef sagte mir: »Du mußt schauen, daß du mindestens Vierter wirst. Gehe ja kein Risiko ein. Wenn du ausfällst, bringe ich dich um!« Ich habe mir gesagt, okay, dann werde ich halt nur Vierter. Die Motivation war beim Teufel. Spaß hat mir diese Rallye nicht gemacht.

Mit Fiat 1980 Weltmeister – Rallye Portugal

In diesem Jahr 1980 habe ich eigentlich auch nicht damit gerechnet, Weltmeister zu werden. Auch als ich zuerst die Rallye Monte Carlo so überlegen gewonnen hatte und dann die Portugal-Rallye. Erst als ich vor der letzten Etappe der Argentinien-Rallye in Führung lag, habe ich zum erstenmal an den Titel geglaubt, und nach meinem Sieg in San Remo war dann alles klar.
Bei meiner zweiten Weltmeisterschaft 1982 waren die Voraussetzungen im Prinzip dieselben. Obwohl mir am Titel nicht viel lag, mußte ich auch in diesem Jahr taktisch fahren. Opel wollte Markenweltmeister werden. Mitte des Jahres war der Kampf um die Markenweltmeisterschaft aber verloren, weil meine Teamkollegen bei der 1000-Seen-Rallye in Finnland, bei der ich nicht am Start war, die Autos vernichteten. Obwohl ich für das Team immer die optimalen Ergebnisse gebracht hatte, dachte ich auch jetzt noch nicht an die Fahrerweltmeisterschaft. Den Titel brachte nicht ich, sondern Opel-Teamchef Tony Fall ins Gespräch. Ich sollte doch bitteschön Fahrerweltmeister werden, bekniete er mich, damit sie in Rüsselsheim wenigstens etwas zum Vorzeigen hätten. Ich wollte das eigentlich gar nicht, vor allem wegen der Bandama-Rallye an der Elfenbeinküste, an der ich nun überhaupt kein Interesse hatte. Ich bin dann auch erst kurz vor dem Start nach Westafrika geflogen. Das Training habe ich mir geschenkt. Meine Hauptgegnerin bei dieser Wahnsinns-Rallye durch den Busch war die Französin Michèle Mouton auf dem Audi quattro. Als erste Frau hatte sie die Chance, Rallyeweltmeister zu werden.
Sie war denn aber, wie alle gesehen haben, die mit ihr zu tun hatten, das reinste Nervenbündel. Kein Wunder: Zwei Tage vor dem Start war ihr Vater gestorben, und die Michèle muß Schlimmes durchgemacht haben. Sollte sie nach Hause fahren oder dabeibleiben und ihre letzte Chance auf den Titel wahrnehmen? Sie ist geblieben, weil das im Sinne ihres Vaters gewesen wäre, der ihr den Einstieg in den Rallyesport ermöglicht und ihre Karriere engagiert begleitet hatte. Unter dieser Belastung eine Rallye zu fahren, ist schon bewundernswert.
Ich dagegen war, weil mich der Titel immer noch nicht juckte, nicht sonderlich nervös. Was soll's, sagte ich mir, als ich schon eine Stunde hinter der Michèle lag, laß sie doch fahren. Die Opel-Leute haben das natürlich nicht verstanden, haben vorsichtig gefragt, wann ich denn anzugreifen gedenke. Ich habe nur gesagt, sie sollen mir endlich meine Ruhe lassen.
Michèle Mouton hat das natürlich alles viel weniger locker gesehen. Sie wollte den Titel. Aber dieser Nervenanspannung war sie nicht gewachsen. Das war alles zuviel für sie. Nach einem Fahrfehler warf sie ihr Auto in der Nacht in die Büsche. Ich war Weltmeister. Trotzdem: Respekt vor Michèle.

Und mit Opel dann 1982 gleich noch einmal

Verhalten beim Schleudern

Bis jetzt haben wir ›nur‹ unterschiedliche Fahrtechniken erläutert und sind immer davon ausgegangen, daß stets alles weitgehend klappt. Aber auch wenn Sie mit noch soviel Perfektionsdrang ans sportliche Autofahren herangehen, irgendwann einmal läuft etwas nicht plangemäß und unversehens gerät Ihr Auto wild ins Schleudern. Natürlich kann auch eine unglückliche Verkettung äußerer Umstände zu unbeabsichtigtem und vor allem unerwartetem Schleudern führen. Überraschende Glätte, Aquaplaning oder ein besonders widriger Kurvenverlauf können rasch dazu führen, daß Ihr Auto in unerwünschter Weise reagiert und gleichsam selbst die Regie übernimmt.
In derartigen Situationen verhält sich Ihr Auto wie ein störrisches Pferd. Ein guter Reiter bringt es jedoch wieder unter Kontrolle, und genau das versteht auch ein guter Autofahrer. Eines ist allerdings klar. Wenn Sie ins Schleudern geraten, haben Sie wahrscheinlich zuvor einen Fehler gemacht, oder Sie haben zumindest die Situation nicht ganz richtig eingeschätzt. Je besser Ihre Fahrtechnik ist und je exakter Sie Situationen frühzeitig einschätzen können, desto geringer ist die Gefahr, daß Sie die Kontrolle über Ihr Fahrzeug verlieren.
Behalten Sie einen klaren Kopf, was immer passieren mag. Panik hilft überhaupt nicht, und die ohnehin schon gefährliche Situation gleitet Ihnen nur noch mehr aus den Händen. Finden Sie sich sofort mit der Situation ab, handeln Sie und wehren Sie sich energisch, solange es möglich ist. Geben Sie sich nicht geschlagen, auch wenn die Situation noch so ausweglos erscheint, nur so haben Sie eine Chance, Ihr Problem zu lösen.

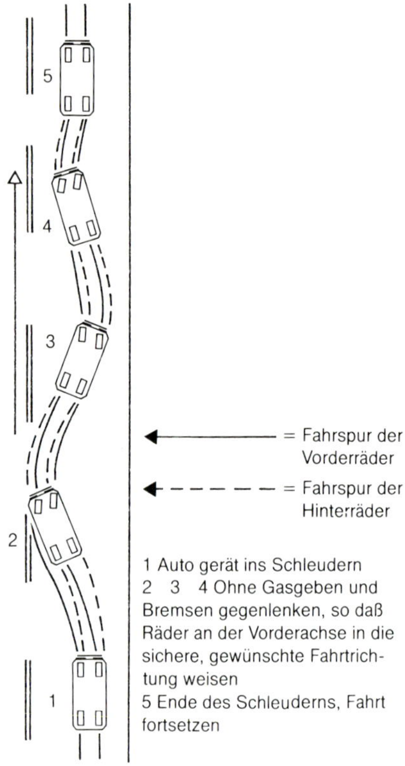

Beherrschen von Schleudern durch Gegenlenken

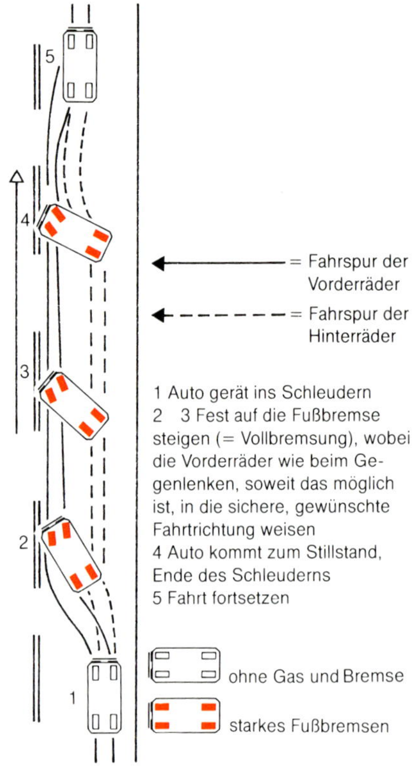

Beherrschen von Schleudern durch Vollbremsung

Gegenlenken. Schleudert Ihr Auto, nehmen Sie das Gas zurück und arbeiten Sie mit dem Lenkrad. Steuern Sie immer der Drehbewegung Ihres schleudernden Autos entgegen. Gegenlenken wirkt der Schleuderbewegung entgegen. Nur mit einer einfachen Lenkbewegung bekommen Sie gerade heftiges Schleudern jedoch meist nicht in den Griff. Wird die Drehung des Autos abgebaut, müssen Sie den Lenkeinschlag entsprechend zurücknehmen. Das Auto reagiert nämlich plötzlich wieder sehr exakt auf die Lenkung. Halten Sie das Lenkrad zu lange in der Gegenlenkstellung, folgt das Auto unversehens diesem Lenkeinschlag, und Sie produzieren einen weiteren, oft sogar noch heftigeren Schleudervorgang als zuvor.
Denken Sie beim Gegenlenken immer an die genaue Einstellung Ihrer Vorderräder. Sie sollten unabhängig von der Richtung Ihres Autos stets in die gewünschte sichere Fahrtrichtung weisen. Egal, in welche Richtung sich Ihr Auto während des Schleuderns auch drehen mag, lenken Sie immer gegen und vergessen Sie nicht die Stellung Ihrer Vorderräder. Lenken Sie so lange gegen, bis Sie Ihr wildgewordenes Auto wieder unter Kontrolle gebracht haben. Dann atmen Sie kräftig durch ...

Vollbremsung. Oft reicht die Zeit oder der Platz nicht aus, das Schleudern durch reines Gegenlenken wieder in den Griff zu bekommen. Gegenlenken wirkt zwar sehr effektiv den Schleuderbewegungen entgegen, die Geschwindigkeit Ihres Fahrzeuges verringert sich allerdings sehr wenig. Wir wissen, daß ein Auto nur entweder auf Lenken oder Bremsen reagieren kann. Die Reifen können, wie schon oft angesprochen, bei extremer Bremsbelastung keine Seitenführungskräfte aufbauen, die für erfolgreiches Gegenlenken unbedingt notwendig wären. So hilft reines Gegenlenken oder, wenn Zeit und Platz dazu nicht ausreichen, hartes Bremsen. Wenn Sie genügend Platz haben, versuchen Sie es immer erst mit Gegenlenken. Ist das aber nicht der Fall, steigen Sie während des Schleuderns so hart wie nur möglich auf die Bremse. Wenn daraufhin alle vier Räder blockieren, hat das Auto nahezu keine Seitenführung mehr und rutscht gleichmäßig über die blockierenden Räder in der Richtung weiter, die es unmittelbar vor dem energischen Bremsen hatte. Auch wenn das Auto bei einer derartigen Behandlung nicht auf Lenkeinschläge reagiert, lenken Sie vorsorglich trotzdem wie beim Gegenlenken. Sie können dann direkt wieder zum Gegenlenken übergehen.

Allerdings: Fahren Sie sicher und vorausschauend, vermeiden Sie Schleudervorgänge, soweit das möglich ist. Sollte Ihr Auto aber trotzdem einmal ins Schleudern geraten, versuchen Sie mit einer der beschriebenen Methoden die sicher heikle Situation zu meistern.
Haben Sie ein ABS-System, können Sie gleichzeitig effektiv bremsen und schleudern, allerdings nicht über das Blockieren der Räder Ihr Auto geradeaus rutschen lassen.

Beherrschen Sie Schleudern durch gezieltes Gegenlenken

Extremes Eigenlenkverhalten

Wie bereits beschrieben (vgl. Seite 32), bezeichnet man mit Eigenlenkverhalten das Phänomen, daß ein Auto entweder zu stark oder zu schwach auf Lenkeinschläge reagiert, also gleichsam selbständig lenkt. ›Übersteuern‹ heißt dabei, daß das Auto eine stärkere Kurvenbewegung vollführt, als es der Lenkeinschlag erwarten läßt. ›Untersteuern‹ nennt man dagegen die eher zu schwache Reaktion. Leichtes Unter- oder Übersteuern ist kein Grund zur Aufregung. Fällt das Eigenlenkverhalten aber sehr heftig aus, dann allerdings müssen Sie gezielte Gegenmaßnahmen ergreifen.

Verhalten bei starkem Übersteuern
Beim Übersteuern rutscht das Wagenheck durch den Lenkeinschlag leicht kurvenauswärts. Sicher wissen Sie bereits aus den Abschnitten über Driften oder Schleudern, was jetzt zu tun ist: Gaswegnehmen und Gegenlenken ist die wirkungsvollste Methode auch gegen extremes Übersteuern. Sie arbeiten mit der Lenkung dem Drehsinn des Autos entgegen, bis Sie dem Übersteuern Einhalt geboten haben. Anschließend richten Sie die Lenkung so aus, daß die Vorderräder wieder in die gewünschte sichere Fahrtrichtung weisen. Wenn Sie das Driften beherrschen, haben Sie ein übersteuerndes Auto sicher und rasch wieder im Griff. Fahrzeuge mit Heckantrieb neigen relativ leicht zum Übersteuern, besonders wenn auch noch der Motor im Wagenheck sitzt. Aber auch Fahrzeuge mit schlechten Stoßdämpfern, abgefahrenen Reifen oder auch starker Zuladung im Heck

Bei der Hunsrück-Rallye 1984: der Wagen übersteuert

Audi Sport
MICHELIN

können sehr schnell ihr Eigenlenkverhalten verändern. Wenn Sie wissen, daß Ihr Auto leicht zum Übersteuern neigt, nehmen Sie beim Einlenken in eine Kurve deutlich Gas weg und lenken Sie nicht ruckartig.

Verhalten bei starkem Untersteuern

Meist weit gefährlicher ist extremes Untersteuern, zumal man ihm nicht so rasch und effektiv begegnen kann. Beim Untersteuern reagiert das Auto relativ träge und schwach auf den vorgegebenen Lenkeinschlag. In Extremfällen rutscht es sogar über die eingeschlagenen Vorderräder und spricht fast überhaupt nicht auf die Lenkung an. Verständlicherweise ist Untersteuern beim Einlenken in eine Kurve in jedem Fall recht unangenehm, denn entweder geht die Fahrt gefährlich in Richtung Straßengraben oder auf die Gegenfahrbahn. Mit drei Maßnahmen können Sie dem entgegenwirken, je nach Ausmaß. Wenn nötig, können Sie die verschiedenen Vorgehensweisen kombinieren, um tatsächlich erfolgreich zu sein.

Die erste Möglichkeit, mit der Sie relativ harmlosem Untersteuern begegnen können, besteht ganz einfach darin, das Gas wegzunehmen. Das Auto spricht dadurch gerade beim Einlenken in eine Kurve sofort besser auf den Lenkeinschlag an. Bei der zweiten Methode lenken Sie zunächst verstärkt im Kurvensinn ein, bis das Auto auf den übertriebenen Lenkeinschlag reagiert. Dann, wenn Sie so das Untersteuern abgebaut haben, normalisieren Sie Ihren Lenkeinschlag wieder.

Die dritte und letzte, und auch die mit Abstand radikalste Methode funktioniert nur dann, wenn die Handbremse nur auf die Räder der Hinterachse wirkt. Bei sehr extremem Untersteuern lenken Sie ebenfalls im Kurvensinn verstärkt ein und ziehen nach einem kurzen Augenblick einmal kräftig an der Handbremse. Vergessen Sie nicht, daß Sie beim Ziehen der Handbremse den Feststellknopf gedrückt halten, sonst kann sie einrasten und Sie erleben einen vollständigen Dreher. Haben Sie so das Untersteuern überwunden, wählen Sie wieder den normalen Lenkeinschlag.

Gehen Sie zu energisch vor, kann das Untersteuern leicht in ein Übersteuern umschlagen. Reagieren Sie entsprechend und fangen Sie das harmlosere Übersteuern durch geschicktes Gegenlenken auf. Frontantriebler neigen in der Regel leichter zum Untersteuern, insbesondere, wenn der Motor sehr weit vorne eingebaut ist. Auch wenn Ihr Fahrzeug vorne defekte Stoßdämpfer oder zu wenig Luftdruck hat, müssen Sie damit rechnen, daß es untersteuert.

Starker Einschlag gegen Untersteuern

Skifahren ist schön

Neben meinem Beruf als Rallyefahrer ist das Skifahren für mich das Wichtigste auf der Welt. Draußen zu sein in der Natur, alles zu vergessen, was einem im Alltag auf die Nerven geht, das ist schon ein tolles Gefühl. In einen Steilhang mit unberührtem Tiefschnee einzufahren, ist für mich genauso faszinierend, wie wenn ich in Neuseeland mit dem Auto im fünften Gang voll ausgedreht über eine Kuppe in eine Senke fahre, durch eine langgezogene Linkskurve und rechts über die nächste Kuppe. Es gibt nichts Schöneres. Dabei haben Skitechnik und Rallyefahren wirklich einiges gemeinsam.

Ich bin keiner, der, wenn er zum Skilaufen geht, mit dem Lift den Berg rauffährt und dann wieder herunter. Okay, ab und zu mache ich das auch. Aber viel lieber suche ich mir einen frisch verschneiten Hang, auf dem noch kein Mensch war, auf dem ich ausbrechen kann aus dem, was alle anderen machen. Ich will die Natur erleben, ohne mich auf präparierten Pisten in Massen von ›Normaltouristen‹ einreihen zu müssen. Das gibt mir viel mehr Freude. Liftschlangen, in denen man endlos wartet, und mit Sonnenhungrigen überfüllte Hütten sind mir ein Greuel.

Ausgetretene Pfade zu verlassen, das ist es auch, was mir am Rallyefahren so gefällt. Ich könnte ja auch in irgendeinem Motodrom im Kreis herumfahren. Aber das Autofahren allein ist in diesem Fall ja nicht das Wichtigste. Die Natur gehört einfach dazu. Wenn ich dann ganz allein bin mit dem Großen Berg, das ist ein wunderschönes Gefühl, das schlägt viele andere Dinge um Längen. Da lebe ich genauso auf wie beim Rallyefahren, wenn ich nach einer langen Nacht in den Sonnenaufgang hineinfahre.

Das Skifahren ist im Grunde die einzige Vorbildung, die ich fürs Rallyefahren hatte. Im ersten Moment klingt das vielleicht etwas kurios, aber es war wirklich so. Da gab es ja nie jemanden, der mir gesagt hätte, jetzt hör mal her, Röhrl, die ganze Sache geht so und so. Ich habe mir alles selbst vom Skifahren abgeleitet. Die beiden Sportarten haben viel mehr miteinander zu tun, zumindest für meine Begriffe, als die meisten von Ihnen vielleicht glauben. So wie ich damals Ski gefahren bin, bin ich dann auch Auto gefahren. Einfach nach Gefühl. Und das hat mich eigentlich nie wirklich verlassen.

Wenn ich einen Slalom fahre oder eine Abfahrt, dann stehen da die Tore. Die muß ich schon weit vorher anfahren, muß den Abdrift einkalkulieren, weil ich sonst nicht auf der Ideallinie herumkomme. Dasselbe gilt fürs Autofahren. Wenn ich da so schnell bin, daß das Auto lieber geradeaus fahren würde, dann muß ich auch schon weit vorher die Kurve einleiten. Ein anderes Beispiel: Wenn ich auf Skiern aus voller Fahrt abstoppen will, dann schwinge ich zuerst ganz kurz ab und dann lang, um endgültig stehenzubleiben. Dasselbe Hilfsmittel benutze ich beim Rallyefahren. Wenn ich da schnell auf eine scharfe Kurve zukomme, dann stelle ich das Auto zuerst auf die andere Seite an, und aus dieser Bewegung heraus fahre ich anschließend in entgegengesetzter Richtung in die Kurve hinein.

Ich bin nie Ski gefahren wegen der Geschwindigkeit, genausowenig wie dieser Aspekt beim Rallyefahren ausschlaggebend war. Ich tue beides, weil ich das Gerät beherrschen will, weil ich will, daß dieses genau das tut, was ich mir in den Kopf setze. Ich will es zu einem Teil meines Körpers machen, der mir gehorcht.

Das hat mich schon immer fasziniert. Die Skier waren für mich eine Verlängerung meines Fußes, und als ich das perfekt konnte, hat das den Fuß gar nicht mehr gestört, daß da zwei Meter lange Latten an ihm hängen. Beim Autofahren war es dann plötzlich nicht mehr der Fuß, sondern der Hintern, der das Gerät angeschnallt hatte, nämlich das Auto. Schnellfahren hat nie eine Rolle gespielt. Perfektion, das Beherrschen eines Geräts, das war für mich ausschlaggebend.

Heute kann ich einer schönen Schotterprüfung genausowenig widerstehen wie einem unberührten Tiefschneehang.

Bei der Abfahrt habe ich den Fotografen leider ›verloren‹

MARTINI RACING
SERVUS
MICHELIN

Beherrschen außergewöhnlicher Situationen

Nachdem es in den letzten Abschnitten vorwiegend um moderne Fahrtechniken ging, soll jetzt mehr die Fahrtaktik im Mittelpunkt stehen. Dabei geht es um das richtige Einschätzen der jeweiligen Verkehrssituation, das Vorausahnen und Einkalkulieren möglicher Gefahren und natürlich das entsprechende Einstellen von Fahrweise und -technik. Stellen Sie sich auch innerlich ganz auf die Situation ein.
Anhand einiger typischer und alltäglicher Verkehrssituationen will ich Ihnen in diesem Kapitel einige taktische Tips mit auf den Weg geben. Wollen Sie sicher und sportlich Auto fahren, sollten Sie nicht nur möglichst viele unterschiedliche Fahrtechniken beherrschen, sondern sie auch jeweils gezielt und überlegt einzusetzen wissen. Erfahrungen aus bewußtem Erleben des Verkehrs, die Fähigkeit zur Selbstkritik und allgemeines Verantwortungsbewußtsein sind weitere wichtige Faktoren, wollen Sie außergewöhnliche Situationen sicher beherrschen.

Fahren in den Bergen

Schon das Fahren auf harmlosen Steigungen oder leichten Gefällstrecken, aber erst recht das Fahren auf wirklichen Paßstraßen stellt besondere Anforderungen an die Fahrtechnik. Mehr oder minder starke, sowohl statische als auch dynamische Lastverschiebungen verändern das Fahrverhalten Ihres Autos möglicherweise entscheidend. Allein die Tatsache, daß ein Teil der Gewichtskraft des Autos auf einer Bergstrecke hangabwärts wirkt, führt dazu, daß das Auto im Vergleich zur Ebene nur geringe Reibungskräfte erzeugen kann. Je nach Ausmaß der Steigung werden Brems- und Überholvorgänge dadurch unterschiedlich stark beeinflußt.

Fahren bergauf

Die Hinterachse wird beim Fahren bergauf verstärkt belastet, und es wirkt permanent eine Kraft bergab gegen die Fahrtrichtung, die zusätzlich zu den sonstigen Fahrwiderständen überwunden werden muß. Ihr Auto beschleunigt bergauf schlechter, so daß Sie bei Überholvorgängen eine wesentlich längere Sicherheitsstrecke brauchen. Um immer das nötige Durchzugsvermögen zur Verfügung zu haben, werden Sie den Motor am besten in dem Drehzahlbereich halten, der ein relativ hohes Drehmoment aufweist.
Bei langen Bergaufstrecken behalten Sie die Motortemperaturanzeige im Auge, um so gefährliche Überhitzungen und damit auch eventuelle Motorschäden zu vermeiden. Sollte Ihr Motor trotz angepaßter Drehzahl einmal zu heiß werden, halten Sie an und lassen ihn aber im Leerlauf weiterlaufen, damit sein Kühlsystem in Betrieb bleibt und er

»Servus Walter«

so am leichtesten wieder auf normale Betriebstemperatur abgekühlt wird. Ist die Kühlanlage defekt, und die Temperatur fällt nicht, müssen Sie den Motor natürlich abstellen. Vorsicht! Öffnen Sie Ihren überhitzten Kühler nicht. Das extrem heiße Wasser spritzt mit hohem Druck heraus, und Sie können sich gefährliche Verbrennungen zuziehen.

Wenn Sie in Höhen über 2000 Meter vorstoßen, müssen Sie aufgrund des geringeren Sauerstoffgehalts der Luft auch mit einer deutlich reduzierten Motorleistung rechnen. Die Verbrennung des Benzingemischs im Brennraum des Motors hängt sehr wesentlich vom für jede Verbrennung notwendigen Sauerstoff ab. Schalten Sie bei nachlassender Leistung rechtzeitig in einen niedrigeren Gang, damit Ihr Motor in für die Leistungsentwicklung günstigen Drehzahlbereichen arbeiten kann.

Beim Fahren bergauf ist ein relativ neutrales Fahrverhalten zu erwarten. Ein Auto untersteuert im allgemeinen selten. Bewußt provoziertes Übersteuern ist in der Regel gutmütig und daher einfach kontrollierbar. Nutzen Sie in den ungewohnt engen Haarnadelkurven den zur Verfügung stehenden Raum, greifen Sie bereits vor dem Einlenken über, damit Sie dann in einem Schwung die Kurve durchlenken können.

Wenn Sie anhalten müssen, suchen Sie sich einen sicheren, möglichst flachen Teil der Bergstrecke aus, damit Sie den Verkehr nicht unnötig behindern und problemlos wieder anfahren können. Bremsen bergauf macht keine Schwierigkeiten, die Bremswege werden kürzer. Lassen Sie sich von der oftmals doch sehr beeindruckenden und für ›Nicht-Schwindelfreie‹ manchmal auch beängstigenden Kulisse bei Paßfahrten nicht einschüchtern, vertrauen Sie auf Ihr fahrerisches Können. Damit wird eine Bergfahrt schnell zu einem herrlichen Erlebnis.

Fahren bergab

Das Fahren auf Gefällstrecken gestaltet sich etwas problematischer als das Bergauffahren. Es wirkt ständig eine zusätzliche Kraft in Fahrtrichtung bergab, die Ihr Auto beschleunigt. Es erreicht auch ohne Gasgeben schnell Geschwindigkeiten, die Sie nicht mehr so leicht unter Kontrolle bringen können.

Die Bremswege verlängern sich bergab auch bei griffiger Fahrbahn erheblich, so daß Sie von vornherein langsamer fahren sollten und nötige Bremsmanöver früher einleiten müssen. Die Räder blockieren deutlich schneller als auf ebener Fahrbahn, da die Reibungskräfte mit zunehmendem Gefälle abnehmen. Das heißt: rechtzeitig, vorsichtig, aber doch energisch bremsen. Nutzen Sie die Bremskraft Ihres Motors aus, indem Sie einen niedrigen Gang einlegen. Überfordern Sie Ihre Bremsen nicht dadurch, daß Sie ständig leicht auf dem Bremspedal stehen, sie überhitzen so sehr rasch, und die Bremswirkung läßt nach. Überhitzte Bremsen können auch völlig funktionsuntüchtig werden. Kontrollieren Sie die Geschwindigkeit gemäß der Streckenführung, vermeiden Sie unnötiges Beschleunigen.

Auch das allgemeine Fahrverhalten eines Autos ist bergab deutlich unstabiler, ja nervöser. Durch die stärker belastete Vorderachse sowie durch die Hangabtriebskraft neigt Ihr Auto beim Bergabfahren leicht zum Untersteuern. Rechnen Sie immer mit mehr oder minder starkem Untersteuern. Arbeiten Sie ihm entgegen, ist die Grenze zu extremem Übersteuern rasch überwunden und Sie müssen sehr schnell gegenlenken, wollen Sie die Kontrolle über Ihr Auto behalten.

Paßstraßen erfordern eine besonders gute Technik

Der Grenzbereich des Fahrverhaltens wird beim Bergabfahren relativ schmal und ist damit nicht ganz einfach zu beherrschen. Fahren Sie daher am besten immer so langsam, daß Ihr Auto sicher mit ausreichenden Seitenführungskräften durch die Kurven rollt und Sie nicht in brenzligen Passagen plötzlich von unerwartetem Fahrverhalten Ihres Autos überrascht oder gar überfordert werden. Fahren Sie bergab am besten nach dem Motto ›Vorsicht ist besser als Nachsicht‹. Ich persönlich lasse es bei Rallyes bergab zwar besonders gerne ›krachen‹, denn gerade hier kann man eine sichere Fahrtechnik und ein erfahrenes Einschätzungsvermögen gut ausspielen. Trotzdem bleibt schnelles Fahren bergab immer sehr riskant und ist oft eine ziemliche Grat-›Wanderung‹.

Fahren bei Nässe und Regen

Nicht umsonst gibt es Geschwindigkeitsbegrenzungen, die nur bei Nässe gelten. Regen und Nässe bilden auf der Straße eine Art Schmiermittel, die Reifen kommen schon früher ins Rutschen und der Bremsweg verlängert sich. Bei starkem Beschleunigen drehen die Reifen leichter durch. Das führt in Kurven dazu, daß Ihr Auto sehr schnell unter- oder übersteuert, je nachdem, ob es mit Front- oder Heckantrieb arbeitet. Die Seitenführungskräfte lassen deutlich nach und die Kurvengeschwindigkeiten müssen ziemlich reduziert werden, will man keinen unfreiwilligen Ausflug ins Gelände riskieren.
Passen Sie Ihre Geschwindigkeit grundsätzlich der Situation an. Durch geringeres Tempo verkleinern sich die dynamischen Kräfte beim Bremsen und bei Kurvenfahrten und kompensieren so den schlechten Griff der Reifen.
Starten Sie eventuell notwendig werdende Bremsmanöver rechtzeitig; je nach Situation wird Ihr Bremsweg oft unberechenbar lang. Bei harten Notbremsungen müssen Sie damit rechnen, daß die Reifen viel leichter blockieren und ins Rutschen geraten. Lösen Sie in solchen Fällen die Bremse immer wieder und starten Sie einen weiteren Bremsversuch. Wie ja bereits mehrfach erläutert, bremsen blockierende Räder schlechter als Räder, die gerade noch rollen.
Lenken Sie besonders weich in Kurven ein und geben Sie nach dem Einlenken in einer Kurve besonders gefühlvoll Gas, damit Ihr Wagen nicht ›ausrutscht‹. Ruckartiges Lenken und heftige Lastwechsel durch Gasgeben oder Bremsen lassen Ihr Auto in einer regennassen Kurve rasch ins Schleudern geraten. Bleiben Sie aber trotz der gebotenen Vorsicht selbstsicher und entschlossen.
Die recht unschönen Erscheinungen bei Nässe werden um so größer, wenn die Straße zusätzlich noch verschmutzt ist. Die Reibung wird weiter reduziert, der Griff der Reifen noch schlechter. Nicht nur an Baustellenausfahrten, sondern insbesondere auch nach längeren Perioden ohne Regen vermischt sich der Schmutz der Straße mit dem Regenwasser zu einer schmierigen Flüssigkeit, die schon manchen Autofahrer unliebsam überrascht hat. Diesem Umstand können Sie am besten dadurch wirkungsvoll begegnen, daß Sie bei Regen nach längerer Trockenheit besonders vorsichtig fahren und Ihre Fahrweise noch intensiver auf die verschlechterte Situation einstellen.
Zwangsläufig nimmt bei starkem Regen und den damit verbundenen Mengen an Spritzwasser die Sicht zusehends ab. Schalten Sie in jedem Fall, um besser gesehen zu werden, das Abblendlicht ein, betätigen Sie bei stark verschmutzter Windschutzscheibe mit dem ersten Einschalten der Wischer auch gleich die Scheibenwischanlage. Denken Sie immer daran, daß Sie mögliche Gefahren eventuell erst verspätet erkennen können.

Zuviel Wasser: Bei Aquaplaning verliert der Reifen den Kontakt zur Straße, nichts geht mehr

Nässe und Spritzwasser machen auch vor Ihren Bremsen nicht Halt. Bremsscheiben und -beläge können nach längerer Regenfahrt leicht verschmieren. Die erste Bremswirkung nimmt dann erheblich ab. Ihr Auto reagiert schlecht und möglicherweise auch ungleichmäßig. Durch unterschiedliche Bremswirkung an den einzelnen Rädern ist es eventuell nicht mehr so spurtreu, wie Sie dies sonst gewohnt sind. Nach kurzem ›Einbremsen‹ verschwindet dieser gefährliche Schmierfilm an den Reibungsflächen der Bremsen, sie arbeiten dann erfahrungsgemäß wieder einwandfrei. Betätigen Sie also bei längeren Fahrten im Regen immer wieder leicht das Bremspedal. Sie kontrollieren so das Ansprechverhalten der Bremse, bauen darüber hinaus den gefährlichen

Rallyes sind keine Schönwetterveranstaltungen, wir fahren immer...

Schmierfilm ab und sind so bestens für tatsächlich notwendige Bremsmanöver gerüstet.

Aquaplaning

Bei extrem viel Wasser auf der Fahrbahn haben die Reifen nicht nur einen schlechteren Griff, sondern es besteht auch die Gefahr des Aquaplanings. ›Aquaplaning‹ könnte man mit Wasserglätte übersetzen, dieses gefährliche Phänomen wäre damit aber nicht ausreichend beschrieben. Bei normaler Nässe und angemessener Fahrgeschwindigkeit wird der Wasserfilm zwischen Straßenbelag und Reifen größtenteils verdrängt. Ein Reifen mit ausreichender Profiltiefe wirkt wie eine Drainage und leitet das Wasser ab. Steht viel Wasser auf der Straße, haben Sie schlechte Reifen oder fahren zu schnell, kann der Kontakt zur Straße jedoch abreißen. Können Ihre Reifen so das Wasser nicht mehr verdrängen, spricht man von ›Aquaplaning‹.

Die Reibung, die zuvor trotz Nässe noch zwischen Straße und Reifen aufgebaut wurde, ist nicht mehr vorhanden. Sie schwimmen wie ein Wellenreiter auf dem Wasser; Bremsen, Lenken oder Beschleunigen ist praktisch unmöglich geworden. Aquaplaning tritt immer schlagartig auf, wenn der Kontakt zwischen Reifen und Straßenbelag durch den Wasserfilm plötzlich gänzlich unterbrochen wird. Wasserpfützen oder auch Spurrillen sind Stellen, bei denen man mit überraschendem Aquaplaning rechnen muß.

Schränken Sie Ihre Geschwindigkeit bei drohendem Aquaplaning ein, meiden Sie, wann immer möglich, Wasserpfützen oder Spurrillen. Ruckartiger Slalom zwischen Wasserlachen ist allerdings auch nicht ratsam. Fahren Sie vorausschauend leicht versetzt zu den eventuell vorhandenen Spurrillen. Denken Sie auch bei schlechter Sicht immer daran, daß Sie die gefährlichen Wasserpfützen und Spurrillen nicht so leicht erkennen können. Planen Sie bei Überholvorgängen oder beim Abbiegen die Gefahr von Aquaplaning immer mit ein, denn Sie müssen möglicherweise vorhandene Spurrillen überqueren.

Sollten Sie trotz aller Vorsicht von Aquaplaning überrascht werden, muß nicht sofort etwas passieren, bewahren Sie wie in jeder kniffligen Situation einen kühlen Kopf und reagieren Sie folge-

richtig. Halten Sie die Lenkung gerade, bremsen Sie nicht und geben Sie auch kein Gas. Sie müssen trotz der gefährlichen Situation warten können, bis Ihre Reifen wieder Griff bekommen. Während des Aquaplanings reagiert Ihr Auto nicht auf Lenken oder Bremsen, im Gegenteil, es gerät höchstens aus der ohnehin schon instabilen Fahrt.
Gerät Ihr Auto aber trotz richtigen Handelns bei Aquaplaning ins Schleudern, dann lenken Sie wie auch sonst beim Schleudern entgegen dem Drehsinn des Autos, so daß die Vorderräder immer in die gewünschte, sichere Fahrtrichtung weisen. Ein falscher Lenkeinschlag bei wieder aufkommendem Bodenkontakt würde Ihre Lage unnötig verschlimmern.

Fahren bei Nebel

Autofahren bei Nebel ist meist eine anstrengende und unangenehme Angelegenheit. Sie kommen wesentlich langsamer als gewohnt voran, und das Unfallrisiko steigt erheblich an. Fahrten mit schlechter Sicht verlangen eine besonders konzentrierte und konsequente Fahrweise, nur so lassen sich beispielsweise auch bei Rallyesonderprüfungen in dichtem Nebel gute Zeiten erzielen.
Passen Sie Ihre Fahrgeschwindigkeit den schlechten Straßenverhältnissen an. Wählen Sie eine Geschwindigkeit, bei der Sie sich wirklich sicher fühlen. Sie sollten im Bereich der halben Sichtweite problemlos zum Stehen kommen können.

Sehen und gesehen werden

Tun Sie etwas für Ihre Sicht. Schalten Sie das Abblendlicht ein. Sollte Ihr Auto auch über Nebelscheinwerfer verfügen, dann schalten Sie sie zusätzlich zum Abblendlicht ein. Nebelscheinwerfer leuchten, wenn Sie richtig montiert sind, die Fahrbahn direkt vor Ihnen breiter und intensiver aus. Bei leichtem Nebel können Sie auch eventuell das Fernlicht ausprobieren, allerdings führt das meist zu einer Blendwirkung, die Ihre Sicht verschlechtert. Die winzigen Wassertropfen in der Luft reflektieren das Fernlicht sehr stark und verschlechtern die Sicht zusätzlich. Bei Abblendlicht fällt diese Blendwirkung durch das eigene Licht weitgehend weg, da die reflektierten Strahlen zur Fahrbahn hin gebrochen werden.
Sorgen Sie bei einem Tankstop dafür, daß die Gläser an den einzelnen Scheinwerfern sauber sind, so verbessern Sie die ›Lichtausbeute‹ und damit Ihre Sicht. Achten Sie bei Nebel immer peinlichst darauf, daß auch Ihre Windschutzscheibe gesäubert ist. Während der Fahrt im Nebel ›beschlägt‹ die Windschutzscheibe von außen durch die hohe Luftfeuchtigkeit oft fast unbemerkt. Ein dünner Wasserfilm verschlechtert die Sicht nicht unwesentlich. Betätigen Sie daher immer wieder die Scheibenwischer.
Tun Sie alles nur Erdenkliche für eine möglichst gute Sicht. Sehschwierigkeiten durch einen Schmutzfilm innen auf den Scheiben oder gar auf Ihrer Brille, die ohne Nebel nicht ins Gewicht fallen würden, wirken sich jetzt möglicherweise ausgesprochen negativ aus. Letztlich können Sie Ihre verschmutzte Brille aber nicht dem Wetter anlasten.
Bei Nebel ist neben gutem Sehen auch gutes Gesehenwerden unerläßlich. Sie fahren normalerweise ja nicht auf einer abgesperrten Straße, wie bei einer Rallye. Sie müssen Ihre Verkehrspartner sehen können, und diese müssen andererseits auch Sie erkennen können, wollen Sie das Unfallrisiko so niedrig wie möglich halten. Schalten Sie daher auf jeden Fall Ihr Abblendlicht und Ihre Nebelscheinwerfer ein. Bei Nebel am Tag müssen Sie mit eingeschalteten Scheinwerfern selbst nicht unbedingt besser sehen können, Sie werden aber vom entgegenkommenden Verkehr früher und besser erkannt. Ist Ihr Auto mit einer Nebelschlußleuchte ausgerüstet, schalten Sie auch diese für den nachfolgenden Verkehr ein. Achten Sie nicht nur auf saubere Scheinwerfer, sondern immer auch auf saubere Rück- und Bremsleuchten.

Fahrweise

Fahren Sie bei Nebel trotz der äußeren oft schwierigen Verhältnisse fahrtechnisch richtig und souverän. Verspannen Sie sich nicht, sondern bleiben Sie wie gewohnt locker in der richtigen Sitzposition. Versuchen Sie auch bei Nebel mit ›Stil‹ zu fahren. Achten Sie wie gewohnt auf Ihre Fahrtechnik, auch wenn Sie deutlich langsamer fahren. Geben Sie weich Gas, lenken Sie rund in die Kurven ein und bremsen Sie rechtzeitig und der Situation entsprechend.

Jede Verkrampfung ist anstrengend, erschwert gezieltes Handeln. Zwingen Sie sich daher zu lockerem, fahrtechnisch richtigem Fahren, auch wenn der Nebel noch so dick wird. Sie werden rasch spüren, daß Sie so wesentlich sicherer und reaktionsbereiter sind. Versuchen Sie ›rund‹ zu fahren und lenken Sie nicht ›eckig‹ in die Kurven ein. Ein Zickzackkurs erhöht die Fahrsicherheit nicht.

Nutzen Sie bei Nebel alle Informationen, die das Fahren erleichtern können. Beobachten Sie die Straßenmarkierungen, beachten Sie mehr als sonst Hinweisschilder auf den zu erwartenden Straßenverlauf und orientieren Sie sich am Verhalten der Verkehrspartner vor Ihnen. Zusammengenommen helfen Ihnen all diese Informationen, gefährliche Situationen zu vermeiden, sich auch auf Ihnen unbekannten Straßen relativ sicher zu bewegen.

Blicken Sie nicht zu verkrampft auf die Fahrbahn direkt vor Ihnen. Sie stellen damit die Sehschärfe Ihrer Augen auf sehr kurze Entfernungen ein und müssen immer wieder auf größere Distanzen ›umschalten‹, was auf Dauer sehr anstrengend ist. Das führt außerdem dazu, daß Sie entfernte Dinge schlechter und unschärfer sehen und damit natürlich auch erst später erkennen können. Möglichst frühes Erkennen ist aber gerade bei Nebel besonders wichtig. Blicken Sie also nicht direkt auf die Fahrbahn vor Ihnen, sondern zur Grenze des möglichen Sichtbereiches, mehr in den Nebel, denn dort gilt es Dinge zu erkennen.

Fahren im Nebel wird sicher nie angenehm sein, stellen Sie sich jedoch richtig darauf ein, wird Ihnen vieles erleichtert, und Sie vermeiden unnötige Risiken.

Fahren bei Nacht

Ähnlich dem Fahren bei Nebel ist auch für viele Autofahrer das Fahren bei Nacht eine unangenehme Angelegenheit. Rein organisch – je nach der individuellen Sehtüchtigkeit – können sich dabei ganz unterschiedliche Probleme stellen. Viele Dinge, die wir bereits für das Fahren bei Nebel empfohlen haben, gelten auch für das Fahren bei Nacht. Auch in der Dunkelheit geht es nicht nur darum, selber optimal zu sehen, sondern auch bestens gesehen zu werden. Saubere, richtig eingestellte Scheinwerfer und eine wirklich gesäuberte Windschutzscheibe sind die grundlegenden Voraussetzungen dafür.

Sehen

Blenden Sie, um selbst besser zu sehen, nicht entgegenkommende Fahrzeuge mit Ihrem Fernlicht. Sollten Sie selbst geblendet werden und der Gegenverkehr auf ein entsprechendes

Zeichen Ihrer Lichthupe nicht reagieren und abblenden, so blicken Sie auf keinen Fall in die aufgeblendeten Scheinwerfer, denn damit steigert sich die Blendwirkung erheblich. Blicken Sie unbeirrt auf Ihre eigene Fahrbahn an den Rand des von Ihrem Abblendlicht ausgeleuchteten Bereiches, schauen Sie bewußt an den Sie blendenden Scheinwerfern vorbei und bewahren Sie so möglichst viel von Ihrer Sehtüchtigkeit.

Diesen kleinen Trick sollten Sie auch bei Gegenverkehr mit korrektem Abblendlicht anwenden. Auch hier wird die, wenn auch geringe, so doch vorhandene Blendwirkung minimiert und Ihr Blick auf die Fahrbahn vor Ihnen wesentlich verbessert. Außerdem besteht instinktiv immer die Gefahr, daß Sie unbewußt in die Richtung lenken, in die Sie augenblicklich sehen. Auch aus diesem Grund ist es sinnvoll, daß Sie insbesondere bei Nacht bewußt in Ihren Fahrbereich blicken und den Gegenverkehr mehr nur aus dem Augenwinkel heraus beobachten. Bei Regen wird die Blendwirkung durch den Gegenverkehr besonders unangenehm, da neben dem Licht entgegenkommender Autos auch reflektiertes Licht von der Fahrbahn und gebrochenes Licht an den Wassertropfen der Windschutzscheibe zur Blendung beitragen.

Gutes Licht ist alles

Fahren Sie bei Nacht stets mit einem Tempo, bei dem Sie sich wirklich sicher fühlen. Fahren Sie auch mit Fernlicht nur so schnell, daß Sie bei aufkommendem Gegenverkehr problemlos abblenden können. Tun Sie das nicht, sind Sie rasch überfordert. Sicher sind Ihnen aus der täglichen Fahrpraxis Autofahrer bekannt, die bei Gegenverkehr plötzlich stark abbremsen und damit den nachfolgenden Verkehr überraschen und oft sogar gefährden. Wählen Sie also im allgemeinen die Fahrgeschwindigkeit, die Sie auch bei Abblendlicht und Gegenverkehr noch gut verantworten können. Nutzen Sie auch bei Nacht – ähnlich der Situation bei Nebel – geschickt alle sich bietenden Informationen, die eventuelle Sichtprobleme, wenn nicht lösen, so doch erleichtern können; genannt seien nur die Lichtkegel und Schlußleuchten vorausfahrender oder entgegenkommender Fahrzeuge. Verlassen Sie sich jedoch nicht zu sehr auf diese doch auch manchmal recht vagen Informationen. Schnell hat man eine Kurve oder ein entgegenkommendes Auto übersehen und setzt sich so unnötigen Risiken aus.

Übermüdung

Wenn Sie Autofahren bei Nacht sehr anstrengt, organisieren Sie Ihren Fahrplan entsprechend, vermeiden Sie unnötige Fahrten bei Dunkelheit. Unterschätzen Sie bei trotzdem notwendig werdenden längeren Fahrten bei Nacht nicht die sehr schnell auftretende Übermüdung. Der Organismus ist in der Regel gewohnt, um diese Zeit auszuruhen. Wenn Ihnen beim Autofahren im wahrsten Sinne des Wortes die Augenlider herunterklappen, dann wird es höchste Zeit für eine ausgiebige Pause. Sie laufen sonst Gefahr, zumindest in sekundenlangen Schlaf zu verfallen, in dem Ihr Auto mit Ihnen, und nicht Sie mit ihm, durch die Dunkelheit dahinschießt.

Die Rallye Portugal war ganz schön anstrengend

In derartigen Fällen hilft auch keine Tasse Kaffee, keine Zigarette, kein lautes Radio und keine geöffnete Seitenscheibe. Sie putschen sich bestenfalls kurzfristig auf, um bald noch übermüdeter zu sein. Steuern Sie lieber den nächsten Parkplatz an und gönnen Sie sich, auch wenn es nur im Auto ist, den möglicherweise lebenswichtigen erholsamen Schlaf. Wenn Sie wieder aufwachen, absolvieren Sie ein paar Trimmübungen in frischer Luft, bevor Sie die Fahrt fortsetzen. Muten Sie sich niemals zuviel zu, und setzen Sie sich keinen unnötigen Risiken aus.

Autofahren bei Nacht erfordert keine besonderen Fahrtechniken. Vergessen Sie aber aufgrund der möglichen Sichtprobleme nicht, wie gewohnt Ihr Auto souverän und richtig zu bedienen. Lenken Sie rund, schalten Sie weich, und bremsen Sie der jeweiligen Situation angepaßt.

Gefährliche Sekunden

Im Laufe meiner Karriere gab es verständlicherweise schon einige Situationen, in denen ich mir sagte: Hoppla, Röhrl, das hätte ins Auge gehen können. Gefährliche Sekunden gehören zum Geschäft. Besonders brenzlig wars bei der Rallye San Remo 1979. Bevor ich Ihnen meinen schönsten Abflug schildere, muß ich etwas weiter ausholen. Zum besseren Verständnis.
Ich habe Rallyes damals so überlegen anführen können, daß es mir immer noch ein Rätsel ist. Heute ist so was jedenfalls nicht mehr möglich. Entweder war ich damals besser als heute, oder die anderen sind schneller geworden. Ich konnte jedenfalls Zeiten fahren, daß die anderen die Köpfe zusammensteckten und sagten: »Das gibts nicht, der muß eine Abkürzung gefahren sein.«
Natürlich bin ich das nicht. Aber wenn man nach einer Erklärung für scheinbar Unmögliches sucht, kommt man manchmal auf die komischsten Gedanken. Ich war damals auf einer Sonderprüfung von 25 Kilometern oft um eine Minute vor allen anderen. Weil ich so schnell war, mußte ich überhaupt keine Angst haben, daß mir ein anderer zu dicht auf den Leib rückte. Ich hatte dadurch auch viel Zeit, während des Fahrens über andere Sachen nachzudenken.
In San Remo war das damals ein ganz fürchterliches Geräusch in meinem Auto, das mir durch Mark und Bein ging. Ich habe das den Fiat-Leuten am Servicepunkt gesagt, und die haben das Differential gewechselt. So was geht ruckzuck, kein Problem. Aber das Geräusch war immer noch da. Bei hoher Drehzahl in einem hohen Gang war es so schlimm, daß es mir in der Seele weh tat. Das Auto hat gelitten, und ich mit.
Die Rallye war zu diesem Zeitpunkt praktisch schon gelaufen. Ich lag fünf Minuten vor Markku Alen, da durfte normalerweise wirklich nichts mehr passieren.
Es war eine kurze Prüfung, in der ich abflog wie einst der Schneider von Ulm. Gestartet wurde irgendwo an einem Berg, danach gings über eine Kuppe und dann etwa acht Kilometer bergab. Auf der ganzen Strecke gabs etwa zehn Kehren, zwischen den Kehren gings praktisch nur geradeaus.
Ich gab also Gas, beschleunigte auf dem ersten schnellen Stück in den fünften Gang, der Motor machte 7500 Umdrehungen, und natürlich war dieses Geräusch wieder da. Mein Gott, habe ich mir gedacht, ist das aber laut. Hoffentlich hält das noch bis San Remo. Diese Prüfung noch, machte ich mir Mut, die nächste, dann runter bis San Remo, und dann wird das Getriebe gewechselt. Bitte, liebes Auto, nur noch drei Prüfungen!
Irgendwann hieß es im Gebetbuch meines Beifahrers Christian Geistdörfer: 150 links, wieder 150 links, Achtung links 30 Kehre rechts! Die Zahlen sind die Entfernungen in Metern, die da gefahren werden. Jetzt müssen Sie sich das vorstellen: Der Christian liest also vor, das Getriebe macht einen Höllenlärm, und ich denke an die drei Sonderprüfungen bis San Remo und an den Getriebewechsel. Ich habe deshalb das erste ›150 links‹ glatt überhört. Als der Christian das zweite ›150 links‹ vorlas, dachte ich, das sei das erste, danach komme noch mal eins, und was danach wirklich kam, dazu braucht es nicht viel Phantasie: Bevor ich wußte, was eigentlich passiert war, war ich an der Kehre. Und ich war etwa um die 120 Sachen zu schnell.
Mein einziger Gedanke in diesem Moment war, jetzt nur nicht vorwärts raus. Vorne ist so ein Rallyeauto eine vergleichsweise steife Angelegenheit, weil da der Motor sitzt und nur wenig nachgibt. Ich mußte also irgendwie schauen, daß ich das Auto noch drehen konnte. Das ist dann auch gelungen. Die einzelnen Stationen unseres Abflugs zum Miterleben: Wir knallten mit dem Auto rückwärts von der Straße an eine Böschung, prallten ab wie von einem Trampolin, weil wir ja immer noch wahnsinnig schnell waren, haben uns rückwärts von der Straße weg überschlagen, fielen auf der anderen Seite runter, streiften ein Hausdach, wodurch wir die Mittagsruhe einer italienischen Bauernfamilie störten, und landeten schließlich neben dem Haus auf der Seite. Ich war oben, der Christian unten.
Ich kletterte aus meinem Auto. Nichts wie weg vom Unfallort. Ich wollte mich aufhängen. Wirklich, mir war danach zumute. Schließlich hatte ich zu diesem Zeitpunkt noch nicht so viele WM-Siege, daß es auf einen mehr oder weniger nicht ankam. Und bei dieser Rallye hatte ich schon so souverän geführt. Und dann passierte so was.
Die sechs Kilometer bis zum Ziel dieser Sonderprüfung bin ich dann zu Fuß gegangen. Nicht, weil ich so gerne spazierengehe, sondern nur, damit ich etwas zu tun hatte, damit ich nicht über diesen Blödsinn nachdenken konnte. Unten im Ziel hat mich Daniele Audetto, der damals Teammanager war, gleich auf die Seite genommen

Bei der Safari-Rallye im gleichen Jahr gings trotz Unfall weiter

und mir gesagt: »Erzähl den Journalisten am besten, da war Sand auf der Straße, genau an der Kehre, und deshalb bist du rausgeflogen.«
Da habe ich mich gleich noch mal ganz fürchterlich aufgeregt. Da gibts keinen Sand, habe ich getobt, ich bin ein Idiot. Das ist alles. Das war einzig und allein meine Schuld und sonst gar nichts. Mein Fehler, verstehst du, das kann ich sagen, da brauche ich keinen Sand.
Den Journalisten habe ich gesagt, ihr könnts ruhig schreiben, der Röhrl ist das größte Rindvieh aller Zeiten. Wahrscheinlich hätten sie das aber auch so getan.
Ausfälle, insbesondere natürlich Unfälle, gehen mir unheimlich an die Nieren, wenn ich weiß, daß ich selbst schuld war. Gott sei Dank ist dies nur selten in meiner Rallyezeit vorgekommen. Fliege ich von der Piste, weil die Technik versagt hat, dann stimmt mich das zwar auch nachdenklich, aber ich muß nicht noch tagelang danach die Fehler bei mir selbst suchen. Crashs so wie in San Remo 1984 – wo sich plötzlich eine überflutete Straße vor mir auftat, was bei der ersten Fahrt nicht der Fall war –, die durch höhere Gewalt passieren, belasten mich überhaupt nicht. Ich versuche dann möglichst schnell wieder in ein Rallyeauto zu steigen, um derartige Unfälle rasch verarbeiten zu können.

Fahren bei Eis und Schnee

Im Unterschied zur Situation bei Nacht oder bei Nebel verlangt sicheres Autofahren auf Eis und Schnee eine besondere Anpassung der Fahrtechnik an die veränderte äußere Situation. Jeder Autofahrer wird im Winter mal mehr, mal weniger mit Schnee und Eis konfrontiert. Zwar werden fast alle Hauptverkehrsstraßen recht intensiv geräumt und gestreut, aber trotzdem muß man immer mit schneebedeckten oder vereisten Fahrbahnen rechnen und somit auch mit besonderen Problemen.
Stellen Sie sich am besten von vornherein auf winterliche Fahrverhältnisse ein, besonders, wenn Sie regelmäßig ins Auto steigen wollen oder müssen – sei es aus beruflichen Gründen oder weil Sie gern zum Skilaufen in die Berge fahren. So schön Pulverschnee auf der Piste für Skifahrer auch sein mag, für Autofahrer stellt er auf der Straße normalerweise alles andere als einen Glücksfall dar. Mir persönlich vermittelt Autofahren auf verschneiten Straßen allerdings ungemein viel Fahrspaß. Das soll nun nicht heißen, daß ich Sie in den folgenden Abschnitten zu einem Fan von Schnee- und Eisfahrten machen will, was ich Ihnen aber gerne zeigen möchte, ist, daß auch im Winter sicheres und sportliches Autofahren möglich ist.
Denken Sie daran: Je mehr Risiken Sie einkalkulieren, desto sicherer können Sie reagieren.

Winterliche Straßenverhältnisse mit Eis, Schnee und Matsch stellen auch an Rallyefahrer besondere Anforderungen, hier bei der Schweden-Rallye 1984. Fahrweise und Fahrtechnik müssen voll der geänderten Situation angepaßt werden

Hauptprobleme
Vereinfacht und nüchtern ausgedrückt stellt sich das Problem im Winter wie folgt dar: Die für das Autofahren notwendige Bodenhaftung der Reifen wird auf den glatten Straßen entscheidend beeinträchtigt. Im Vergleich zur trockenen Straße ergeben sich daraus eine Reihe von meist negativen Folgen für das sichere Autofahren.
Die Bremswege verlängern sich um ein Vielfaches, und das Auto verhält sich bei weitem nicht mehr so spurtreu. Die Probleme beim Bremsen verstärken sich um so mehr, wenn Sie auf einer Gefällstrecke anzuhalten versuchen. Auf einer Steigung ist es bei Glätte, wie jeder von Ihnen aus persönlicher Erfahrung weiß, ausgesprochen schwierig, sicher anzufahren oder zu beschleunigen. Die Antriebsräder greifen nicht richtig und drehen sehr leicht durch.
Die verringerte Reibung zwischen Reifen und Straße bei Eis und Schnee verschlechtert natürlich auch die seitlichen Führungskräfte entscheidend. Dadurch wird Ihr Auto insgesamt weniger richtungsstabil, und insbesondere in Kurven liefern die Reifen nicht mehr den nötigen seitlichen Halt. Das Auto reagiert nur noch sehr schlecht auf Lenkeinschläge und rutscht leicht kurvenauswärts. Das Eigenlenkverhalten, die Tendenz zum Unter- oder Übersteuern, tritt dabei automatisch verstärkt auf. Je nach Situation und Fahrzeugtyp rutscht ein Auto bei zu schnellen Kurvenfahrten über die Vorderräder, über alle vier Räder oder über die Hinterräder aus der Kurve.
Angesichts all dieser Dinge stellen sich eine ganze Reihe von echten Problemen, denen Sie aber dadurch begegnen können, daß Sie Ihr Fahrzeug sowie Ihre Fahrweise und -technik auf die veränderten Verhältnisse umstellen.

Ausrüstung
Reifen. Ein richtig ausgerüstetes, winterfest gemachtes Auto ist die Grundbedingung optimalen Fahrens auf winterlichen Straßen. Rüsten Sie Ihr Auto, wenn Sie des öfteren in Eis und Schnee hinausmüssen, mit modernen Winterreifen aus. Dabei sollten Sie, unabhängig von der Antriebsart Ihres Autos, Vorder- und Hinterräder umrüsten. Ist nur die Antriebsachse mit Winterreifen ausgestattet, wie das immer noch vereinzelt zu beobachten ist, dann wird zwar der Vortrieb verbessert, aber Bremswirkung und Seitenführung verbessern sich nicht dementsprechend. Sparen Sie nicht am verkehrten Fleck und leisten Sie sich wirklich vier moderne Winterreifen. Am besten lassen Sie sie auf einen zusätzlichen Satz Felgen montieren, dann können Sie je nach Bedarf und ohne größere Umstände von Sommer- auf Winterbereifung – und umgekehrt – wechseln.

Besondere Vorsicht ist bei Glätte bergab geboten

Anti-Blockier-System. Wenn Sie beim Kauf eines neuen Autos noch ausreichend Geld im Beutel haben, dann denken Sie einmal über den Einbau eines ABS-Systems nach. So ein ›Anti-Blokkier-System‹ gewährleistet in jeder Fahrsituation, daß Ihr Auto optimal abgebremst wird. Sie treten einfach voll aufs Bremspedal, und Sensoren an den einzelnen Rädern regulieren den tatsächlichen Bremsdruck so, daß kein Reifen blockiert, sondern alle gerade noch rollen und Ihr Auto somit tatsächlich optimal bremst. Sicher ist heute ein ABS-System immer noch eine relativ teure Anschaffung und auch nur in der Sonderausstattungsliste einiger Fahrzeugtypen enthalten, können Sie jedoch ein derartiges System bekommen und reicht auch das Geld aus, dann sollten Sie sich eine solche Anschaffung durchaus überlegen.

Allradantrieb. Ermöglicht ein ABS-System optimale Bremsmanöver, so ist ein Allradantrieb die beste Ausrüstung bei Anfahren und Beschleunigen. Allradge-

triebene Fahrzeuge haben gerade in den letzten Jahren auf dem Automarkt eine echte Lücke geschlossen. Die Vortriebskraft wird gegenüber dem traditionellen Antrieb fast verdoppelt, da sie über alle Räder auf die Straße übertragen wird. Insbesondere bei tiefem Schnee, bei Schneematsch oder beim Bergauffahren werden Sie rasch und eindrucksvoll die Vorteile eines Allradantriebs erleben können. Neben der enormen Steigerung des Vortriebs verbessern sich auch die Geradeauslaufeigenschaften eines allradgetriebenen Autos entscheidend. Trotz Schneehaufen und Spurrillen rollt ein derartiges Fahrzeug beeindruckend sicher geradeaus. Sollten Sie sich für diese Antriebsart entscheiden, dann müssen Sie dies bereits beim Kauf Ihres Autos tun. Eine nachträgliche Ausrüstung mit einem Allradantrieb ist normalerweise nicht möglich.

Wenn Sie mit dem Gedanken an die Anschaffung eines allradgetriebenen Autos spielen, werden Sie feststellen, daß es derzeit zwei verschiedene Konzepte gibt. Einmal kann der gewünschte Allradantrieb zugeschaltet werden – im Normalbetrieb wird das Fahrzeug traditionell über zwei Räder angetrieben – oder das Auto ist mit permanentem Allradantrieb ausgestattet. Zunächst spricht einiges für die Zuschaltmöglichkeit. Allerdings ergeben sich nach genauerer Überlegung weit mehr gewichtige Argumente für den permanenten Allradantrieb. Diese Lösung bringt nicht nur im Winter, sondern auch in vielen anderen Fahrsituationen Vorteile. Auf nasser Fahrbahn bei drohendem Aquaplaning, bei starkem oder bögigem Seitenwind oder auch bei lockeren, sandigen Fahrbahnbelägen verblüfft ein allradgetriebenes Auto durch Spurtreue und optimalen, sicheren Vortrieb.

Doppelter Vortrieb beim Allrad durch Traktion auf allen Vieren

Allradantrieb ist also nicht nur im Winter sinnvoll, sondern er bedeutet in allen außergewöhnlichen Fahrsituationen, mit denen Sie zu jeder Jahreszeit rechnen müssen, ein hohes Maß an Sicherheit. Zuschaltbarer Allradantrieb bringt darüber hinaus in bezug auf Fahrwerk und Fahreigenschaften gewisse Nachteile mit sich. Ein optimal arbeitendes Fahrwerk, das günstige Fahreigenschaften gewährleisten soll, muß auf die jeweilige Antriebsart des Autos ausgelegt sein. So werden Fahrwerke für Front-, Heck- oder Allradantrieb unterschiedlich konzipiert. Das bedeutet, daß der zuschaltbare Allradantrieb immer einen Kompromiß darstellen muß. Nicht umsonst hat der revolutionäre Audi quattro mit seinem permanenten Allradantrieb die Rallyeweltmeisterschaft bereits zweimal eindrucksvoll für sich entscheiden können. Permanenter Allradantrieb ist nicht nur eine neue Spielerei einiger Konstrukteure, sondern er bedeutet aktive Sicherheit und Fahrkomfort.

Schalterstellung 1: das vordere Differential wird gesperrt. Stellung 2: vorn und hinten gesperrt

Schneeketten sind eine altbewährte, aber meist doch sehr umständliche Hilfe bei extremen winterlichen Fahrverhältnissen. An den Antriebsrädern angebracht, verbessern sie den Vortrieb und in gewissen Grenzen auch das Bremsverhalten. Nicht ohne Grund werden auf vielen Paßstraßen im Winter Ketten zwingend vorgeschrieben.

Das Anlegen von Schneeketten ist nicht immer ganz unproblematisch, insbesondere dann nicht, wenn Sie bereits im tiefen Schnee steckengeblieben sind. Wird eine Schneekette aber nicht sachgemäß angebracht, kann sie leicht auf dem Reifen rutschen und gegen die Karosse schlagen. So ist es meist ratsam, bei zu erwartenden Schwierigkeiten die Ketten rechtzeitig zu montieren, nicht erst dann, wenn Sie mit Ihrem Auto bereits hoffnungslos steckengeblieben sind.

Beim Fahren mit Schneeketten sind darüber hinaus noch einige andere Punkte zu beachten. Nach längerem Fahren können sich die Ketten lockern. Sie müssen dann anhalten und entsprechend nachspannen. Ist die Straße stellenweise schneefrei, ist das Auto relativ unbequem und unsicher zu fahren, außerdem nutzen sich die Ketten rasch ab. Schneeketten bringen also neben besserer Vortriebskraft leider auch eine Reihe von Unannehmlichkeiten oder gar Nachteile mit sich. Trotzdem sollten Sie, wenn Sie nicht gerade glücklicher Besitzer eines allradgetriebenen Fahrzeuges sind, bei längeren oder möglicherweise schwierigen Fahrten im Winter vorsichtshalber leicht montierbare Schneeketten mitführen. Sogenannte Anfahrhilfen, die im Gegensatz zu Schneeketten recht schnell und unkompliziert zu montieren sind, ermöglichen ein besseres Anfahren, sind aber für längere Fahrten auf Schnee im Grunde nicht geeignet.

Tips und Tricks. Ein alter Geheimtip bei Fahrern von heckangetriebenen Fahrzeugen ist ein zusätzliches Belasten der Hinterachse. Meist wird dazu einfach ein Sandsack oder eine Eisenplatte im Kofferraum verstaut. Die stärkere Belastung der Hinterachse sorgt zweifellos für mehr Reibung zwischen Reifen und Straße, also auch für mehr Vortrieb. Allerdings muß auch mehr Masse in Bewegung versetzt werden. Dabei verändert sich durch das gesteigerte Gewicht im Heck des Wagens der Schwerpunkt und damit das Fahrverhalten. In Kurven übersteuert ein belastetes Auto heftiger als gewohnt. So hat auch dieser Kniff seine Nachteile und ist nur bedingt zu empfehlen.

Bei diesen Gedanken zur Ausrüstung eines Autos für den winterlichen Fahrbetrieb dürfen wir natürlich auch einige notwendige Kleinigkeiten nicht vergessen, die das Fahren erleichtern und manchen Ärger ersparen können. Denken Sie beim Nachfüllen der Scheibenwaschanlage an den notwendigen Gefrierschutz. Gerade bei Matsch und salznassen Straßen verschmutzen die Scheiben besonders intensiv, und ohne eine intakte Scheibenwaschanlage wird das Fahren zum Risiko. Sie sollten auch so kleine, nützliche Dinge wie einen Eisschaber oder Eisspray immer verfügbar haben, um vor Antritt einer Fahrt das Auto rasch startklar machen zu können. Dickere Schneeschichten entfernen Sie leichter, haben Sie einen kleinen Besen dabei. Türschloßenteiser sollten Sie zusammen mit dem Autoschlüssel in Ihrer Tasche bereithalten und nicht im Handschuhfach aufbewahren, wo er im Notfall nicht ›erreichbar‹ ist.

Denken Sie bei der Vorbereitung Ihres Autos für den Winter immer daran, daß Sie nur so gut und so sicher fahren können, wie es die Ausrüstung Ihres Autos zuläßt. Und vor allem: Treffen Sie alle notwendigen Vorbereitungen rechtzeitig.

Fahrweise

Nachdem nun unser Auto für die winterlichen Fahrverhältnisse bestens ausgerüstet ist, wollen wir uns über unsere Fahrweise Gedanken machen. Den deutlich längeren Bremswegen tragen Sie am besten dadurch Rechnung, daß Sie von vornherein mit deutlich reduzierter Geschwindigkeit fahren, ausreichend Sicherheitsabstand halten und Bremsmanöver, soweit nur eben möglich, immer rechtzeitig einleiten. Beim Fahren auf rutschigen Gefällstrecken unterschätzen Sie bitte nicht Ihren eventuell sehr langen Bremsweg.

Fahren Sie die Kurven ebenfalls mit deutlich reduzierter Geschwindigkeit, damit die Reifen auch auf der rutschigen Fahrbahn noch ausreichend seitliche

Führungskräfte aufbauen können. Lenken Sie wie gewohnt weich in die Kurven ein. Geben Sie aber nur ausgesprochen vorsichtig Gas, ein durchdrehendes Antriebsrad baut die ohnehin nur geringe seitliche Führung Ihres Autos sofort ab, und Sie geraten schnell ins Rutschen.

Bremsen und Kurvenfahren werden also insgesamt durch angemessene geringere Geschwindigkeiten deutlich erleichtert. Zu niedrige Geschwindigkeit kann Sie jedoch auch in Situationen bringen, in denen Sie Gefahr laufen, im Schnee steckenzubleiben. Gerade bei Bergauffahrten im tiefen Schnee sorgt der nötige Schwung dafür, daß Ihr Auto nicht gleich bei der ersten Glätte stekkenbleibt. Vermeiden Sie es tunlichst, an rutschigen Bergaufpassagen anzuhalten, wenn es nicht unbedingt notwendig ist. Ein Anfahren am Berg auf rutschiger Fahrbahn ist zumindest für Autos mit dem traditionellen Einachsantrieb immer ein großes Problem.

Planen Sie einen nötig werdenden Stop rechtzeitig und suchen Sie sich dazu, wenn es möglich ist, ein ebenes oder sogar leicht abschüssiges Straßenstück aus. Denken Sie auch bei der Parkplatzsuche immer daran, ob das Wegfahren aus der jeweiligen Lücke problemlos möglich sein wird. Fahren im Winter heißt noch mehr als sonst auch, vorausschauend zu fahren. Je exakter und frühzeitiger Sie eine Situation oder eine Gefahr erkennen, desto mehr Zeit und Platz bleibt Ihnen für erfolgreiches Handeln. Beurteilen Sie schlecht oder gar nicht übersehbare Situationen eher mißtrauisch, und kalkulieren Sie im Zweifelsfall alle Unvorhersehbarkeiten ein.

Die Fahrbahnverhältnisse im Winter können recht unterschiedlich sein und schnell wechseln. Stellen Sie sich ganz darauf ein

Auch nach mehreren Kilometern relativ griffiger salznasser Fahrbahn sollten Sie in ungünstigen Passagen immer wieder mit gefährlicher Glätte rechnen. Viele Fahrer werden nach längerem Fahren auf problemloser Fahrbahn oft unterbewußt übermütig und werden dann auf Brücken, an Waldschneisen, nicht windgeschützten Kuppen oder auch an Fußgängerüberwegen von gefährlicher Glätte überrascht. Fahren Sie vorsichtig und lieber einmal zu langsam, als daß Sie die vielen winterlichen Gefahren unterschätzen. Haben Sie aber auch den Mut, in Passagen, in denen die Gefahr besteht hängenzubleiben, mit dem nötigen Schwung und Elan zu fahren.
Beobachten Sie bewußt mehr als sonst die Beschaffenheit der Fahrbahn. Beurteilen Sie sie dabei etwa nach folgenden Gesichtspunkten:

- Wo ist die Fahrbahn besonders glatt, wo dagegen ist sie griffig?
- Wo kann man am besten bremsen, wo haben die Reifen ausreichend Griff?

Fahren Sie, wann immer möglich, auf den griffigen Passagen und meiden Sie

Vorsicht auf Brücken, an Waldschneisen oder ähnlich ›verfrorenen‹ Stellen

die Glätten. Die Fahrspuren sind häufig bereits schneefrei und bieten sich zum Fahren an. Manchmal befindet sich am Straßenrand noch wesentlich mehr Streugut als auf der eigentlich üblichen Fahrspur, dann fahren Sie besser dort.
Insbesondere beim Anfahren und beim Bremsen kann ein geschicktes Ausnutzen der unterschiedlichen Griffigkeiten über Erfolg und Mißerfolg mitentscheiden. Unterschätzen Sie aber auch nicht die Gefahren, wenn Sie eine griffige Fahrspur beispielsweise beim Abbiegen oder Überholen verlassen müssen. Schneehaufen und vereiste oder nur schlecht gestreute Stellen machen Ihr Auto schnell instabil und bringen es zum Schleudern.
Unterschätzen Sie auch nicht die möglichen Sichtbehinderungen durch Nebel, Nebelbänke oder dichten Schneefall, sondern passen Sie Ihre Fahrweise der Situation an. Schimpfen Sie nicht über die widrigen Fahrverhältnisse, sondern finden Sie sich mit den Gegebenheiten ab, besser noch, stellen Sie Ihre Fahrweise darauf ein, und Sie haben schon fast gewonnen.

Fahrtechnik

Neben der Ausrüstung des Autos und einer angemessenen Fahrweise ist die richtige Fahrtechnik und ihr geschickter Einsatz ein weiterer zentraler Punkt, will man sicher und sportlich durch den Winter kommen. Allerdings sollten Sie die in Frage kommenden Fahrtechniken zuerst einmal üben und in ihren Grundzügen einigermassen beherrschen, bevor Sie sie in Ihrer Alltagspraxis einsetzen. Brems- und Schleudertechniken und eventuell auch das Driften sind besonders geeignet, um mit den winterlichen Bedingungen besser fertig zu werden. Brauchen Sie auch das Driften nicht unbedingt zu beherrschen, so sollten richtiges Bremsen und die Fähigkeit, Schleuderbewegungen zu kontrollieren, unbedingt Teil Ihres fahrerischen Repertoires sein.

Bremsen. Beginnen wir mit optimalem Bremsen bei winterlichen Verhältnissen. Optimales Bremsen, wie Sie bereits wissen, bedeutet, daß die Räder gerade noch rollen und nicht blockieren. Das heißt, daß Sie das Bremspedal mit sehr viel Gefühl treten müssen. Bremsen Sie auch in Notsituationen stets ausgesprochen gefühlvoll, lösen Sie beim Blockieren der Räder kurz die Bremse und starten Sie sofort einen weiteren gefühlvollen Bremsversuch. Gerade bei glatten Straßen wird eine derartige Stotterbremsung sehr schnell notwendig. Streben Sie sie aber nicht von vornherein an, bremsen Sie mit viel Gefühl und versuchen Sie, das Blockieren der Räder völlig zu vermeiden. Eine Stotterbremsung ist immer nur als Notlösung nach einem mißlungenen

Versuch, optimal zu bremsen, anzusehen. Allerdings ist diese Notlösung im Winter sehr häufig der Normalfall. Vermeiden Sie vor allem in Kurven größere Bremsmanöver, die bei rutschiger Straße schnell mißlingen und Sie leicht aus der sicheren Spur bringen.

Schleudern. Beim Bremsen besteht im Winter immer die Gefahr, daß Ihr Auto nicht absolut spurtreu bleibt und Lenkkorrekturen notwendig werden, wie Sie allgemein bei Schleudervorgängen eingesetzt werden. Gerät Ihr Auto trotz aller gebotenen Vorsicht einmal ins Schleudern, vermeiden Sie jede Panik. Gerade jetzt gilt es, richtig zu handeln, bevor es tatsächlich zu spät ist. Schleuderbewegungen begegnen Sie dadurch, daß Sie das Auto rollen lassen, am besten sogar auskuppeln, damit die Reifen wieder Griff bekommen. Lenken Sie dabei gegen die Schleuderrichtung, so daß die Vorderräder immer in die richtige, eigentlich gewünschte Fahrtrichtung weisen. Meist beruhigt sich ein schleuderndes Auto aber nicht nach einmaligem Gegenlenken. Gegenzulenken gleicht einem ›Katz-und-Maus-Spiel‹, bei dem Sie fortgesetzt und kontrolliert auf die jeweiligen Schleuderbewegungen reagieren und Ihren Lenkeinschlag immer wieder korrigieren müssen. Sollte Ihr Gegenlenken allerdings nicht zum Erfolg führen, dann bremsen Sie und hoffen, daß Ihr Auto weiter auf der sicheren Fahrbahn bleibt.

Anfahren, Beschleunigen. Bevor wir nun das Driften behandeln, das als wirklich schon gehobene Fahrtechnik nicht unbedingt jedermann beherrschen muß, noch einige kleine Fahrtips zum Anfahren und Beschleunigen auf glatter Fahrbahn. Geben Sie beim Anfahren so gefühlvoll Gas, daß die Antriebsräder nicht durchdrehen. Schalten Sie dabei früher als sonst in den nächsthöheren Gang, bei niedrigen Drehzahlen in hohen Gängen läßt sich die Antriebskraft am besten dosieren. Sollten die Räder trotzdem durchdrehen, dann nehmen Sie das Gas zurück und geben ihnen so wieder den nötigen Griff. Versuchen Sie notfalls, im zweiten Gang anzufahren,

Oben: Bei plötzlich einbrechender Kälte verwandeln sich Straßen schnell in gefährliche Rutschbahnen
Unten: Auch die Rückleuchten sollten immer gut sichtbar sein. Sehen und gesehen werden

lassen Sie die Kupplung schleifen, um besonders gefühlvoll die Kraftübertragung bestimmen zu können.
Wenn Sie so auch nicht den gewünschten Erfolg erzielen, versuchen Sie es mit aufeinanderfolgenden kräftigen Gasstößen, bei denen die Räder ruhig ordentlich durchdrehen dürfen. Den eigentlichen Griff bauen die Reifen bei dieser Methode zwischen den Gasstößen auf, wenn die Räder wieder zu rollen beginnen. Wenn Sie allerdings einmal richtig festsitzen, kann oft nur noch Schieben, Streuen, das Anlegen von Schneeketten oder ähnliches helfen, wollen Sie nicht aufgeben müssen.

Driften kann im Winter oft sehr nützlich sein. Driften heißt, daß wir uns mit gezieltem Rutschen sicher durch eine Kurve bewegen. Ein in der Kurve aus der geplanten Fahrspur ausbrechendes Auto kann oft durch Driften weiter entlang der gewünschten Fahrlinie bewegt werden. Wenn Sie das Driften beherrschen, können Sie auch auf glatten Bergaufpassagen, wo Sie endgültig hängenzubleiben drohen, insgesamt höhere Geschwindigkeiten fahren, so daß der für den allgemeinen Vortrieb so notwendige Schwung erhalten bleibt.
Autos, die leicht übersteuern, also mit dem Wagenheck kurvenauswärts rutschen, lassen sich im geschickten Drift leicht kontrollieren. Autos, die dagegen zum Untersteuern neigen, also über die Vorderräder kurvenauswärts rutschen, können durch gezieltes und energisches Einleiten eines Drifts sicher in und durch eine Kurve gezwungen werden. Kräftiges Einlenken, unterstützt durch kurzes Ziehen der Handbremse,

Driften ist gerade im Winter eine sehr gute Technik, um Kurven sportlich und sicher zu meistern. Allerdings braucht man unbedingt die nötige Übung

MICHELIN
Audi
Audi Sport
Castrol
BOSCH

die aber nur auf die Hinterräder wirken darf, oder ein gezieltes ›Anstellen‹ sind die besten fahrtechnischen Hilfsmittel, um dem oft sehr gefährlichen Untersteuern zu begegnen.
Driften wird bei Eis und Schnee wesentlich leichter als bei normalen Straßenverhältnissen, da sich der Wechsel zwischen Greifen und Rutschen der Reifen in einem sehr begrenzten Bereich abspielt. Alle Reaktionen des Autos sind bei Glätte ausgeprägter, da die Reifen viel schneller den Griff verlieren. Auch wenn das Driften auf glatten Fahrbahnen relativ leicht zu erlernen ist, sollten Sie es nur dann auch im Alltagsverkehr anwenden, wenn Sie es wirklich beherrschen und die Situation es erlaubt. ›Uraufführungen‹ müssen nicht auf Anhieb gelingen, und Sie fabrizieren allzuschnell einen Unfall. Nicht umsonst hat die Rallye Monte Carlo in der Welt des Rallyesports einen so enorm hohen Stellenwert. Schnelles, dabei sicheres Fahren auf Eis und Schnee ist einer ihrer Hauptbestandteile und gehört zur hohen Schule des Autofahrens. (Eine genaue Erläuterung der Drifttechniken im Kapitel ›Fahrtechnik für Fortgeschrittene‹, Seite 71)
Fahren im Winter ist nicht gerade einfach. Machen Sie Ihre eigenen Erfahrungen und profitieren Sie von ihnen. Theoretisches Wissen, Erfahrungen aus eigener Praxis und verkehrsbewußtes Verhalten bringen Sie auch bei winterlichen Fahrverhältnissen Ihrem Ziel näher, sicher und sportlich zu fahren.

Beim Training für die Rallye Monte Carlo. Gutes Licht ist immer lebenswichtig

Nacht und Nebel

Arganil ist eine Sonderprüfung der Portugal-Rallye. Im Prinzip ist sie fast jedes Jahr gleich: 42 Kilometer lang, Start auf einem Bergkamm, von da rauf auf 1000 Meter Höhe. Auf der anderen Seite gehts immer nach unten, etwa 25 Kurven. Das alles ist schön zu fahren, keine Schlaglöcher, eine wunderbare, selektive Prüfung.

Wie in jedem Jahr hatte es auch 1980 Nebel. Oder wir sind in den Wolken gefahren, was im Prinzip dasselbe ist. Die meisten Profis trainieren die Prüfungen möglichst unter den Bedingungen, die sie dann auch bei der Rallye vorfinden. Arganil also nachts. Ich bin da sehr nachlässig. Ich trainiere zum Beispiel nie in der Nacht, da bin ich einfach zu faul. In der Nacht gehe ich ins Bett.

Ich bin auch nicht der Meinung, daß diese Methode, eine Prüfung unter Rallyebedingungen zu trainieren, unbedingt richtig ist. Bei der Arganil ist sie das ganz sicher nicht. So eine Prüfung muß man unbedingt bei Tag trainieren, damit man was sieht, damit man sich auch wirklich alles einprägen kann, was auf der Strecke ist. Das hat keinen Sinn, wenn man da schon im Training nicht recht weiß, wo es eigentlich langgeht.

Ich habe deshalb am Tag trainiert, mir dabei jeden Strauch und jeden Baum eingeprägt. Wenn es da 300 Meter geradeaus ging, dann wußte ich genau, nach 80 Meter muß ein Strauch kommen. 80 Meter, zack, jawohl, da war er. Das paßte. Und nach weiteren 130 Metern mußte links eine Birke stehen. 130 Meter, jawohl, die Birke war da.

Nach dem Training hatte ich also jeden Meter der Prüfung im Kopf. Nur so konnte ich sie während der Rallye optimal fahren. Das gab mir auch ein Gefühl von Sicherheit, weil ich ja jederzeit wußte, wie das alles ohne Nebel aussieht. Das war, wenn ich jetzt zurückblicke, das Entscheidende: Ich lag nachts in meinem Hotel und konnte mir genau vorstellen, wie das dahingeht.

Eine zusätzliche Motivation für meinen Teufelsritt über Arganil war mein Teamkollege Markku Alen. Der brachte mich wieder mal fast zur Weißglut. Ich hatte schon klar geführt, zweieinhalb Minuten vor ihm, und obwohl die anderen schon mehr als zwölf Minuten zurücklagen, gab der Markku immer noch Vollgas. Ich war sauer. »Der spinnt wohl«, sagte ich zu Christian, »da fahren wir mit sicherem Vorsprung vorne weg, und der Hund greift immer noch an. Halt dich fest, den fahren wir jetzt in Grund und Boden, daß die Fetzen fliegen.«

Hinterher haben sie Bauklötze gestaunt. Nicht nur der Markku. Vier Minuten habe ich meinen Konkurrenten auf dieser Prüfung abgenommen. Vier Minuten auf 42 Kilometer, das gabs noch nie. Wenn das mir passiert wäre, ich hätte den Job sofort aufgegeben. Ehrenwort.

Natürlich haben alle gerätselt, wie so etwas überhaupt möglich ist. Einige Journalisten haben geschrieben, das ging nur, weil der Röhrl zum Beispiel so wahnsinnig war, daß er 400 Meter im fünften Gang mit Vollgas geradeaus gefahren ist, leise bis zehn gezählt hat und dann blind links weggefahren ist. Das ist so natürlich Quatsch. Auf diesen 400 Metern gab es mindestens fünf Anhaltspunkte, die mir immer wieder bestätigten, daß mein Gefühl stimmte, daß ich genau richtig lag.

Normalerweise ist es ja so, daß man im Nebel immer unsicher ist, einfach hilflos, jede Anweisung kann falsch sein. Deshalb bremst du zu früh, erwartest eine Kurve zu früh, und am Schluß bist du viel zu langsam. Aber in dieser Nacht in Arganil hat alles gestimmt. Alles ist so gekommen, wie ich es in meinem Kopf hatte. Was ich denn gemacht hätte, wenn nur eine Kurve nicht gestimmt hätte, wollte ein Journalist nach der Prüfung wissen. »Guter Mann«, habe ich geantwortet, »dann hätte ich nie mehr eine Gelegenheit gehabt, etwas zu machen.«

Natürlich sehe ich im Nebel nicht mehr als ein anderer Mensch. Wenn ich die Strecke nicht kenne, kann ich deshalb auch nicht schneller fahren. Nur weil ich mir die Strecke eingeprägt hatte, war Arganil überhaupt möglich. Ich wartete nicht verkrampft auf jede Kurve, die da aus dem Nebel auftauchen mußte, sondern ich sah meinen Strauch und wußte in dem Moment genau, aha, jetzt gehts erst noch eine Weile geradeaus. Das gab mir unheimlich viel Selbstvertrauen.

IN-YH 74
ADAC

Ihr Training

Können Sie alles das, was Sie nun in den vorhergehenden Kapiteln gelesen haben, auf Anhieb ohne weitere Probleme in die Praxis umsetzen, dann sind Sie den meisten schwierigen Situationen beim Autofahren tatsächlich gewachsen. Aber leider vergißt man schon beim Lesen viele Dinge sehr schnell wieder, und die, die man nicht vergessen hat, lassen sich gar nicht immer so einfach in die Tat umsetzen. Das alte Problem von Theorie und Praxis. Es gibt allerdings einige kleine Hilfen, die Ihnen die Umsetzung erleichtern können.

Wissen macht stark

Auto fahren, so heißt es wohl ganz richtig, müsse man mit Händen und Füßen, das nötige Gefühl dazu vermittle ein sensibler ›Hintern‹, um es einmal etwas drastisch auszudrücken. Von Hirnarbeit und überlegtem Handeln ist in bezug auf Autofahren nur selten die Rede. Die Bewegungen müssen normalerweise instinktiv, blitzschnell und immer richtig getimet ablaufen, besonders, will und muß man einer Notsituation erfolgreich begegnen. Da bleibt meist so gut wie keine Zeit zu langem Überlegen, mit welcher fahrtechnischen Lösung ich mein Problem denn wohl am besten löse. Autofahren ist in seiner konkreten Umsetzung tatsächlich primär keine Hirnarbeit.

Trotzdem, auch wenn Ihnen die einzelnen Handlungsabläufe bereits in ›Fleisch und Blut‹ übergegangen sind, gesteuert werden sie von Ihrer Schaltzentrale; bevor Sie sie wirklich beherrschen, müssen Sie sie zunächst einmal lernen, das Hirn läßt sich nicht aussparen. Sie können sich nicht ›blind‹ auf das richtige Funktionieren von Händen und Füßen verlassen. Die Möglichkeiten, angemessen zu agieren und zu reagieren, müssen irgendwo ›abgespeichert‹ sein, wollen Sie zur rechten Zeit über sie verfügen können. Dieser Lernprozeß gestaltet sich je nach Veranlagung und Interesse unterschiedlich schwierig. Über das ›Bescheidwissen‹ hinaus müssen Sie schließlich auch noch die nötigen motorischen Fähigkeiten entwickeln.

Der erste Schritt besteht sicher in der Einsicht, daß man selbst noch nicht perfekt ist und gerade auch für die alltägliche Fahrpraxis immer noch Dinge dazulernen kann. Seien Sie selbstkritisch und neuen Gedanken gegenüber aufgeschlossen. Manch kühner Autofahrer schwingt sich allerdings mit nahezu unglaublichem Übermut und Leichtsinn ins Verkehrsgeschehen, setzt sich mit irrwitziger Selbstüberschätzung über die Gefahren und wirklichen Anforderungen hinweg. Erleichtert wird das dadurch, daß die modernen, technologisch ausgereiften Autos in vielen Bereichen scheinbar mühelos gehorchen und dem Fahrer damit vorgaukeln, er

Zum Üben gibt es Trainingsplätze

wäre ein ›Superautofahrer‹. Jäh gestaltet sich dann meist das Erwachen, wenn das Auto in einer Extremsituation wie ein wildgewordenes Nashorn unkontrollierbar durch die Gegend schleudert. Solides Wissen über die verschiedenen Abläufe, Zusammenhänge und auch die Folgen sind eine erste sichere Basis für erfolgreiches Lernen. Sammeln Sie dieses Wissen an, verarbeiten Sie es, das heißt, bringen Sie es mit Ihren eigenen Erfahrungen, Ihrer eigenen Fahrpraxis in Verbindung. Nur so gelangen Sie dahin, später in allen Situationen instinktiv richtig zu handeln. Machen Sie sich die Abläufe und Zusammenhänge bewußt, und üben Sie die angemessenen Reaktionsweisen ein.

Training im ›Hirnkino‹

Haben Sie das nötige Wissen gespeichert, um sicher und sportlich Auto zu fahren, ist es an der Zeit, all diese Ideen einzuüben, sie in die Tat umzusetzen. Setzen Sie sich hinter Ihr Lenkrad und probieren Sie die unterschiedlichen Techniken einfach aus. Natürlich eignet sich dazu nicht der Stadtverkehr zur ›Rush-hour‹. Uraufführungen im normalen Alltagsverkehr können böse und folgenschwer ins Auge gehen. Üben Sie auf einem freien, verschneiten Parkplatz oder nehmen Sie an einem Fahrtraining teil, wie es ein paar Seiten weiter beschrieben wird.
Sie können aber auch schon vorher etwas tun, Sie können sich geistig auf die jeweilige Situation vorbereiten. Geistige Vorbereitung tut nicht zuletzt deshalb not, weil Sie selbst in einem Sicherheitstraining nicht alle möglicherweise brenzligen Situationen vorweg einüben können. Sie müssen immer mit ›Premieren‹ rechnen. Um diese Premieren nicht danebengehen zu lassen, trainieren Sie möglichst viele Eventualitäten mental ein. Gedankliches Erleben im ›Hirnkino‹, wie ich es nennen möchte, kann Ihnen sehr viel weiterhelfen. Schließen Sie ganz einfach die Augen und werden Sie zu Ihrem eigenen Regisseur. Stellen Sie sich bestimmte Situationen vor, erleben Sie sie, und versuchen Sie Ihrem Wissen gemäß zu reagieren. Seien Sie dabei Ihr eigener kritischer Zuschauer, und präparieren Sie sich so über eine Simulation für den Ernstfall. Versuchen Sie möglichst realistisch zu sein, das heißt, entwickeln Sie ein möglichst exaktes Raum-Zeit-Gefühl. Bei wirklich intensiver Simulation beginnen Ihre Arme andeutungsweise zu lenken, Ihre Füße Gas zu geben und zu bremsen. So können Sie sich ohne echten Vollzug auf mögliche Gefahrensituationen vorbereiten, genauso, wie Sie auf diese Weise vorab auch alle anderen Fahrtechniken vor den tatsächlichen Trainingsversuchen einüben sollten.

Erleben Sie Ihr Auto

Erfolgreiches, sicheres und sportliches Autofahren kann Ihnen immer nur in Harmonie mit Ihrem Auto gelingen. Beachten Sie seine Schwächen und nutzen Sie seine Stärken. Machen Sie aus Ihrem Auto Ihren Partner. Damit Ihre Partnerschaft wirklich wachsen kann, lernen Sie Ihr Auto so gut wie nur eben möglich kennen, erleben Sie es. Setzen Sie sich mit seinen technischen Möglichkeiten auseinander, fühlen Sie sich in die einzelnen Abläufe ein. Machen Sie sich bewußt und erfühlen Sie, wie es beschleunigt, wie es bremst und wie die Lenkung reagiert. Lernen Sie die Grenzen kennen, werden Sie sensibel für alles, was im und um das Auto herum vorgeht.

Zu weit treiben sollten Sie es nicht unbedingt

Ihre Fahrtechnik wird so immer perfekter, Sie erkennen rasch ungewohnte Geräusche und unnormales Fahrverhalten. Ihr Einschätzungsvermögen wird besser, Sie bekommen einen sichereren Blick für alle Möglichkeiten und Unmöglichkeiten, die die Fahrpraxis kennzeichnen. Nur wenn Sie mit dem Eigenleben Ihres Autos vertraut sind, können Sie sicher und sportlich fahren.

Das tatsächliche Training

Im Gegensatz zu den reinen ›Technikkursen‹ der sechziger Jahre, in denen man fast ausschließlich fahrpraktische Dinge übte, ist ein modernes Sicherheitstraining weit umfassender und damit auch grundlegender ausgerichtet. Ein solches Training ist nicht mehr nur ein reiner Schleuderkurs, sondern es setzt tiefer an. Wie in diesem Buch auch, wird systematischer gearbeitet. Neben der Fahrpraxis stehen auch Dinge wie eine Gefahrenlehre oder die physikalischen Grundlagen des Autofahrens auf dem Programm.
In den siebziger Jahren entwickelt – unter der Federführung des Deutschen Verkehrssicherheitsrates – werden diese Kurse mit immer größerem Echo hauptsächlich von den Automobilclubs, der Deutschen Verkehrswacht und den Fahrlehrerverbänden angeboten. Angesprochen von diesen Kursen werden nicht nur die ganz jungen Fahranfänger, auch wenn in der Gruppe der Achtzehn- bis Fünfundzwanzigjährigen die Unfallbilanz besonders negativ ausfällt. Auch Sie als erfahrener Fahrer erwartet ein interessantes Programm,

Lernen Sie Ihr Auto auch im Grenzbereich beherrschen

Stotterbremse

das Ihnen hilft, Ihre Fahrtechnik zu verbessern und viele der Dinge, die Sie in den vorhergehenden Kapiteln gelesen haben, in die alltägliche Praxis umzusetzen.
Ein zentraler Punkt bei einem Sicherheitstraining liegt darin, den Teilnehmern nicht nur beizubringen, wie sie eine bestimmte Fahrtechnik beherrschen lernen, um sie im Ernstfall anwenden zu können, sondern es geht auch darum, ihr Einschätzungsvermögen zu schulen, damit sie Notsituationen frühzeitig erkennen und, soweit das möglich ist, vermeiden lernen.

Das ›ADAC-Programm für sicheres Autofahren‹

»Wenn man statt mit 50 mit 70 km/h unterwegs ist, muß man bereits einen doppelt so langen Bremsweg einkalkulieren. In Kurven hat man mit 70 statt mit 50 km/h auch eine doppelt so starke Fliehkraft, bei abruptem Gaswegnehmen wiederum zieht der Wagen entsprechend stark nach innen. Die Vermittlung dieser und anderer wichtiger Gesetzmäßigkeiten im Umgang mit einem Pkw ist ein wesentlicher Bestandteil des ADAC Sicherheits-Trainings für Autofahrer, bei dem nicht nur Anfängern hinter dem Lenkrad, sondern auch alten Hasen gezeigt wird, wie sie Gefahrensituationen im alltäglichen Straßenverkehr bewältigen können. Die Grundphilosophie der Kurse ist: Heikle Situationen so frühzeitig erkennen zu lernen, daß man ihnen noch rechtzeitig aus dem Weg fahren kann.«
So heißt es in einer Presseinformation des ADAC.
Interessenten, ob nun ADAC-Mitglieder oder nicht, können im ganzen Bundesgebiet auf eigenen Trainingsplätzen an einem solchen Kurs teilnehmen. Für ungefähr 80,- DM (Stand Sept. 1984) erhalten Sie die Eintrittskarte für einen Ein-Tages-Kurs, in dem es im einzelnen um folgende Punkte geht (Text ADAC-Information):

● **Blockier- und Intervallbremse.** Wenn plötzlich ein Kind auf die Fahrbahn läuft, muß man mehr können, als einfach nur voll auf die Bremse zu steigen, und selbst dafür bedarf es der Übung. Erst nach mehrfachen Wiederholungen ist man so weit, das Fahrzeug kontrolliert zu bremsen und Fehler durch Schreck-Situationen zu vermeiden.

● **Bremsen und Ausweichen.** Wenn der Anhalteweg nicht mehr ausreicht, hilft selbst eine perfekte Bremstechnik nicht mehr weiter. Wer bremst, darf aber nicht gleichzeitig lenken. Die Übung zeigt, wie man trotzdem beides schafft.

Kurventechniken

● **Einseitiges Bremsen.** Bei Schnee und Eis am Fahrbahnrand wird Bremsen leicht zu einer Schleuder-Tour. Man muß geübt haben, wie man das Fahrzeug trotzdem geradeaus hält.

● **Abfangen eines ausbrechenden Fahrzeugs.** Durch rechtzeitiges Gegenlenken kann man auch ein schleuderndes Auto wieder abfangen. Noch wichtiger ist es aber, das Ausbrechen schon im Ansatz zu erkennen und zu verhindern.

● **Bremsen in der Kurve.** Wer in der Kurve bremst, fliegt raus – außer er hat im Sicherheitstraining gelernt, wie man die schwierige Aufgabe meistert, im Extremfall plötzlich trotzdem in der Kurve bremsen zu müssen.

Geübt wird natürlich immer mit dem eigenen Auto, denn das benutzen Sie ja auch hinterher im Alltagsverkehr wieder. Sie sollen das spezifische Fahrverhalten Ihres eigenen Autos erfahren und damit umzugehen lernen. Der ADAC gibt einige Tips, wie Sie Ihr Auto für das Sicherheitstraining präparieren sollten:

● Kontrollieren Sie vor dem Kurs den Motorölstand; er sollte zwischen Minimum und Maximum stehen. Bei ›Minimal‹-Stand sollten Sie noch ½ Liter Öl zugeben.

● Erhöhen Sie den Luftdruck um 0,2 bar gegenüber dem in der Betriebsanleitung angegebenen; das bringt mehr Fahrsicherheit und weniger Reifenverschleiß.

● Am besten ist es, wenn der Fahrzeugtank halb bis ¼ voll ist; mehr kann vor allem im Sommer von Übel sein: Das Benzin könnte sonst wegen der Hitze und einiger Fahrübungen, bei denen das Benzin an die Tankwand gedrückt wird, über den Einfüllstutzen herausfließen.

Bremsen, lenken, ausweichen: Üben Sie den so wichtigen Bremshaken

● Innenraum entleeren: Bitte entfernen Sie alles, was Ihnen z. B. beim Bremsen im Inneren Ihres Autos in die Quere kommen könnte. Schon beim normalen Fahrbetrieb ist es gefährlich, z. B. einen Autoatlas auf der Heckablage zu haben oder eine Spraydose unter dem Sitz.

● Kofferraum entleeren: Bitte nehmen Sie auch alle harten und schweren Gegenstände aus dem Kofferraum; umherfliegendes Werkzeug, Reservekanister, die nicht fest verzurrt sind, usw. verursachen nicht nur Geräusche, die Sie schon bald ›nerven‹ werden, sondern möglicherweise auch Beulen von innen in den Kofferraumwänden.

Denken Sie aber nicht nur an die Fitneß Ihres Autos, sondern achten Sie auch darauf, selbst für alle Anforderungen gewappnet zu sein: Der Trainingstag bedeutet für Sie auch Konzentration und Anstrengung; Sie sollten daher körperlich fit sein.

Wieviel Spaß Sie am Kurs haben, hängt nicht zuletzt davon ab, wie wohl Sie sich fühlen. Richtige Kleidung ist hierbei das wichtigste. Vor allem bei schlechtem Wetter: Bitte sportlich zum Kurs kommen – mit regendichten Schuhen, Pullover (auch schon im Herbst!) und Anorak und so weiter... Natürlich sollten Sie sich in der Kleidung bequem bewegen können; bitte jedoch keine Schuhe mit ›Bleisohlen‹ anziehen!

Bitte bringen Sie auch viel gute Laune mit – der Kurs soll Ihnen und den anderen Teilnehmern ja auch Freizeit-Freude bereiten. (Diese Empfehlungen entstammen der Teilnehmer-Broschüre ›Sicherheitstraining‹ des ADAC, hg. vom Deutschen Verkehrssicherheitsrat e. V.)

(Quelle: ›Sicherheitsreport‹ der Verwaltungsberufsgenossenschaft 2/84, nach Angaben des ADAC, der Deutschen Verkehrswacht und des Deutschen Verkehrssicherheitsrates)

Anschriften von Übungsplätzen (Stand: August 1984)

Und wo? – Verkehrsübungs- und Sicherheitstrainingsplätze in der Bundesrepublik

Es gibt in der Bundesrepublik eine Vielzahl von Übungs- und Trainingsplätzen. Unsere Grafik zeigt Ihnen eine ganze Reihe davon, und anschließend haben wir die jeweiligen Träger der einzelnen Plätze samt Telefon-Nummern aufgeführt. Dort erhalten Sie alle wichtigen Informationen zur genauen Lage der Plätze, den Öffnungszeiten, den Teilnehmemöglichkeiten sowie zu allen anderen wichtigen Punkten.

Auch außerhalb dieser Plätze gibt es Übungsmöglichkeiten.

Schriftliche Auskunft darüber erhalten Sie bei:
Deutscher Verkehrssicherheitsrat DVR
Referat VEA
Obere Wilhelmstraße 32
5300 Bonn 3
Stichwort ›Sicherheitstraining‹

Baden-Württemberg

Asperg V
Motorsportclub Hohenasperg e. V. im ADAC,
Asperg, Tel. (0741) 31596

Bopfingen V
Motorsportclub ›Ipf‹ e. V. im ADAC,
Bopfingen, Tel. (07362) 7306

Ehingen V/S
Automobilclub Ehingen e. V. im ADAC,
Ehingen/Donau, Tel. (07391) 53833

Esslingen V
Motorsportclub Esslingen e. V. im ADAC,
Esslingen, Tel. (0711) 353726

Filderstadt V
Motorsportclub Sielmingen e. V. ADAC-Ortsgruppe Filderstadt,
Filderstadt, Tel. (07158) 2826

Heilbronn V/S
Verkehrswacht Heilbronn,
Heilbronn, Tel. (07131) 68455

Karlsruhe V/S
Verkehrswacht Karlsruhe,
Karlsruhe, Tel. (0721) 592722

Kirchheim/Teck V/S
Verkehrswacht Neuffen/Teck u. MSC
Kirchheim/Teck, Nürtingen,
Tel. (07022) 8408

Kenzingen V
Fahrschule Karl-Heinz Bächle,
Kenzingen, Tel. (07644) 1622

Lahr S
ADAC-Südbaden,
Freiburg i. Br., Tel. (0761) 31323

Lauda-Königshofen V
Verkehrswacht Main-Tauber-Kreis,
Tauberbischofsheim, Tel. (09341) 82246

Oberuhldingen V/S
ADAC-Südbaden,
Freiburg i. Br., Tel. (0761) 31323

Schwenningen V
Schwarzwälder-Automobilclub e. V. im ADAC,
Villingen-Schwenningen,
Tel. (07720) 31041

Stuttgart V/S
ADAC-Verkehrsübungsplatz
Tel. (07152) 48192

Vaihingen/Enz S
Verkehrswacht Vaihingen/Enz,
Eberdingen, Tel. (07042) 77234

Bayern

Augsburg V/S
ADAC-Verkehrsübungsplatz
Tel. (0821) 714117

Forchheim V/S
ADAC-Nordbayern,
Nürnberg, Tel. (0911) 5390210/211

Neu-Ulm V
Verkehrswacht Neu-Ulm,
Neu-Ulm, Tel. (0731) 7001

Ramsthal V
Fahrschule Hans Wettering,
Schweinfurt, Tel. (09721) 21790

Berlin

Berlin V
Harry Toste, Berlin, Tel. (030) 2623140

Bremen

Bremen V
Verkehrsübungsplatz Bremen e. V.,
Bremen, Tel. (0421) 445759

Hamburg

Hamburg V/S
Verkehrswacht Hamburg,
Hamburg, Tel. (040) 785157

Hessen

Baunatal/Kassel V/S
Verkehrswacht Kassel/Nordhessen,
Tel. (05665) 6400

Bensheim V/S
ADAC-Hessen,
Frankfurt/M., Tel. (069) 7430254 und (0625) 6038

Bickenbach S
ADAC-Hessen,
Frankfurt/M., Tel. (069) 7430254

Dietershausen V
Fuldaer Automobilclub,
Fulda, Tel. (0661) 66040

Frankfurt/Main V/S
ADAC-Hessen,
Frankfurt/Main, Tel. (069) 7430254

Oppenrod V/S
Verkehrswacht Hessen,
Verkehrsübungsplatz Oppenrod,
Tel. (06408) 2682

Reinheim V
Odenwälder Automobil- u. Motorsportclub e. V. im ADAC,
Reinheim, Tel. (06162) 2429

Niedersachsen

Braunschweig V/S
ADAC-Braunschweig,
Braunschweig, Tel. (0531) 72066

Hannover V/S
ADAC-Niedersachsen,
Hannover, Tel. (0511) 85001

Nordrhein-Westfalen

Bielefeld V/S
Verkehrs-Institut,
Bielefeld, Tel. (0521) 324004

Düsseldorf V
Verkehrswacht Düsseldorf,
Düsseldorf, Tel. (0211) 393354

Eiserfeld V
Fahrschule Rudolf Steinseifer,
Siegen, Tel. (0271) 381574

Emmerich V
Manfred Winterberg,
Kleve, Tel. (02821) 92214

Essen V/S
Fahrschule Rainer Schoppmann,
Essen, Tel. (0201) 441800

Verkehrswacht Essen e. V.,
Essen-Frillendorf, Hubertstraße 102,
Tel. (0201) 215635

Haltern S
ADAC-Westfalen-West,
Dortmund, Tel. (0231) 5499232

Iserlohn V
Verkehrswacht Iserlohn,
Iserlohn, Tel. (02371) 6474

Kaarst V/S
ADAC-Nordrhein-Westfalen,
Köln, Tel. (0221) 3799-0

Mettmann V
Werner Schneidereit GmbH
Mettmann-Potherbruch,
Tel. (02104) 60539

Olpe V/S
Olper Automobilclub e. V. im ADAC,
Olpe, Tel. (02761) 63344

Recklinghausen V
ADAC-Recklinghausen,
Recklinghausen, Tel. (02361) 15420

Unna V
Stadtverwaltung Unna,
Unna, Tel. (02303) 1031

Rheinland-Pfalz

Kaiserslautern S
ADAC-Pfalz, Neustadt/Weinstr.,
Tel. (06321) 86001

Saarland

Saarbrücken V
ADAC-Saarland,
Saarbrücken, Tel. (06897) 61876

Saarlouis S
ADAC-Saarland,
Saarbrücken, Tel. (0681) 64001

Schleswig-Holstein

Bad Oldesloe V/S
ADAC-Gau Hansa,
Hamburg, Tel. (040) 2399-1

Boksee V/S
ADAC-Kiel, Tel. (0431) 672045

Fit ans Steuer

Sie wissen doch: »Wer Sport betreibt, fühlt sich wohler.« Sport bewirkt für den Körper viel Positives, was auch für den Autofahrer wichtig ist. So können mit Sport beispielsweise Gewichtsprobleme leichter angegangen werden, oder starke Raucher werden merken, daß es plötzlich leichter fällt, weniger zu rauchen. Sport in seiner richtigen Anwendung führt dazu, daß Sie physisch stärker und psychisch ausgeglichener sind, daß Sie auch mit zunehmendem Alter beweglicher und leistungsfähiger bleiben als Ihre Mitmenschen, denen das Ausstrecken der Beine vor dem Fernseher schon zur Anstrengung wird.
Wie ich mich fit halte, kann ich am besten beschreiben, wenn ich Ihnen kurz meinen Tagesablauf, mit der allerdings nur sehr knappen Freizeit, schildere.

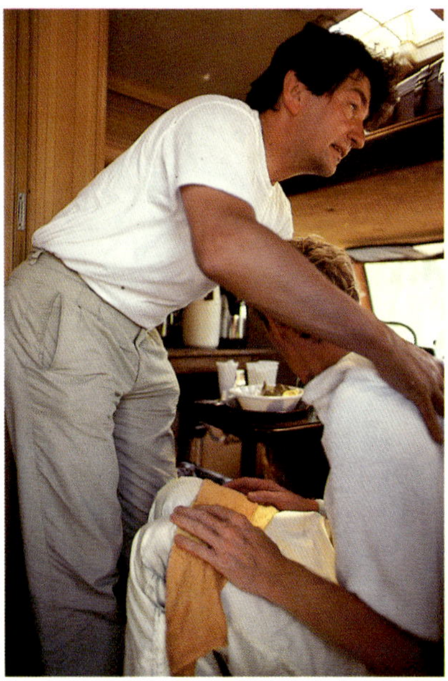

Massage zwischen den Prüfungen – Akropolis 1984

Mein Tag
Ich stehe morgens gegen 6 Uhr auf und bin dann häufig noch müde, so wie es den meisten auch geht. Mein Tag beginnt immer mit einem ausgiebigen Frühstück, egal was er alles bringen wird. Ich trinke Tee, ob schwarzen, Hagebutten- oder irgendeinen Kräutertee, verzichte nur sehr ungern auf meine Cornflakes mit Milch, esse Brötchen mit Wurst oder Käse und lasse mir von meiner Frau Obst, meistens Bananen, Äpfel oder Apfelsinen klein schneiden. Vor Beginn meines Frühstücks aber trinke ich noch ein Glas Hermes-Multi; das ist eine Multivitamin-Brausetablette mit natürlichem Orangengeschmack. Denn meine Lebensweise bringt es einfach mit sich, daß ich tagsüber meist weder Zeit noch Gelegenheit habe, einen ausgeklügelten Ernährungsfahrplan durchzuhalten. Und dadurch fehlen mir oft wichtige Aufbaustoffe und Vitamine. Um sicher zu gehen – und ich bin ein Sicherheitsfan – löse ich regelmäßig so eine Brausetablette auf, die alle Vitamine in ausreichenden Mengen und in einem ausgewogenen Verhältnis zueinander enthält.
Da mir als Hochleistungssportler ungewöhnlich hohe körperliche und geistige Leistungen abverlangt werden, nehme ich zusätzlich OptoVit, ein reines Vitamin-E-Präparat, das zunehmend im Sport und besonders im Leistungssport eingesetzt wird. Es erhöht die Leistungsfähigkeit des Körpers. Eine Mahlzeit ohne eine Kapsel OptoVit-E zum Abschluß kann ich mir schon gar nicht mehr vorstellen. Vitamin E verbessert den Sauerstoffhaushalt des Körpers, die Ausdauer wird gestärkt und vor allem die Erholungsphasen werden verkürzt. Wie mittlerweile auch immer mehr andere Sportler – leider auch die Konkurrenz – weiß ich das zu nutzen. Sauerstoff ist einfach äußerst wichtig und nur schneller zu schnaufen, um mehr

Der Joghurt zwischendurch

davon aufzunehmen, kann auf die Dauer nicht das Richtige sein. Das Problem sitzt viel tiefer, nämlich im Stoffwechsel der Körperzellen. Dort muß der Sauerstoff ausreichen, damit die Nährstoffe verbrannt werden können, um Energie zu liefern. Das ist nicht anders, als beim Vergaser meines Wagens. Ein nicht richtig eingestellter Vergaser arbeitet uneffektiv und damit unökonomisch. Er bringt nicht die volle Leistung. Außerdem entstehen mehr Abfallprodukte. Auch mein Körper muß optimal eingestellt sein, um maximale Leistung zu bringen und dabei hilft mir das Vitamin E.
Aber denken Sie jetzt bloß nicht »viel hilft auch viel«. Das stimmt selten und hier ganz und gar nicht. Nicht nur Gasgeben, Bremsen und Lenken wollen wohl dosiert sein. Auch die Aufnahme von Nährstoffen, zu denen ja auch das Vitamin E gehört, muß gut abgestimmt und der Situation angepaßt sein. Laut

Sportarzt liefert eine OptoVit-E nach jedem Essen die optimale Dosis. Besser als optimal geht es nun einmal nicht, so daß eine weitere Steigerung der Einnahme nichts mehr bringt, außer weiteren Kosten. Aber ich will Ihnen keinen medizinischen Vortrag halten. Das kann Ihr Arzt oder Ihr Apotheker viel besser. An den Tagen, an denen ich nicht fahre oder sonstige Verpflichtungen habe, ›radle‹ ich vormittags gerne, fahre mit der Trialmaschine, gehe Tennisspielen oder an die Donau, um mit meinem Einer einige Kilometer zu rudern. Sie werden sich möglicherweise fragen »ist der Röhrl denn verrückt, woher sollen wir denn die Zeit für all das hernehmen«? Also erstens habe ich auch nicht jeden Tag Zeit für all dieses und zweitens ist ausgezeichnete körperliche Fitness eine Grundvoraussetzung für meinen Beruf. Mir reichen da nicht zwei oder drei Stunden Sport in der Woche.
Im Winter ziehe ich, sooft es nur geht, den Skisport allen anderen Sportarten vor. Nach Möglichkeit meide ich die Lifte und steige mit Fellen oder den Skiern auf dem Buckel auf und fahre dann im Tiefschnee alleine ab, damit ich meine Ruhe habe. Es hat überhaupt nichts mit Egoismus zu tun, es ist lediglich so, daß ich auf diese Art und Weise am ehesten wieder Substanz aufbauen und etwas für meine Kondition und Konzentration tun kann. Im Sommer, das habe ich vorhin unterschlagen, mache ich solche Touren, meistens in Österreich, auch zu Fuß oder mit dem neuen 18-Gang-Geländerad.
Wenn ich abgespannt, aber zufrieden und ausgeglichen nach Hause komme, weil ich wieder einmal getestet, oder sagen wir besser erfahren habe, wo die Grenzen meiner Leistungsfähigkeit sind, dann schenke ich mir schon mal eine ›Halbe‹ Weizen oder ein Helles ein und nehme eine kräftige Brotzeit zu mir. In punkto Ernährung unterscheide ich mich sicher nicht von anderen Menschen, ich esse halt, bis ich satt bin, und auch alles, was auf den Tisch kommt, aber ich achte darauf, daß ich genügend Gemüse und Salat zu mir nehme. Egal ob für eine Autobahnfahrt von Regensburg nach Hamburg oder eine Rallye von 2500 km Länge irgendwo auf der Welt, die Voraussetzungen sind für uns alle die gleichen.

Schwimmen mit Monika

Eigentlich viel lieber im Freien

Nur kein Streß!

Unsere Zeit ist zum Zeitalter des Streß geworden; wir haben wohl selbst die meiste Schuld daran. Das Wort »Streß« kennt man heute von der Schulzeit bis in das hohe Alter. Deshalb gehe ich längere Autofahrten immer mit der gleichen Methode an wie eine Rallye. Ich vermeide jede Situation, die Streß herbeiführen könnte. Nur so kann ich, und das ist notwendig, jede Verkehrssituation erkennen und auf sie reagieren. Wenn ich mich durch alles, was mir auf den Straßen passiert, verrückt machen ließe, dann wäre ich schnell nicht mehr Herr meiner Sinne. Ich fahre so, wie es die Vorschriften verlangen, gebe nach, wenn mich einer von hinten anblinkt, weil ich mir ganz einfach denke, laß doch den Spinner, der ist heute abend ohnehin ein Nervenbündel. Selbstverständlich bin ich aufgrund meines Berufes verpflichtet, ein Vorbild zu sein und vernünftig zu fahren, weil mich ganz einfach viele Leute kennen und sonst wahrscheinlich sagen würden: »Schaut, der Röhrl, der Raser aus der Rallyeszenerie.« Aber ich lasse mich nicht aus der Ruhe bringen, weil sonst die Substanz, die ich durch sportliche Betätigung

getankt habe, bald wieder nutzlos vergeudet wäre.
Vor allen Dingen Eile und Zeitmangel sind ein ausgiebiger Nährboden für Streßsituationen. Man schafft sie selbst herbei. Okay, es mag mal vorkommen, daß es eilig wird, aber eigentlich dürfte es nicht sein. Ich lebe deshalb unter dem Motto, lieber eine Stunde früher aus dem Bett, als durch die Gegend zu rasen und ständig auch noch auf die Uhr zu schauen. Wenn es trotzdem mal eng wird, dann lasse ich mich dennoch nicht nervös machen und sage mir, das ist halt höhere Gewalt. Einen Stau kann ich auch nicht immer einkalkulieren, und außerdem gibt es nichts, was wichtiger wäre als die eigene Gesundheit; so egoistisch darf, so glaube ich wenigstens, jeder von uns sein.

Oben: Gerade die Trialmaschine stellt hohe Anforderungen

Unten: Motorradfahren vermittelt viel Fahrgefühl

Unten: Skifahren ist ein herrlicher Sport – abseits der Pisten

Suchen Sie sich irgendeine Sportart aus, die geeignet ist, um ihre Kondition und ihre Konzentration zu steigern; geben Sie Ihrem Körper ganz einfach keine Gelegenheit, daß er Sie austrickst. Auch wenn Ihr Beruf noch so anstrengend ist, halten Sie sich an meine Devise: Man kann dem Körper nicht nur Kraft entziehen, egal ob geistig oder körperlich, man muß sie ihm auch wieder zurückgeben, andernfalls riskiert man, daß er plötzlich nicht mehr mitspielt. Für mich gibt es nichts Tolleres, als mich langsam und kontinuierlich an meine Grenzen heranzutasten und zu erfahren, wo das Limit ist. Sicher, es ist mit Anstrengung verbunden, aber Sie werden merken, es ist unglaublich, was Sie leisten können. Sie wissen es nur noch nicht. Tun Sie es aber bitte nicht wie ein Asket, indem sie plötzlich nach 20 Jahren Pause 10 km so schnell joggen, wie es geht, und dann schließlich erschöpft zusammenbrechen. So erreichen Sie das Gegenteil; es kommt auf die Intensität an.

Sicher in den Süden

Die Ratschläge, die ich Ihnen auf Ihre Reise mitgebe, versuche ich im Wettbewerb strikt einzuhalten, was im Hochleistungssport natürlich nicht immer möglich ist. Beide Unternehmungen, eine Reise von Hamburg nach Italien oder eine 3000-km-Rallye, bedeuten eine nicht unerhebliche Anstrengung für den Körper. Ehe ich näher auf dieses Thema, das für Sie und mich so eng beieinander liegt, eingehe, möchte ich allen Autofahrern den Rat geben, im Fahrzeug nicht zu rauchen. Ich bin sicher, daß sich selbst der stärkste Raucher daran nach einiger Zeit gewöhnen kann und sich nach kurzer Zeit wohler fühlt. Steigen Sie lieber aus und machen eine Pause, aber stehlen Sie sich nicht den so notwendigen Sauerstoff. Die Gefahr, die das Rauchen am Steuer bedeutet, möchte ich erst gar nicht ansprechen. Außerdem werden Sie schneller von der Müdigkeit übermannt und bekommen irgendwann Kopfschmerzen, die Sie dann zur Einnahme von Schmerzmitteln verleiten können, von denen viele wiederum die Verkehrstüchtigkeit beeinträchtigen. Es beginnt, wie Sie sehen, ein Kreislauf, der Ihre Leistungsfähigkeit mehr und mehr reduziert.

Wenn ich eine lange Rallye fahre, versuche ich möglichst viel zu trinken, um dem Körper die durch Schwitzen und Anstrengung entzogenen Mineralsalze wieder zuzuführen: Fruchtsäfte, vitaminreiche Aufbaustoffe und Mineralwasser sind in solchen Fällen natürlich auch für Sie, die besten Getränke. Für den Notfall sollten Sie ruhig in ihrem Handschuhfach einige bewährte Vitaminpräparate mitführen. ›Notfall‹ ist möglicherweise nicht der ganz richtige Ausdruck, weil sie mittlerweile durch ihre sportliche Betätigung eine gute Kondition haben. ›Bedarfsfall‹ trifft die Sache besser.

Ihre Urlaubsreise ist zwar nicht direkt mit meiner Rallye zu vergleichen, aber in punkto Ernährung, Fitneß, Ruhepausen und Konzentration ergeben sich doch viele Parallelen. Machen Sie mindestens alle vier Stunden eine Pause von 10 bis 15 Minuten. Sie kommen erholter und dabei nicht viel langsamer an Ihr Ziel. Wenn ich vor einer Sonderprüfung nur 10 Minuten Zeit habe bis zum Start, dann, das habe ich mir antrainiert, mache ich die Augen zu, versuche zu schlafen, und fühle mich anschließend wie neugeboren.

Sie haben sogar die Möglichkeit, sich einen Rastplatz zu suchen, der etwas abseits vom Verkehr und den Dunst- und Abgaswolken liegt. Mit Gymnastik oder einem kurzen Spaziergang erreichen Sie, was notwendig ist, um Ihre Fahrt ohne geistige und körperliche Strapazen fortzusetzen. Auf diese Art und Weise gewinne ich, hoffentlich, noch viele Rallyes, und Sie kommen fit, ausgeruht und erlebnishungrig an Ihren Urlaubsort. Gewonnen haben wir beide: Sie einen Urlaub, der Ihnen in Erinnerung bleiben wird, ich eine Rallye, die mir wieder einmal gezeigt hat, daß auch Autosport nur erfolgreich betrieben werden kann, wenn man sich gezielt körperlich fit hält. Viel Spaß, Autofahren kann, ja soll sogar Erholung sein!

Urlaub in Kanadas Wildnis

Morgens um sieben war auf der ›Gladstone Mountain Ranch‹ die Welt noch in Ordnung. Hinter den Bergen ging gerade die Sonne auf und versprach einen herrlichen Tag. Wir Greenhorns aus Germany lagen noch in den Federn. Nur die dicke Jenny, die schnaufte wie eine alte Dampflok, war um diese Zeit schon wach. Eine herzensgute Frau. Erst versorgte sie die Pferde, dann kochte sie uns in einer Küche, wie wir sie aus alten Western-Filmen kennen, ein Frühstück, mit dem man getrost auch einen kanadischen Holzfällertrupp zur harten Arbeit in den Wald hätte schicken können.

Mit dieser Ruhe war es aber schon bald vorbei. Gleich nach dem Frühstück sattelten wir unsere vor dem Blockhaus geparkten ›ski-doos‹, und dann gings auf den schnellen Motorschlitten ab in die Postkartenlandschaft der winterlichen Rocky Mountains. Die Dinger machten einen Höllenlärm, aber das störte hier keinen. Wenn du bei uns mit so einem Schlitten im Wald auftauchen würdest, hätte dich schon an der ersten Ecke der Förster am Kragen.

Urlaub in Kanadas Westen. Das war mit das Schönste, was ich bisher erlebt habe. Wir sind im Februar 1981 hinübergeflogen, weil ich nach dem Debakel mit Mercedes ausspannen wollte. Normalerweise kann ich das ja gar nicht. Irgendwas geht mir immer im Kopf herum. Aber in diesen zwei Wochen in den Rocky Mountains habe ich das ganze Theater manchmal wirklich total vergessen.

Auf der Ranch von Jeff Hansen war um diese Zeit noch nicht viel los. Sie liegt am Fuße des gewaltigen Gladstone Mountain in Alberta, inmitten einer herrlichen, unberührten Landschaft. Die nächsten Nachbarn wohnen ein paar Meilen weiter. Wenn man will, sieht man den ganzen Tag keinen Menschen. Sie können sich nicht vorstellen, wie ich Jeff, dessen Vater aus Hamburg nach Kanada ausgewandert war, und seine Familie beneidete. Hier zu leben in einer Natur, in der es kein Baumsterben gibt und keinen sauren Regen, wo du dich schon am Leben freust, wenn du nur aus dem Fenster deiner Blockhütte zuschaust, wie die Sonne aufgeht und die Berge in ein eigenartiges Licht taucht.

Es war bitterkalt um diese Zeit, immer etwa um die 30 Grad unter Null, aber das hat uns nicht gestört. Warm verpackt in gefütterte Overalls, die Mütze tief ins Gesicht gezogen, daß nur noch ein Schlitz für die Augen frei blieb, so machten wir uns immer schon am Morgen auf den Weg hinaus. Mit den ›ski-doos‹ gings dann durch den Wald, von dem du nicht wußtest, wo er aufhört, und wir haben immer geflachst, daß wir besser unsere Pässe mitnehmen, falls wir uns mal verfransen. Da hat nur noch ein Trialmotorrad gefehlt.

Mit den schnellen Motorschlitten hatten wir einen Riesenspaß. Da war jeden Tag was los, immer gabs was zu lachen. Wenn zum Beispiel einer von uns mit den Kufen in einer Baumwurzel hing wie ein Biber in seiner Falle und weder vor noch zurück konnte, oder wenn einer bei einer steilen Bergfahrt leichtsinnigerweise zu früh vom Gas ging und dann den Abhang rückwärts hinunterrutschte wie ein tolpatschiger Pinguin, der auf die Schnauze gefallen ist.

Ganz in der Nähe von Jeffs Ranch gibt es einen großen See, der natürlich um diese Zeit zugefroren war. Einmal fuhren wir hinaus zum ›ice-fishing‹, zum Angeln auf dem Eis. Dazu bohrt man ein Loch in die dicke Eisschicht, was übrigens eine Heidenarbeit ist, und hängt dann die Angel rein. An diesem Tag war es bewölkt, und es ging ein eisiger Wind. Normalerweise ein Wetter, bei dem man sich besser in seiner Hütte vor den Kamin setzt.

Ein Nachbar von Jeff war aber schon in der Nacht zuvor zum Angeln gefahren. Er hatte sich, dick verpackt und den Flachmann in der Tasche, die ganze Nacht auf dem See um die Ohren geschlagen, aber nur einen einzigen Fisch gefangen. Der lag, tiefgekühlt, neben seinem Angelloch. Bei uns hat zwei Stunden lang kein Fisch angebissen. Der Wind wurde immer heftiger. Da war noch ein Filmteam dabei, und die wollten unbedingt drehen, wie der Röhrl einen Fisch fängt. Normalerweise wären wir da noch mal

zwei Stunden gestanden. Ich konnte schon die Angel nicht mehr halten, und der Kameramann hatte Angst, daß ihm sein Gerät einfriert.
Aber die Leute vom Film sind ja nicht dumm. Sie fragten also Jeffs Nachbarn, ob er uns denn nicht fünf Minuten seinen Fisch ausleihen könnte, nur für die Filmaufnahmen. Der stimmte gerne zu, hängte seinen steifgefrorenen Fang an meinen Angelhaken, und ich hängte die Angel ins Wasser. Sie wissen ja, wie das zugeht beim Film: Da zieht man die Angel einmal raus, es paßt nicht, dann ein zweites Mal, dann stimmt die Belichtung nicht, und beim dritten Mal... ja, dazu kam es nicht. Plötzlich war der Fisch weg. Einfach verschwunden! Jeffs Nachbar hat fast geheult. Da sitzt der Mann eine ganze Nacht bei Eis und Schnee und Wind auf einem zugefrorenen See und angelt, und dann kommt da so ein Filmteam aus Germany aus dem warmen Bett und verschlampt ihm den einzigen Fisch, den er in dieser ganzen Zeit gefangen hat. Er hat mir unheimlich leid getan.
Nach einer Woche auf Jeffs Ranch sind wir dann nach Nelson in British Columbia weitergefahren, zum Helikopter-Skiing. Ich brauche Ihnen ja wohl nicht zu erklären, daß das für mich als Skifahrer das Erlebnis schlechthin war. Mit dem Hubschrauber rauf auf Hänge, wo noch kein Mensch gefahren ist, dann im Tiefschnee runter, solange du willst – wo gibts so was in Europa noch.

Was ist eine Rallye?

Der Blick ins Lexikon macht Sie nicht viel schlauer. Mit der Bedeutung des Wortes allein können Sie nichts anfangen. Es kommt sowohl im Englischen als auch im Französischen vor und heißt nichts anderes als ›sich versammeln‹. In der guten alten Zeit, als das Auto ›laufen‹ lernte, wurden ›Sternfahrten‹ und ›Orientierungsfahrten‹ veranstaltet, auch ›Zuverlässigkeitsfahrten‹. Zuverlässigkeit – das war das Stichwort. Darauf kam es an. Diese Fahrten wurden an verschiedenen Orten gestartet und führten zu einem zentralen Sammelpunkt. Bei der Rallye Monte Carlo ist das – Tradition verpflichtet – bis heute beibehalten worden.

Ich gehe davon aus, daß jeder schon einmal etwas von der Rallye Monte Carlo gehört hat. Die meisten können auch mit der Safari-Rallye etwas anfangen oder mit der Rallye Akropolis. Aber die wenigsten wissen, was genau sich hinter dem Begriff ›Rallye‹ verbirgt. Tatsächlich müssen wir zwischen Rennen und Rallye unterscheiden. Beides sind Veranstaltungen, bei denen es auf Höchstleistungen ankommt. Rennen erfordern von Fahrern und Fahrzeugen eine kurzfristige Höchstleistung, werden auf speziell dafür gebauten Rundkursen ausgetragen, die selbstverständlich abgesperrt sind. Sieger ist derjenige Fahrer, der als erster die Ziellinie durchfährt. Die Fahrzeuge müssen zwar einem bestimmten Reglement (Sportgesetz) entsprechen, aber nicht den Bestimmungen der Straßenverkehrsordnung – im Gegensatz zu Rallyefahrzeugen.

Rallyes finden zum Teil auf normalen Straßen (Verbindungsetappen) im öffentlichen Verkehr und zum Teil aber auch auf Straßen, Pisten und Wegen (Wertungsprüfungen) statt, die vorübergehend für den öffentlichen Verkehr gesperrt sind. Rallyes werden auf den Wertungsprüfungen entschieden, die in der schnellstmöglichen Zeit zu durchfahren sind. Die sogenannten Verbindungsetappen sind nur dazu da, um die Teams von Punkt A zu Punkt B, von einer Wertungsprüfung zur nächsten zu bringen. Diese Verbindungsetappen sind Fahrten im öffentlichen Straßenverkehr, also müssen sämtliche Verkehrsregeln, wie vom Normalfahrer auch, streng eingehalten werden. Radarkontrollen haben schon manchem Rallyefahrer eine Disqualifikation eingebracht.

Für die Verbindungsetappen ist eine bestimmte Zeit vorgegeben, die weder unter- noch überschritten werden darf, da es sonst Strafminuten gibt. Diese vorgegebenen Zeiten sind so kalkuliert, daß der Fahrer alle Geschwindigkeitsbegrenzungen genau einhalten kann, kein Stop-Schild zu überfahren und auf öffentlichen Straßen nicht zu rasen braucht. Die Entscheidung findet, wie bereits angedeutet, auf den Wertungsprüfungen statt.

Dazu ein Beispiel: Eine Rallye geht über einen Zeitraum von sechs Tagen, besteht aus fünf Etappen, umfaßt 3000

Portugal 1984

Gesamtkilometer inklusive 45 Wertungsprüfungen von 1200 km Länge. Dies bedeutet, daß derjenige Fahrer Sieger ist, der es schafft, sämtliche 45 Wertungsprüfungen so schnell zu durchfahren, daß bei der Addition am Ende der Rallye die geringste Zeit herauskommt.

Technische Probleme oder Fahrfehler auf den Prüfungen führen zu Zeitverlusten, da die Uhr nicht angehalten wird. Es zählt immer die gefahrene Zeit. Reparaturen, die notwendig sind, dürfen sowohl auf den Prüfungen als auch auf den Verbindungsstrecken durchgeführt werden, schlagen sich aber meistens auf die gefahrene Zeit nieder. Für einen Streckenabschnitt zum Beispiel stehen uns 45 Minuten straffreie Fahrt zur Verfügung. Auf der vorangegangenen Wertungsprüfung hatten wir aber Pech – Getriebedefekt. Das Getriebe muß zwangsläufig auf der Zwischenetappe gewechselt werden, die Reparatur dauert 18 Minuten. Wir erreichen die nächste Kontrolle deshalb nicht nach den vorgeschriebenen 45, sondern erst nach 51 Minuten. Die sechs Minuten Verspätung werden auf meine gefahrenen Prüfungszeiten aufgerechnet. So was tut weh!

An den Autos darf, wie Sie sehen, unterwegs also nicht nach Herzenslust geschraubt und repariert werden. Das kostet zuviel Zeit. Dafür sind, wenn auch äußerst knapp gehalten, sogenannte Service- oder Zwangspausen da. Zwischen den einzelnen Etappen stehen die Fahrzeuge immer in einem ›Parc Fermé‹, einem geschlossenen und bewachten Areal. Am nächsten Tag werden sie dann, ohne daß inzwischen irgendwelche Arbeiten vorgenommen werden konnten, für den Start herausgefahren.

Die schönsten Rallyes sind die, die man erfolgreich beendet

Das zur Einführung. Bevor ich noch auf die verschiedenen Arten von Rallyes eingehe, noch mal ein kurzer Ausflug in die Vergangenheit. Früher gab es Veranstaltungen, die waren weder Fisch noch Fleisch, also weder Rennen noch Rallye. Gemeint sind die Straßenrennen namens ›Mille Miglia‹ oder ›Targa Florio‹. Das waren Rennen auf öffentlichen Straßen, die in unserer modernen, dichtbesiedelten Welt längst keinen Platz mehr haben. Trotzdem waren sie damals so populär, daß man noch heute mit verklärtem Blick von ihnen spricht. Sie sind aber längst Legende. Rallye ist nicht gleich Rallye. Wir müssen verschiedene Arten unterscheiden wie die Schotter-Rallye, die gemischte Rallye (Schotter und Asphalt), die exotische Rallye und die Langstrecken-Rallye. Oder, mit einem Blick auf die Landkarte: Schotter in Griechenland, Schnee in Schweden, Asphalt in Korsika, Schotter und Asphalt in Portugal, Exotik in Kenia und an der Elfenbeinküste, Langstrekken bei Marathons wie London–Mexiko. Außer den reinen, nur dann und

Oben: ›Parc Fermé‹ und Fahrzeugabnahme bei der Rallye Monte Carlo. Im ›Parc Fermé‹ sind die Wagen für die Mechaniker nicht zugänglich

Unten links: Am Start zu einer Sonderprüfung bei der Schweden-Rallye
Unten rechts: Am Ziel einer Sonderprüfung in Griechenland

wann gefahrenen Langstrecken-Rallyes, ist jede andere Art bei nationalen und internationalen Veranstaltungen rund um unseren Globus anzutreffen. Generell werden alle Veranstaltungen nach den bereits erwähnten Regeln durchgeführt.

Herausragende Ausnahmen sind die Safari-Rallye und die Rallye Elfenbeinküste. Die Entscheidung fällt dort nicht auf abgesperrten Wertungsprüfungen. Die Rallyes sind in verschiedene Zeitkontrollen unterteilt, und für die Wertung wird die auf schlechten Urwaldpisten gefahrene Gesamtstrecke zugrundegelegt. Die Safari-Rallye ist 5000 Kilometer lang und besteht aus 85 Zeitkontrollen. Jede Strecke zwischen zwei Kontrollen ist in einer vorgegebenen Zeit zu fahren. Wenn 40 Minuten für einen Streckenabschnitt angesetzt sind, dann wird uns jede Minute der Überschreitung voll als Strafzeit angerechnet. Wer den Abschnitt unter 40 Minuten fährt, egal ob in 32 oder 39 Minuten, erhält ›0‹ Strafminuten, aber keine extra Gutschrift. Reparaturen, Tankstops, Pausen, Reifenwechsel und stundenlanges Fahren im Staub eines anderen Fahrzeuges, das alles wird voll mitgerechnet.

Wundern werden Sie sich jetzt vielleicht, daß ich die Rallye Monte Carlo nicht erwähnt habe. Sie ist eine Ausnahmeveranstaltung, die in den letzten Jahren Gott sei Dank immer die Verhältnisse präsentierte, die mir bei meinen Fahrzeugen lagen: 1980 Schnee, als es noch keinen Audi quattro gab, 1982 und 1983 trockenen Asphalt gegen die allradangetriebenen Audi für meinen Opel und Lancia, und 1984 ausreichend Schnee für meinen Einstand auf dem Audi quattro. So darf es gerne weitergehen.

Mit dem Lancia bei der Rallye Monte Carlo 1983

Was ist Rallyesport?

Der Rallyesport wurde schon häufig totgesagt. Dennoch, er paßte sich stets den Erfordernissen unserer modernen Zeit an und besitzt derzeit einen Stellenwert und eine Popularität wie nie zuvor. Die großen Automobilhersteller benutzen den Rallyesport auf höchster Ebene, nämlich der Rallyeweltmeisterschaft, zur Imageverbesserung, zur Erhöhung ihres Bekanntheitsgrades, vor allem aber als Testgelände zum Erproben neuer und besserer technischer Lösungen, die später der Produktion von Serienfahrzeugen zugute kommen sollen.

Der beste Prüfstand, die noch so gut präparierte Versuchsstrecke, nichts kommt an den Test im harten Rallyewettbewerb heran, der ganz einfach nicht – auch nicht mit den heute zur Verfügung stehenden Mitteln – simuliert werden kann. Mit ein Grund dafür sind die Fahrer. Ein Testfahrer verrichtet seine Arbeit sicher nach bestem Wissen und Gewissen und mit vollem Einsatz, dennoch steht er nie unter dem Leistungsdruck und der Motivation, mit der Rallyepiloten im Wettbewerb ihre Fahrzeuge bewegen und fordern.

Der Rallyesport lebt von den vielen kleinen Privatfahrern, die Woche für Woche ihr beinahe serienmäßiges Fahrzeug wieder wettbewerbsfähig machen, um ihrem Hobby nachzugehen. Ohne sie wären die großen Piloten unserer Zeit alleine, alleine wie zwei Dutzend Formel-1-Piloten, denn mehr Spitzenfahrer, wenn überhaupt, gibt es unter den Rallyefahrern auch nicht. Allerdings könnten sie – im Gegensatz zur Formel-1 – ohne diesen Rahmen, der nicht

Die Straßenverhältnisse bei Rallyes stellen unterschiedliche Anforderungen: Teer, Schotter, Schnee

nur nötig ist, um Veranstaltungen zu finanzieren, ihren Sport nicht mehr ausüben. Dieser Sport, den viele Piloten als das letzte Abenteuer des 20. Jahrhunderts bezeichnen, den die Männer, die ihn betreiben, ganz einfach ›Job‹ nennen, dieser Sport lebt wie der Fußball ganz einfach von der breiten Masse, die ihn spielt. Die großen Namen sind, wie überall im Sport, nur die Ausnahmeerscheinungen, die Aushängeschilder, die großen Repräsentanten, damit die Fans und Mitstreiter etwas haben, woran sie sich hochziehen können. Talente und Stars, die der Sport ganz einfach braucht.

Im Rallyesport sind die großen Namen für jeden Fan greifbar. Fahrer und Fahrzeuge sind ständig hautnah und spürbar für jeden, der diesen Sport liebt. Vielleicht ist seine Beliebtheit so groß, weil er neben all dem Abenteuer ein sehr menschlicher Sport ohne Starallüren ist. Vielleicht gibt es nur so wenige Spitzenfahrer, weil es die Traumfabrik, die aus den finnischen Wäldern die besten Rallyefahrer der Welt hervorholt und aus ihnen Weltmeister macht, ganz einfach nicht gibt. Wahrscheinlich gibt es überall auf der Welt große Talente, die in dieser Sportart über sich selbst hinauswachsen könnten, deren Geschichte und deren Name aber, so wie in allen anderen Sportarten auch, ganz einfach ungeschrieben bleiben.

An vielen Ecken herrscht noch immer die Meinung vor, Rallyefahrer seien Rowdys, die durch die Gegend rasen, nur einen rechten Fuß zum Betätigen des Gaspedals haben und das Gehirn erst gar nicht betätigen. Dazu ist nur zu sagen, daß sich Rallyefahrer im Verkehr besser, anständiger, vorsichtiger und gewissenhafter benehmen als viele Normalbürger. Außerdem sind sie

Überhaupt nicht mein Fall: Rallyes in Afrika

FIAT
Alitalia
Alitalia

durch ihr fahrerisches Können besser in der Lage, auf plötzlich auftretende, nicht alltägliche Verkehrssituationen zu reagieren. Was jedoch nicht heißen soll, daß nun jeder Autofahrer ein Rallyefahrer werden soll. Ein Fahr- oder Sicherheitstraining als Bestandteil der Führerscheinprüfung oder zumindest auf freiwilliger Basis hinterher, das würde keinem von uns schaden. Ein weiterer Grund für das gutmütige Verhalten von Rallyefahrern im öffentlichen Verkehr ist, daß es für sie nicht von Notwendigkeit ist, sich im Verkehr auszutoben. Sie sind, was sicher begreiflich ist, froh, wenn Sie zwischen den Wettbewerben nicht schnell fahren müssen. Wir sind jedoch ein bißchen vom eigentlichen Thema ›Rallyesport‹ abgekommen, doch, so glaube ich wenigstens, dieser kleine Ausritt war notwendig.

Der Rallyesport ist ein ausgesprochener Teamsport, auch wenn nach den großen Erfolgen die Fahrer immer im Vordergrund stehen. Das Team, bestehend aus Fahrer, Beifahrer, Organisatoren und Mechanikern, ist wie eine Maschine, die nur dann richtig läuft, wenn jedes einzelne Zahnrad hundertprozentig funktioniert. Hinzu kommt, daß dieser Sport mit einem Gerät, sprich einem Fahrzeug, betrieben wird und somit auch von der Technik abhängig ist. Gehen wir einmal davon aus, daß Spitzenfahrer ihr Fahrzeug optimal beherrschen, daß ihr Fahrzeug in einem wettbewerbsfähigen Zustand ist und das Team die optimale Leistung bringt.

Was kommt auf die Fahrer und Beifahrer zu? Sie müssen über mehrere Tage hinweg Höchstleistungen bringen, die, was fälschlicherweise von vielen angenommen wird, nicht nur darin bestehen, ein Fahrzeug in Höchstgeschwindigkeit über die Strecke zu fahren. Rallyefahrer üben ihren Sport unter allen nur denkbaren Verhältnissen aus. Sie fahren bei Tag, bei Nacht, bei Sonnenschein, bei Regen, bei Nebel, auf Asphalt, auf Schotter, auf Eis und Schnee, ohne Leitplanken, ständig mit dem Bewußtsein, daß sie bei einem Fehler Lichtjahre abstürzen können. Das Ganze im Winter bei Temperaturen, die nicht selten bei minus 40 Grad liegen, aber auch bei Temperaturen von 60 bis 70 Plusgraden im Cockpit im Sommer. Nicht selten müssen sie bis zu 45 Stunden ununterbrochen bei voller Konzentration, was natürlich Kraft und Ausdauer voraussetzt, im Cockpit sitzen. Der Rallyesport ist ein Hochleistungssport, der all das von den Fahrern, Beifahrern und der Begleitmannschaft verlangt, was andere Sportarten auch fordern. Hinzu kommt, daß die Profis inklusive An- und Abreise, Training und Wettbewerb, Testfahrten und verschiedener anderer Aufgaben in einer Saison oft bis zu 300 Tage rund um den Globus unterwegs sind.

Eine Rangliste über die Besten in dieser Sportart, so wie beispielsweise im Tennis, kann man hier nicht aufstellen. Exakte Vergleiche können im Rallyesport

Reizen mich besonders: Bergprüfungen

zwischen den einzelnen Fahrern nur dann durchgeführt werden, wenn sie bei ein und derselben Veranstaltung auf gleichen, identischen Fahrzeugen sitzen. Dennoch, anhand der Titel, der gewonnenen Weltmeisterschaftsläufe, der verschiedenen Veranstaltungen kristallisierte sich im Verlauf der letzten zehn Jahre ein gutes Dutzend von Fahrern heraus, die man ohne Reihenfolge zu den besten Piloten der Welt rechnen kann.
Der Rallyesport hat auch in unserer modernen Zeit seine Daseinsberechtigung. Er wird selbst in unserem dicht-

Wechselnde Verhältnisse: Schotter und Asphalt in Portugal

besiedelten Land so gut organisiert, daß er abseits vom Verkehr und dennoch in der freien Natur stattfinden kann. Auch wenn dies, ausgenommen sind Länder wie zum Beispiel Italien, Frankreich, Griechenland, Portugal oder Afrika, um nur einige zu nennen, von Jahr zu Jahr schwerer wird.
Der Profit aus den Erkenntnissen, die man aus dem Rallyesport gewinnt, kommt letztendlich irgendwann jedem Autofahrer wieder zugute.

Das Rallyefahrzeug

Fahrzeuge, die im Rallyesport verwendet werden, sind unterschiedlicher Art. Nach den Bestimmungen des Sportgesetzes sind Rallyeautos in verschiedene Gruppen eingeteilt. Diese Einteilung bestimmt genau, in welchem Umfang von einem Serienfahrzeug abgewichen werden darf, um noch den Regeln der Motorsportbehörde zu entsprechen. Generell muß gesagt werden, daß Rallyefahrzeuge in jedem Fall für den öffentlichen Straßenverkehr zugelassen sein müssen und somit in Deutschland dem TÜV und der Straßenverkehrsordnung unterliegen, in allen anderen Ländern den dort jeweils zuständigen Behörden.

Die Gruppe B

Die sogenannte ›Gruppe B‹ umfaßt fast alle Fahrzeuge, die von den großen Automobilherstellern heute für den Wettbewerb aufgebaut werden. Unter diese Kategorie fallen, um einige aus der reichhaltigen Palette aufzuführen, folgende Fahrzeuge: Audi quattro, Lancia Rally, Nissan 240 RS, Opel Manta 400, Peugeot 205 T, Toyota Celica T, Renault 5 T. Voraussetzung für die Sportzulassung in der Gruppe B ist, daß der Automobilhersteller 200 Serienfahrzeuge eines bestimmten, nicht vorgeschriebenen Modells baut und dann zusätzlich 20 sogenannte Evolutionsfahrzeuge für den Sport ableitet, die dem Reglement der Gruppe B zu entsprechen haben. Neben dieser Gruppe B gibt es selbstverständlich noch Fahrzeuge mit anderen Gruppeneinteilungen: Das fängt an beim Serienfahrzeug, geht über das seriennahe Wettbewerbsfahrzeug und führt hin zur genannten Gruppe B, die am meisten Veränderungen erlaubt.
Zugegeben, durch die Schaffung der Gruppe B ist im Rallyesport eine PS-

und Kosteneskalation entstanden, die man vielleicht vor sechs Jahren noch nicht für möglich gehalten hätte. Während damals die Werkswagen allesamt mit einer Motorleistung zwischen 200 und 260 PS gegeneinander antraten, sind es heute bereits zwischen 300 und 420 PS. Hierbei ist zu sagen, im Rallyesport werden die Pisten nicht den Fahrzeugen angepaßt, sondern es wird immer auf den gleichen Strecken gefahren, die weder Leitplanken noch Sicherheitszonen oder Auslaufzonen aufweisen. Für die Fahrer und Beifahrer wird deshalb die Ausübung dieses Sports auch immer schwieriger, und die Anzahl der Weltklassefahrer wird nicht höher. Dennoch, die Techniker der Automobilhersteller tun ihre Pflicht und reizen – was schließlich ihre Aufgabe ist – das Reglement voll aus. Die guten Piloten haben nichts dagegen, denn Kraft und Motorleistung unter der Voraussetzung, daß die Sicherheit nicht darunter leidet, bedeutet ihnen fast alles.

Die Entstehung eines Rallyefahrzeugs

Der Aufbau eines Rallyefahrzeugs – am Beispiel eines Werkswagens – geschieht in mühsamer Klein- und Handarbeit. Dies sieht so aus: Eine Rohkarosserie, meinetwegen vom Typ Audi quattro, wird erst einmal an den wichtigsten Punkten durch Schweißen verstärkt. Es ist ein Unterschied, ob eine Safari-Rallye über 5000 km Steppenpisten gefahren wird, oder ob sich ein Fahrzeug überwiegend auf der Autobahn bewegt. Danach wird die gesamte Karosserie mit einem Aluminium-Rohrrahmen ausgestattet, der nahtlos durch das ganze Fahrzeug, angefangen vom Motorraum über das Cockpit, nach hinten geht. Dieser sogenannte Käfig dient einerseits dem Schutz der im Motorraum, Kofferraum und anderswo befindlichen Aggregate sowie der Stabilität und andererseits der Sicherheit für die Fahrer. Frontalcrashs und Abstürze passieren auch den besten Rallyefahrern von Zeit zu Zeit, aber sie hinterlassen meistens nur Spuren am Fahrzeug. Die Piloten gehen Gott sei Dank fast immer unverletzt aus derartigen Situationen hervor.

Die bereits lackierte, derart aufbereitete Rohkarosserie wird dann von den Mechanikern und Elektrikern, wobei meistens vier Leute an einem Fahrzeug arbeiten, in Beschlag genommen. Jedes einzelne, von der technischen Entwicklung oder der Produktion angelieferte Aggregat, Kabel usw. wird in Handarbeit systematisch eingebaut. Verwendet wird nur Material, das den letzten Stand der Technik aufweist. Es ist bereits für eine spätere Verwendung im Serienbau vorgesehen und soll deshalb unter härtesten Wettbewerbsbedingungen getestet werden. Die Karosserie besteht zum Großteil aus leichtem, hochwertigem Kunststoff, der in erster Linie dafür verantwortlich ist, daß das erlaubte Mindestgewicht – 960 kg in der Gruppe B – möglichst nicht überschritten wird, und der auch immer häufiger schon beim Bau von Serienfahrzeugen verwendet wird. Viele Teile wie Schrauben, Gelenke und Leitungen wurden aus dem Flugzeugbau übernommen, was wiederum heißt, daß diese Teile leicht sind und von der Qualität und Haltbarkeit trotzdem alles andere übertreffen, von der Sicherheit ganz zu schweigen. Sie sehen also, daß der Rallyesport auf höchster Ebene neben dem Wettbewerb und der PR-Wirksamkeit in erster Linie ein ständiger, optimaler Wegbereiter für den Bau von leistungsfähigen Serienfahrzeugen ist. Der Aufbau eines Rallyefahrzeugs in der beschriebenen Form dauert im Regelfall ungefähr zwei Wochen. Bis ein Fahrzeug zum Einsatz kommt, sind noch viele andere Arbeiten, die auf die bevorstehende Rallye-Veranstaltung ausgelegt sind, zu verrichten.

Blick auf das ›Kraftwerk‹ unter der Haube: ein Turbolader mit fünf Zylindern und 420 PS – »Paßt!«

Rallyeautos werden mit sehr viel Schweißarbeiten auf einer Rohkarosserie aufgebaut

Die Ausstattung

Je nachdem, ob es sich um eine Schotter- oder Asphalt-Rallye handelt, um schlechte oder gute Pisten, werden anschließend die Motor-, Getriebe-, Fahrwerk- oder Reifenabstimmungen und Testfahrten vorgenommen, bevor das Fahrzeug zum Einsatz kommt. Sitze und Pedale werden nach den Maßen von Fahrer und Beifahrer gefertigt, die Armaturen werden zweckmäßig und übersichtlich angeordnet. Sicherungen und elektronische Computer usw. werden in doppelter Ausführung eingebaut, um eventuellen Problemen aus dem Weg zu gehen. Warnlampen deuten sofort auf einen bestimmten Defekt hin und verhindern oft Folgen, die einen Ausfall herbeiführen könnten. Der Innenraum ist trotz allem spartanisch, auf jeden Luxus wird verzichtet. Dies führt dazu, daß Rallyepiloten oft bei Temperaturen von 60 bis 70 Grad im Cockpit ihre Arbeit verrichten müssen, da Klimaanlagen usw. nur unnötig Leistung, die für den Wettbewerb gebraucht wird, wegnehmen würden. Die Beifahrer haben für ihre Arbeit die modernsten Computer zur Verfügung, um Durchschnittsgeschwindigkeiten, Wegstrekken, Zwischenzeiten usw. zu errechnen, während sie früher mit einem einfachen Wegstreckenzähler – Tripmaster – auskommen mußten. Ihre Arbeit, die aus so vielen verschiedenen Dingen besteht, ist so umfangreich geworden, daß ihnen solche Aggregate ihre Arbeit zwar nicht abnehmen, aber erheblich erleichtern.

Noch Serienwagen

Im Bau, ja bereits in der Entwicklung von Rallyefahrzeugen gibt es unterschiedliche Philosophien der einzelnen Automobilhersteller, die zwar alle legal sind, sich aber stark voneinander unterscheiden können. Dafür drei verschiedene Beispiele:
Audi setzte neue technische Maßstäbe mit dem allradangetriebenen Audi quattro. Das Basismodell Audi quattro, welches es heute bereits als Serienfahrzeug in allen Modellen und Preisklassen gibt, hat den permanenten Allradantrieb. Die Rallyeversion wurde vom Serienfahrzeug abgeleitet, was nichts anderes heißt, als daß auch diese Version über einen permanenten Allradantrieb verfügt. Eine solche Lösung ist technisch natürlich schwieriger, als ein spezielles Rallyeauto zu entwerfen. Hinzu kommt, daß, was ebenfalls keine Vereinfachung bedeutet, in diesem Fall ein Fahrzeug aufgrund seiner komplizierten Technik von vornherein so stabil und wettbewerbsfähig aufgebaut werden muß, daß es mit einem Getriebe, mit den gleichen Antriebsaggregaten usw. über die gesamte Distanz kommt. Getriebe-, Hinterachs- und Antriebswellenwechsel kosten wesentlich mehr Zeit als bei Fabrikaten, die von vornherein für den Rallyebetrieb gebaut wurden.
Nehmen wir hier den Lancia Rally. Die Italiener, was, um es noch einmal zu sagen, völlig in Ordnung und legal ist, bauten 200 Lancia Rally und dachten dabei nie an ein zweckmäßiges Serienfahrzeug. Das Basismodell wurde bereits kompromißlos für den Wettbewerb konzipiert. Alles wurde so angeordnet, daß im Wettbewerbsfahrzeug jedes Aggregat sehr gut zugänglich ist, so daß Aggregatwechsel innerhalb kürzester Zeit durchgeführt werden können. Dies passiert nicht nur, wenn ein Getriebe oder eine Hinterachse defekt ist, sondern auch an Punkten, wo es die Zeit erlaubt, solche Wechsel ganz einfach aus Sicherheitsgründen vorzunehmen. Die Sportinteressen von Lancia gehen eben in eine ganz andere Richtung als beispielsweise die von Audi.
Daß am Allradantrieb in Zukunft kein Weg mehr vorbeigehen wird, hat, was Sie sicherlich alle inzwischen mitbekommen haben, die französische Firma

Peugeot erkannt. Dennoch, auch deren Philosophie geht in eine andere Richtung. Peugeot hat mit dem Peugeot 205 T 16 ein sehr gutes Rallyeauto gebaut, das bereits bei einigen WM-Veranstaltungen siegreich war. Die Version für den Wettbewerb basiert auf dem neuen Serienmodell Peugeot 205, einem Fahrzeug mit Frontantrieb, obwohl auch hier eine 200-Stück-Version mit Allradantrieb gebaut und verkauft wurde. Die Version für den Wettbewerb besitzt ebenfalls einen permanenten Allradantrieb.

Ausgereift

Abschließend muß noch gesagt werden, daß die Entscheidungen in den großen Wettbewerben immer mehr von den Piloten getroffen werden müssen. Der Grund: Rallyefahrzeuge der heutigen Zeit sind so stabil, daß – was für begeisterte Rallyefans noch schön war und ein zusätzlicher Spannungseffekt – sie ganz einfach nicht mehr auseinanderbrechen. Früher wußte man, daß eine Safari-Rallye oder eine Akropolis-Rallye erst im Ziel entschieden war, denn die Brutalität der Strecke hat die Fahrzeuge unaufhaltsam wie die Pest zerfressen, hat an ihnen genagt und Spuren, unsichtbare Spuren, hinterlassen, die dann irgendwann, oft nur wenige Kilometer vor dem Ziel, zum Zerfall geführt haben. Heute sind die Fahrzeuge sowohl in der Serie als auch im Wettbewerb standfester. Ausfälle kurz vor dem Ziel sind zwar seltener geworden, aber es gibt sie Gott sei Dank noch. Das ist gut so, denn dadurch können auch mit den besten Wettbewerbsfahrzeugen und den besten Piloten die Siege nicht erkauft werden.

Kleine Dinge mit großer Wirkung bleiben nicht aus. Ein Verteilerfinger für fünf Mark geht halt manchmal kaputt. Der Ärger darüber ist bei einem Weltklassepiloten nicht geringer als bei Ihnen, wenn es auf der Landstraße passiert. Wenn er im Wettbewerb bricht, wird ein neuer und besserer produziert, der dann auch in Ihrem Serienauto eines Tages Verwendung findet und hundertprozentig hält.

Der Beifahrer

Der Copilot tritt im Rallyesport immer etwas in den Hintergrund. Zu Unrecht. Nur Insider scheinen über die vielfältigen Aufgaben eines Rallyebeifahrers Bescheid zu wissen. Bei den übrigen Interessierten kursiert irrtümlicherweise das Gerücht, der Beifahrer sei lediglich dazu da, dem Fahrer die Wegstrekke, die sogenannten Noten, vorzulesen. Seine Aufgaben sind jedoch viel umfangreicher, als man sich das vorzustellen vermag.

Unter den Beifahrern gibt es einen Mann, der im Rallyesport Legende ist: den Schweden Gunnar Palm. Leute wie Christian Geistdörfer, Ilkka Kivimäki, Arne Hertz, Fabrizia Pons, Björn Cederberg oder Seppo Harjanne sind heute sicherlich ebenso qualifizierte Copiloten, aber an der Geschichte von Gunnar Palm läßt sich die Aufgabe des Beifahrers, ohne daß man groß ins Detail gehen müßte, am besten beschreiben. Gunnar ist heute Presse- und PR-Chef bei Ford. Dies zeigt, wie auch das Beispiel des Opel-Teamchefs Jochen Berger, der jahrelang mein Beifahrer war, daß Copiloten nach ihrer aktiven Laufbahn vielseitig verwendbar sind.

Gunnar Palm, der, was für einen Copiloten von größter Wichtigkeit ist, ein gründlicher Vorbereiter und Organisator war, hatte gegenüber allen Beifahrern einen großen Vorteil, den heute von den 20 Beifahrern, die zu den besten der Welt gehören, keiner vorzuweisen hat.

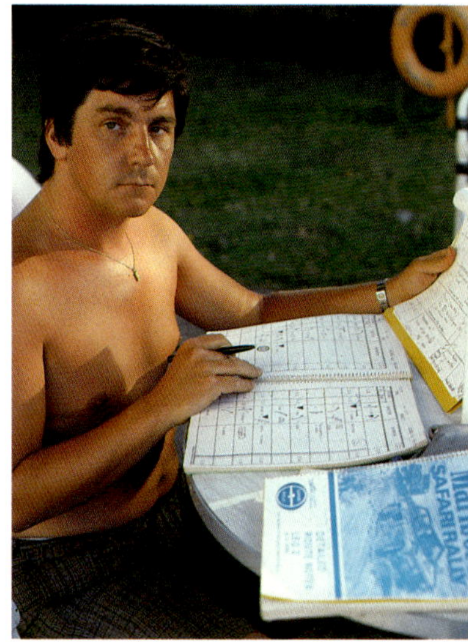

Mein ständiger Beifahrer Christian Geistdörfer beim Studium des ›Road-Books‹ vor der Rallye

Er war gleichzeitig ein sehr guter Fahrer, der allerdings rechtzeitig erkannte, daß sein Job an der Seite des Fahrers ist. So nahm er zum Beispiel in der Zeit, als er mit Bengt Söderström fuhr, diesem einen Großteil seiner Fahrerei ab. Der wiederum war über die Ruhepausen sehr froh, und beide zusammen waren unglaublich schnell. Eine Konstellation, die ein heutiger Spitzenpilot gar nicht zulassen würde, da er nur in ganz seltenen Ausnahmen – Anfahrt Rallye Monte Carlo oder lange Autobahnverbindungsetappen wie etwa in San Remo – auf dem ›heißen Sitz‹ Platz nimmt.

Dieser Gunnar Palm fuhr zu seiner Zeit mit zehn Weltstars. Angefangen von Tom Trana über C. M. Skogh, Rauno Aaltonen, Erik Carlsson, Simo Lampinen, Aake Andersson, Bengt Söderström, Ove Andersson, Tony Fall bis zu Hannu Mikkola fuhr er mit all diesen Piloten zu großen Erfolgen. So wie auch Christian Geistdörfer, der sich über nur

Mit Teamchef und Beifahrer bei einer wichtigen Besprechung

drei Fahrer – Sepp Tröndle, Walter Smolej und Achim Warmbold – an meine Seite geboxt hat, besitzt auch Gunnar Palm noch heute Gebetbücher von allen Rallyes dieser Welt. Nie würde ein Copilot seine Gebetbücher, über die ich separat etwas schreiben möchte, wegwerfen, verkaufen oder gar verschenken.

Herbert Völker aus Wien, der wahrscheinlich beliebteste und beste Rallye-Autor, schrieb vor 15 Jahren in einem Buch folgende Sätze über Gunnar Palm, die klar und deutlich das wiedergeben, was man wissen muß, um sich ein Bild über einen Beifahrer zu machen: »Doch selbst Gundula, Gunnars unbestrittene Nummer 1, ist chancenlos, wenn Gunnar den ernsten Blick kriegt, wenn der Start bevorsteht. Die Gründlichkeit seiner Vorbereitungen ist legendär, egal ob es die Checkliste für die Mechaniker, die Anfertigung von Gebetbüchern oder die Auskundschaftung lokaler Sonderheiten betrifft. Von jedem Land, das er im Laufe einer Rallye passiert, beherrscht er die notwendigen Worte in der Landessprache, er kennt die Tricks, wie man aus grimmigen Negern freundliche Neger, wie man aus teilnahmslosen Indios hilfsbereite Indios macht. Gunnar hat immer die richtige Nahrung mit den richtigen Behältern und immer das richtige Kleingeld im Auto. Bei Verhandlungen in den exotischen Ländern setzt er sich durch, und noch im verdammt letzten Winkel der Welt macht er auf liebenswerte Art Public Relations für Ford – auf seiner Visitenkarte steht ja auch, daß er Public-Relations-Man für Ford of Britain sei – nur machte er diese Arbeit höchst selten, und damals von seinem Stockholmer Büro aus.« Ich glaube, verständlicher kann man die Tugenden eines Beifahrers nicht beschreiben.

Sicher, das Vorlesen des Gebetbuches ist die Hauptaufgabe des Beifahrers, da sich die Fahrer, auch wenn sie sich während des Trainings viele Strecken in ihrem geschulten Gedächtnis speichern, voll auf die Ansagen ihres Beifahrers verlassen. Zwischen den Wertungsprüfungen leistet ein Beifahrer Navigationsarbeit und bringt seinen Piloten von Punkt A zu Punkt B. Er errechnet die zur Verfügung stehende Zeit, sagt, ob das Tempo ausreichend ist, stempelt an den Zeitkontrollen, doch die Zeit mit dem Kompaß ist vorbei. Es wird auch nur noch zur Sicherheit nach der Karte gefahren – sie ist eine zusätzliche Ergänzung für das Road-Book des Veranstalters, aus dem der Copilot jeden Abzweig kilometriert und mit Symbolen versehen vorfindet.

Ich konzentriere mich auf die Fahrerei, den Rest hat der Beifahrer zu tun. Der Rest fängt an bei der Planung des Trainings, dem Besorgen der Flugtickets, der Buchung der Hotelzimmer, bei der Mitarbeit an den Serviceplänen, Serviceplätzen und Servicezeiten, der Papier- und technischen Abnahme vor der Rallye, der technischen Schlußabnahme nach der Rallye und endet bei der Teilnahme an der Siegerehrung, wenn den Piloten das Heimweh plagt. Außerdem, und in fast allen Fällen ist das auch so, ist der Beifahrer auch so eine Art Seelendoktor seines Fahrers, der diesen sogar noch weckt vor dem Start, der alles von ihm abhält, was seine Konzentration stören könnte. Auf einen Nenner gebracht: Beifahrer sind gute Organisatoren, Navigatoren, verfügen über gute Nerven und vertrauen sich ihren Fahrern hundertprozentig an. Es ist nicht jedermanns Sache, in einem Auto zu sitzen, auf der rechten Seite, ohne in das Geschehen eingreifen zu können. Man braucht schon auch einen guten Magen.

In der Öffentlichkeit werden die Beifahrer immer unterbewertet. Ihnen stehen aber mindestens 40 Prozent vom Erfolg zu, wenn man den Erfolg einmal nur unter Fahrer und Beifahrer aufteilt und nicht, wie es natürlich richtiger ist, zwischen Fahrer, Beifahrer, Fahrzeug und Team.

Das Gebetbuch

Das Gebetbuch ist für den Beifahrer und seine Tätigkeit das ›A und O‹, aber für den Fahrer nicht weniger wichtig. Gebetbuch nennt man die Aufzeichnungen, die sich ein Team während des Trainings über die Wertungsprüfungen erstellt. Diese genauen Streckenbeschreibungen werden während der Prüfungen vom Beifahrer über die im Sturzhelm integrierte Gegensprechanlage an den Fahrer weitergegeben. Der Fahrer fährt voll nach den Ansagen seines Copiloten, und ein einziger Fehler könnte schlimmste Folgen für das Team haben.
Christian und ich trainieren unsere Wertungsprüfungen für einen bevorstehenden WM-Lauf. Dies heißt nicht, daß wir im Wettbewerbstempo über die Strekken rasen, da diese, im Gegensatz zum Wettbewerb, in der Trainingszeit nicht abgesperrt sind und wir somit ständig mit Gegenverkehr rechnen müssen. Da sich viele WM-Läufe mit ihren Wertungsprüfungen wiederholen und nur jedes Jahr ein Teil der Strecke neu ist, geschieht das Anfertigen oder aber das Überprüfen eines Gebetbuches immer auf die gleiche Art und Weise, egal ob die sogenannten Noten schon vorhanden sind oder neu angelegt werden müssen.
Wir fahren eine Strecke ab, von der wir vom Veranstalter bereits wissen, wo exakt sich Start und Ziel befinden.
Mein System – jeder Fahrer arbeitet nach seiner eigenen Methode, deswegen gibt es kein einheitliches Gebetbuch, auch wenn der Zweck immer der gleiche ist – sieht wie nachstehend beschrieben aus: Lv = Links voll, L = Links, !L– = Achtung Links minus, !!L– = Achtung, Achtung Links minus, ML++ = Mittel Links plus, plus, ML+ = Mittel Links plus (3. Gang), ML = Mittel Links, ML– = Mittel Links minus (2. Gang), KL = Kehre Links (1. Gang), SL+ = Scharf Links plus (1. Gang, eng). Christian bekommt, während wir die Strecke abfahren, diese Informationen von mir diktiert, kurz und präzise, da die Kurvenfolgen während der Rallyewertungsprüfungen oft kurz hintereinander kommen, und schreibt diese dann mit.
Ich weiß anhand dieser Aufzeichnungen, die er mir, wenn ich anschließend im Wettbewerb auf Bestzeit fahre, vorliest, exakt den Kurvenverlauf, welchen Gang ich zu benutzen habe, wann ich bremsen muß, wann ich wieder und wie lange voll beschleunigen kann. Für eine einzige Rallye notiert er Hunderte von Seiten, die im Regelfall von uns nach dem fertigen Aufschrieb noch ein- oder zweimal kontrolliert werden. Es darf kein Fehler unterlaufen. Aber ich weiß, daß ich mich auf Christian hundertprozentig verlassen kann.
Im Laufe der Jahre habe ich gelernt, mir lange Streckenteile so einzuprägen, daß ich jeden Strauch, jedes Haus, jeden Laternenpfahl und jedes Eck auswendig weiß, ob bei Tag oder Nacht. Die von uns erstellten Noten sind in diesen Fällen dann immer noch ein unerläßlicher, zusätzlicher Beweis, der bestätigt, daß ich recht habe. Im Regelfall fahre ich aber voll nach den Anweisungen von Christian. Zu diesen Noten, aus denen am Ende das komplette Gebetbuch besteht, gibt es dann noch Zusätze, die wir allerdings so gering wie nur möglich halten. Je mehr gelesen werden muß, um so schwieriger wird es natürlich für den Beifahrer und für den Fahrer, der alle an ihn weitergegebenen Informationen sofort umsetzen muß. Dennoch sind Informationen wie »Innen«, das heißt, daß ich eine Kurve innen fahren muß, weil außen vielleicht Steine sind oder der Kurvenverlauf es so am schnellsten und sichersten zuläßt, oder ›über Kuppe‹ unerläßlich.
Generell wird nach unserem Schema aufgeschrieben und jede Kurve dementsprechend bezeichnet, daneben dann noch jede Gerade in geschätzten Entfernungen, jedes Loch und jede Welle sowie jede Kuppe festgehalten. Das ist im großen und ganzen das Geheimnis eines Beifahrers und seines Gebetbuchs.
Ich mache nach einem Trainingstag oft die Augen zu und ›fahre‹ in Gedanken eine Strecke, die wir vorher trainiert haben, auf Zeit nach, indem ich versuche, den Streckenverlauf vom Start bis zum Ziel abzuspulen. Oft gelingt es mir, und die Zeiten differieren dann nur gering mit den Trainings- oder Wettbewerbszeiten.
Was jetzt kommt, hat zwar nicht mehr viel mit dem Gebetbuch zu tun, es ist vielleicht dennoch recht interessant für Sie als Autofahrer. Sie fahren mit Ihrem Fahrzeug jahrelang den gleichen Weg von ihrer Wohnung zu Ihrer Arbeitsstätte. Schließen Sie, nachdem Sie diese zwei Sätze gelesen haben, die Augen, und fahren Sie diesen Weg einmal in Gedanken ab. Jede Kurve und Gerade so schnell, wie Sie glauben, daß es richtig ist, und in der Ortschaft natürlich nur mit Tempo 50. Schauen Sie anschließend auf die Uhr. Sie werden merken, daß Sie plötzlich statt in 15 Minuten in fünf Minuten im Geschäft sind. Das liegt ganz einfach daran, daß dieser Weg für Sie schon längst zur Routine geworden ist und deshalb von Ihrem Gedächtnis längst nicht mehr registriert wird.
Legen Sie sich jetzt aber um Gottes willen keinen Beifahrer zu, mit dem Sie sich für den Weg zur Arbeit ein Gebetbuch anfertigen, damit Sie morgens fünf Minuten länger schlafen können. Ein Gebetbuch benutzen wir nur auf abgesperrten Strecken. Die Verbindungsetappen fahren wir so wie Sie auch – nicht schneller und nicht langsamer.

So schnell ist eine Rallye zu Ende

Für einen Sportler gibt es nichts Schlimmeres, als sich kurz vor einem Wettkampf zu verletzen. Wie oft ist es schon vorgekommen, daß sich ein Zehnkämpfer, der sich das ganze Jahr über geschunden hat wie ein Tier, gleich beim 100-m-Lauf, der ersten Disziplin, eine Zerrung holt und nicht mehr weitermachen kann.

In unserem Sport ist es ähnlich. Auch wir trainieren für eine Rallye, fahren die Sonderprüfungen rauf und runter, probieren immer wieder neue Dinge aus, und dann kann es sein, daß uns schon kurz nach dem Start die Technik einen Strich durch die Rechnung macht. Das ist zwar nicht so schlimm wie eine Verletzung, aber auch für uns war dann alles umsonst.

Meine bislang kürzeste Rallye war die Portugal-Rallye 1976. Ich bin damals für Opel gefahren, auf einem Kadett, und irgendwie fühlte ich mich zu der Zeit überhaupt nicht wohl in meiner Haut. Da kursierte dauernd das Gerücht, das mein Teamkollege Anders Kulläng in die Welt gesetzt hatte, ich würde bei der Wahl der Autos bevorzugt. Das ging mir gehörig auf die Nerven, und vor der Portugal-Rallye habe ich gesagt, er soll sich das Auto raussuchen, das er will.

Das war die Zeit, als sie in den Kadett den Vierventilmotor einbauten, und wir hatten laufend Probleme mit dem Kardanmittellager. Das war eine richtige Krankheit. Ich war vorher schon ein paarmal wegen dieses Problems ausgefallen. Wir haben immer was Neues probiert. Ich habe immer gedrängt, die sollen mir ein Auto heimgeben nach Regensburg, ich fahre da durch die Gegend und probiere, ob das verstärkte Mittellager hält. Aber die Herren wollten wieder mal alles besser wissen. Sie stellten sich stur, sagten nur, das sei alles berechnet worden von Ingenieuren, das seien schließlich keine Trottel, und Probleme werde es von jetzt an nicht mehr geben.

Da hatten sich die Herren Ingenieure aber ganz gewaltig getäuscht. Bei der Rallye kamen wir genau 600 Meter weit. Dann war Endstation.

Gestartet wurde damals im Motodrom von Estoril, von dort ging es zwei Kilometer bis zum Start der ersten Sonderprüfung. Die haben wir leider nie gesehen. Ich bin losgefahren, habe beschleunigt, erster, zweiter, dritter, vierter, fünfter Gang, dann hats bumm gemacht, das Kardanmittellager war ausgerissen, und wir sind gestanden. Die Ingenieure haben zwar dumm geschaut, aber uns, die wir zwei Wochen umsonst trainiert hatten, hat das wenig genutzt.

Auch bei der Korsika-Rallye 1984 kam ich nicht weit. Ich bin da zum erstenmal auf dem neuen Audi Sport quattro gefahren, der in Korsika seine WM-Premiere erlebte. Vorher haben wir ausgiebig getestet. Die Arbeit mit dem neuen Auto machte mir unheimlich Spaß. Der quattro hatte eine Kraft, die man sich gar nicht vorstellen konnte: 420 PS – und das war erst der Anfang. Während der fünf Wochen, die wir auf der Heimatinsel Napoleons testeten, traten eigentlich keinerlei Probleme auf. Der neue Vierventilmotor, der praktisch zum erstenmal zusammengebaut worden war, hat ganz toll gehalten. Er drehte wunderbar bis 8500 Umdrehungen, man spürte richtig, daß er sich wohlfühlt. Beim alten quattro mußte man bei dieser Drehzahl schon Angst haben, daß es den Motor zerreißt.

Natürlich gab es Diskussionen, ob man das neue Auto überhaupt schon bei einem WM-Lauf einsetzen und nicht lieber erst noch weiter testen sollte. Auch ich war dafür, es einzusetzen, weil nur der Wettbewerb die Entwicklungszeit verkürzt. Eine Rallye kann kein Test ersetzen.

Leider hat diese WM-Premiere unseres neuen Autos nicht lange gedauert. Wegen eines defekten Thermostats, der auch im alten quattro schon seit einer Ewigkeit verwendet wird, überhitzte schon bald der Motor. Da war nichts mehr zu machen. Nach acht Sonderprüfungen war für uns die Rallye zu Ende...

BOSCH
BOSCH
BOSCH
BOSCH
BOSCH

Kein Sieg ohne die Mechaniker

Es war stockfinstere Nacht. Mitten im Busch stand ein Servicefahrzeug, und die beiden Mechaniker nutzten die noch vorhandene Stunde für einen kurzen Schlaf. Ihr Funkgerät hatten sie vorsorglich auf die höchste Lautstärke gestellt, damit ja nichts schiefgehen konnte. In einer Stunde, ungefähr natürlich, wurde der erste Werkswagen erwartet. Für den Routine-Check, der an diesem Punkt, mitten in Afrika, an irgendeinem Osterfeiertag während der Safari-Rallye vorgesehen war, hatten sie längst alles vorbereitet. Plötzlich kam über die Flugzeug-Relais-Station per Funk ein hektischer Schrei, der sofort vermuten ließ, daß irgendwo irgendwie etwas passiert sein mußte. »Igel 2 (so war die Bezeichnung dieses Service-Teams) bitte an Flugzeug«, tönte es aus dem Lautsprecher. Hans war sofort hellwach, weckte Peter mit einem Fußtritt und nahm das Mikrophon ab: »Igel 2 für Flugzeug, was ist los?« – »Richtet sofort alles für einen Getriebewechsel her. Startnummer 1 fährt nur noch mit dem vierten Gang. Igel 2 und Hase 4 sind bereits auf dem Weg zu euch.« – »Wir haben verstanden. Bitten um Mitteilung einer genauen Ankunftszeit unseres Fahrzeugs. Ende.« In die schlafende Wildnis kam Leben. Scheinwerfer leuchteten auf, Werkzeug wurde scheppernd an den vorbereiteten Platz getragen, eine Schlange machte sich, in ihrer Nachtruhe gestört, aus dem Staub, und Hans schrie: »Hau ab, du Mistvieh.« Nach knapp fünf Minuten war der erste Spuk vorbei. Alles war für einen Getriebewechsel im Busch vorbereitet. Nun begann das Warten. Otto, Helmut, Franz, Udo sowie der Teamchef, der sich zufällig gerade in der Nähe befand, waren bereits eingetroffen. Über Funk wurde der Kontakt zum Rallyefahrzeug hergestellt. »Ist außer dem Getriebe sonst noch etwas zu reparieren?« fragte der Chef. »Nein, aber wir haben höchstens 20 Minuten Zeit, um die Etappe ohne Strafminuten zu schaffen«, antwortete der Beifahrer. Gott sei Dank war es eine lange Etappe mit sehr hohen Geschwindigkeiten, die es ermöglichte, aufgrund der bereits hereingefahrenen Zeit einen längeren Stop zu verkraften. »Wir sind in fünf Minuten da«, kam erneut eine Meldung. »Okay, alles vorbereitet. Es kann losgehen«, antwortete einer der Mechaniker,

Im Reparaturcamp auf Korsika bei der Rallye 1984

der gerade auf den Funkverkehr aufpaßte. Das Rallyefahrzeug kam, Fahrer und Beifahrer informierten kurz ihren Teamchef, der erteilte dem Gruppenleiter der Mechaniker entsprechende Instruktionen. Jeder Handgriff, der von diesem, für Rallyes nicht ungewohnten Zeitpunkt ab getan wurde, paßte haargenau und war präzise. Keiner stand dem anderen im Weg, jeder wußte, was er zu tun hatte. Nach 18 Minuten war der ganze Spuk vorbei. Das Rallyefahrzeug konnte die Fahrt fortsetzen, die Mechaniker wischten sich Schweiß und Dreck von der Stirn. Um auf Nummer Sicher zu gehen, wurden gleichzeitig auch noch die Reifen gewechselt, das Benzin nachgefüllt, die Scheiben gereinigt und das Auto durchgecheckt. Am nächsten Tag saßen die Burschen, so wie es sich gehört, im Lacoste-Shirt an der Hotelbar und unterhielten sich. »Der Getriebewechsel ist gut verlaufen«, meinte einer. »Wir führen den Wettbewerb nach wie vor an, und ich war froh, beschäftigt zu sein. Auch wenn du dich für kurze Zeit hinlegen kannst, nachts im Busch ist das nicht unbedingt mein Fall.«

Abgehakt. Das Getriebe war kein Thema mehr.

Solche Storys sind heute im Rallyesport keine Seltenheit. Noch vor gut zehn Jahren betitelte man die Betreuer der Rallyefahrzeuge mit dem märchenhaften Begriff ›Heinzelmännchen am Wegesrand‹. Dieser Ausdruck ist, falls er überhaupt einmal Gültigkeit hatte, völlig überholt und veraltet. Die Superschrauber des Rallyegeschäfts machen zwar noch Ölgeschäfte wie jeder andere Mechaniker auch, aber sie tragen die Spuren ihres Jobs längst nicht mehr unter den Fingernägeln herum. Sie fliegen rund um den Globus, pro Jahr gut 100000 Kilometer, und etwa 250 von 365 Tagen verbringen sie in Monte Carlo, Schweden, Portugal, Kenia, Korsika,

Die Servicewagen sind komplett ausgestattet

Rallyes sind echte Härtetests. Nicht selten wird den Autos übel mitgespielt. Über Mangel an Arbeit kann man sich nicht beklagen

Griechenland, Neuseeland, Argentinien, Finnland, Italien, Westafrika und England. Sie erleben die Welt zwar im Zeitraffer und nicht etwa in der Zeitlupe wie ein Neckermann-Tourist, aber sie sehen sie. Die Burschen liegen in den internationalen Hotels zwar meist auf Doppelzimmern, aber nach einem sechzehnstündigen Arbeitstag lernen auch sie die Sitten und Gebräuche fremder Länder kennen.
Von ihren Kollegen am Fließband oder aus der Hinterhofwerkstatt werden sie beneidet. Zugegeben, ihr Job ist interessant und hört sich auch verlockend an. Hinzu kommt, daß sie nicht schlecht verdienen. Dennoch, wer ihnen einmal zwei Wochen im Einsatz auf die Finger schauen würde, müßte seine Meinung schnell ändern. Sie schrauben Tag und Nacht und dürfen nicht müde werden. Schrauben, schweißen, hämmern, bohren und wechseln ist ihr Job. Das Ganze unter den schlechtesten Bedingungen. Sie können sich ihren Arbeitsplatz während des Wettbewerbs nur bedingt aussuchen. Sie liegen im Schlamm ebenso wie im Schnee.
Eine gute Servicetruppe ist heute die Voraussetzung für den Sieg. Das Ganze fängt bereits in der Firma an, wenn in mühsamer Kleinarbeit die Wettbewerbsfahrzeuge aufgebaut werden. Meist arbeiten zwei Mechaniker an einem Fahrzeug, von der Rohkarosserie bis zum fertigen Rallyefahrzeug ungefähr zwei Wochen. Sie kennen jede Schraube, jeden Draht und jedes sonstige Teil. In den großen Automobilwerken ist es nicht einfach, einen Job in der Sportabteilung zu bekommen. Es ist genügend Auswahl da. Bis ein fester Stamm an guten Schraubern vorhanden ist, vergehen Jahre. Immer wieder, da dieser Job, ehe sie ihn kennen, viele reizt, bewerben sich neue Burschen, die dann nicht tauglich sind oder aber von selbst aufhören. Fast alle der Superschrauber kennen ihren Stellenwert, aber sie bilden sich nichts darauf ein. Sie arbeiten für ihr Fahrzeug, sie schuften für ihren Piloten, sie machen Überstunden für ihre Firma, sie legen sich in den Dreck, weil sie es sind, die gewinnen – auch wenn der Fahrer den Pokal hochhält und den Champagner verspritzt.
»Wir haben es geschafft« – volle Identifikation ist die Voraussetzung, um so einen Job bis zur totalen Erschöpfung auszuüben.

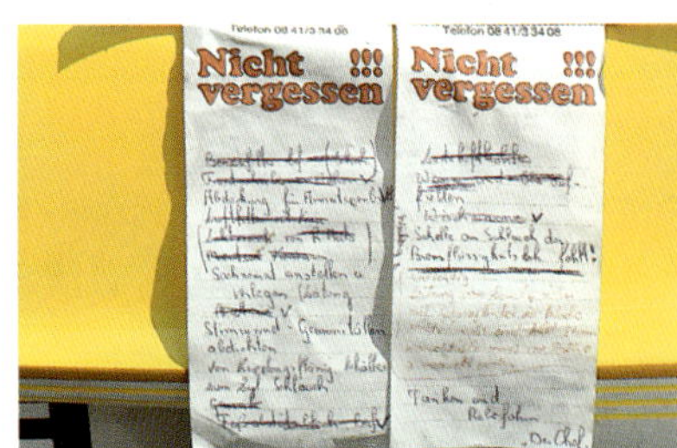

Wichtig!

Mit Michèle Mouton bei der Rallye Akropolis 1984

Rallyemechaniker unterscheiden sich generell nicht von allen anderen Automechanikern. Sie sind Mechaniker, Schlosser, Spengler oder Elektriker – so wie ihre Kollegen auch. Ihr Unterschied besteht lediglich darin, daß sie meist Allroundkönner sind, ein ausgeprägtes Improvisationstalent besitzen, auf Anhieb einen Fehler erkennen, unter extremsten Bedingungen schnell arbeiten können und mit einer Motivation, einem Idealismus am Werk sind, wie es sich für eine Mannschaft, die Sport betreibt, gehört.

Neben ihren erlernten Fähigkeiten müssen sie gute Autofahrer sein, ein Navigationstalent besitzen, das sie auch im afrikanischen Busch mit einer schlechten Karte und ohne große Hinweisschilder zurechtkommen läßt. Nach Möglichkeit sollten sie auch eine Fremdsprache beherrschen. Aber in einem internationalen Team kommen alle miteinander zurecht. Probleme gibt es höchstens, wenn sie merken: hier ist nichts mehr zu machen, wie man die Sache auch dreht und wendet. Dies verursacht ihnen Magenschmerzen. Ansonsten machen sie alles.

Sie wechseln Getriebe im Schlamm, sie machen aus einem halben Wrack – wenn ihrem Fahrer einmal frühzeitig die Straße ausgegangen ist und er deshalb von der Piste flog – wieder einen schnellen Rallyewagen. Sie tauschen Hinterachsen in Rekordzeit während der Nacht, sie reißen, auch wenn sie sich dabei die Finger verbrennen, einen defekten Auspuff unter ihrem Fahrzeug hervor, sie wechseln Reifen und füllen Benzin nach, so wie ein Beamter seinen Bleistift spitzt, nur etwas schneller, und ziehen nebenbei noch jede Schraube am Fahrzeug nach.

Siegerehrungen sind dann hinterher – wenn alles gut ging – das Schönste für sie. Dann trinken sie für alle Kollegen mit, die zu Hause in der Firma irgendeine andere Arbeit verrichten und sich aber trotzdem mit dem Sport identifizieren.

Meine abenteuerlichste Rallye

Wenn einer Rallye fährt, hat er sicherlich auch den Gedanken an Abenteuer im Hinterkopf. Ich bin da keine Ausnahme. Nur die Safari-Rallye in Kenia, das ist mir schon wieder zu viel Abenteuer. In meinen Augen ist das eine Rallye für Deppen, die mit Autofahren nichts zu tun hat. Auf einen Sieg bei dieser Rallye könnte ich mir nichts einbilden. Nur, daß ich langsam gefahren bin.

Die Safari 1979 war die abenteuerlichste Rallye meines Lebens. Das waren Ostern, die ich nie vergessen werde. Ich mußte in Kenia fahren, weil Fiat fuhr. Da half alles nichts. Schon am zweiten Tag des Trainings haben mir Ober in Kisumu während des Kaffees meine Tasche mit Paß, Geld, Ticket, Führerschein und Kreditkarte geklaut, was natürlich nicht gerade zur Verbesserung meiner Stimmung beitrug. Ich ließ die ganze Belegschaft antreten und den Manager verkünden, daß ich nur die persönlichen Sachen zurückhaben wollte, das Geld könne der Dieb behalten. Es hat nichts genutzt, die Sachen blieben verschwunden.

Bei dieser Rallye, das wußte ich schon damals, hat man nur dann eine Chance, wenn man ganz besonders lieb zu seinem Auto ist und nicht wie ein Wahnsinniger durch die Schlammlöcher rast. Ich ließ es also langsam angehen. Nach ein paar Stunden hatte ich meine Teamkollegen Sandro Munari und Markku Alen überholt, die losgefahren waren wie die Teufel und jetzt Probleme hatten. Danach war mir wieder etwas wohler. Bis sie mir an einem Servicepunkt zu wenig Benzin in den Tank füllten und ich mitten in der Wildnis stehenblieb. Ich muß ein Gesicht gemacht haben wie eine Giraffe, der sie die letzte Akazie vor der Nase leergefressen haben. Aber stellen Sie sich das mal vor: Da fuhr ich wie ein Weltmeister, kam mir ganz besonders schlau vor, und dann passierte so ein Mist.

Eine halbe Stunde bin ich gestanden, dann gings weiter ins Etappenziel nach Eldoret. Dort hatten sie in einer alten Lagerhalle ein paar Matratzen ausgelegt, und wir konnten schlafen. Am Karfreitag habe ich mir auf dem Weg zum Re-Start an einem rostigen Stacheldraht den Rücken aufgerissen, nach ein paar Kilometern ging die Lichtmaschine kaputt. Es regnete in Strömen und ich schaltete die Wischer ab, um Strom zu sparen. Da gings meist geradeaus, wir hatten lockere 180 drauf. Und das im Blindflug!

Trotzdem war ich Sechster. Eine gute Ausgangsposition. In den Taita Hills, dem schlimmsten Teil der Rallye, hat mir dann ein Toyota-Bus voller Schwarzer, der mir auf der falschen Seite entgegenkam, mein Auto aufgerissen wie eine Sardinenbüchse. Erst habe ich gedacht, das wars dann wohl, jetzt kannst endlich nach Hause fliegen. Aber soviel hatte das Auto gar nicht abbekommen. Der Sitz stand ein bißchen schief, Seitenscheiben hatten wir auch keine, aber die Räder schauten nach vorne, und so fuhren wir weiter. Die Neger hatten uns freundlicherweise aus dem Graben gezogen.

Nach den Taitas, auf einem schnellen Stück durch Sisalfelder, wo sich die Tachonadel bei etwa 180 einpendelt, ist uns ein Marabu in die Windschutzscheibe geflogen. Das war wie Blitz und Donner. Die Scheibe aus Ver-

Studium der Fahrroute. Die Strecke muß man im Schlaf beherrschen

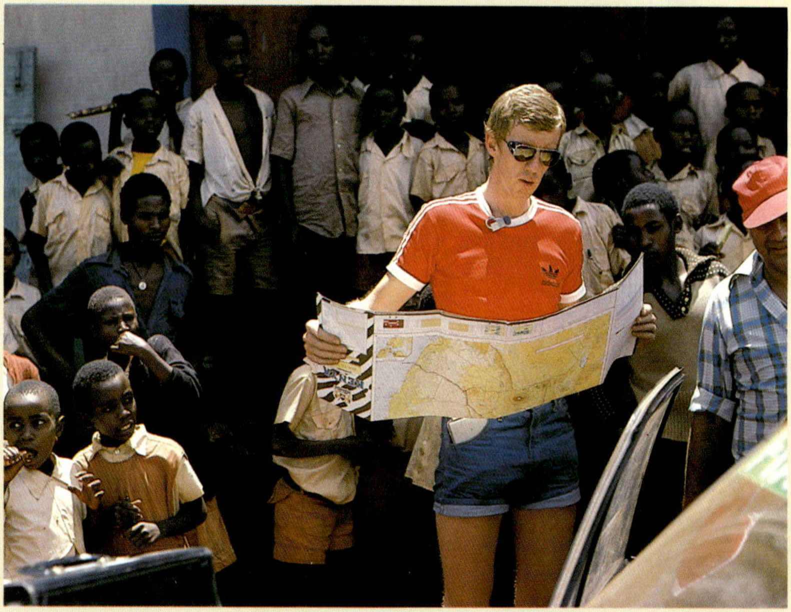

bundglas hing ins Wageninnere, der Christian hat sich mit den Füßen dagegengestemmt. Aber irgendwann bekam die Scheibe unten Luft und war nicht mehr zu halten. Mit einer Vollbremsung haben wir sie rausgedrückt. Die nächsten 400 Kilometer bis Mombasa sind wir ohne Windschutzscheibe gefahren. Natürlich hat es immer noch in Strömen geregnet. Mit der einen Hand schützte ich mein Gesicht gegen die Regentropfen, mit der anderen fuhr ich 190. Bei diesem Tempo haut es dir die kleinen Tropfen wie Schrotkörner ins Gesicht. Der Fahrtwind riß mir die Kopfhörer von den Ohren. Ich verstand nur noch Fetzen von dem, was mir der Christian vorlas. Dann verstand ich überhaupt nichts mehr.

Über Funk bestellten wir eine neue Scheibe, aber der Service in Maunga hatte keine dabei. Immerhin stand dort wenigstens ein schwarzer Motorradfahrer als Zuschauer. Die Fiat-Mechaniker kauften ihm seinen Sturzhelm ab und stülpten ihn mir über den Kopf. Die neue Scheibe, sagten sie uns, würden wir in Mariakani bekommen. Aber dort hatten sie dann nur Reifen,

Findet die Safari-Rallye statt, wissen alle: es ist Ostern

Benzin, Stoßdämpfer, Halbwellen, Kekse und Bananen.

Eine neue Scheibe gab es erst in Mombasa. Auch ein paar Stunden Schlaf. Dann gings weiter. Wir kamen an eine Wasserdurchfahrt. Natürlich standen dort Leute von uns, die auskundschaften sollten, wie man die Furt am besten durchfährt. Sie erklärten mir dann auch genau, an welcher Stelle ich durchfahren sollte. Ganz langsam, mit viel Gefühl, praktisch ohne

Gas reingleiten lassen, dann sanft beschleunigen und dann, ganz vorne, Gas geben und raus.
Nette Menschen, dachte ich mir, und so hilfsbereit. Ich habe mich also reingetastet ins Wasser, die Kupplung schleifen lassen, und als ich gerade mit den Vorderrädern drin war, da machte mein Auto buuuaaahhh und blieb stehen. Während mich unsere Helfer, die ich plötzlich gar nicht mehr so nett fand, an ein Seil hängte, um mich rauszuziehen, kam der Markku Alen angefahren, stach mit einem Affenzahn ins Wasser, wurde abgetrieben, zwang das Auto aber mit wütenden Gasstößen im Stakkato durch und kletterte an der anderen Seite ans Ufer. Der hatte es geschafft, und ich saß da mit nassen Unterhosen.
Auf dem Rückweg ging es wieder durch die Taitas. Einmal war unser Öldruck im Keller, und ich mußte eine Stunde lang mit 2000 Touren fahren, ehe am Service zwölf Liter Öl nachgeschüttet wurden. Mit diesen Kleinigkeiten will ich mich nicht lange aufhalten. Ich erzähle lieber, was in dieser Nacht zum Ostersonntag am Athi-River passierte.
Der Regen hatte den Fluß in einen reißenden Strom verwandelt. Als ich ankam, standen da zwei LKW und ein paar Geländewagen sowie ein paar Leute. Die waren von Peugeot und Datsun, aber geholfen haben sie jedem. In der Reihenfolge des Ankommens. Sie arbeiteten mit zwei Seilen. Mit dem einen zogen sie das Auto rüber, mit dem anderen sicherten sie es gegen die Strömung. Nur ein paar Meter weiter gab es nämlich eine Art Stauwehr. Aber das war jetzt ein wilder Wasserfall.

Die letzte Rettung: ein Tape-Band

Als sie Markku Alen durch den Fluß zogen, wurde einer der Helfer den Wasserfall hinuntergespült. Sie suchten ihn eine Weile, fanden ihn aber nicht. Da wollten sie die Arbeit einstellen. Erst nach 45 Minuten machten sie weiter, aber langsamer und vorsichtiger. Ich wartete auf das Seil von drüben, als Björn Waldegaard mit dem Mercedes ankam. Sein Beifahrer Hans Thorszelius stieg aus, stellte sich zu den Leuten, rauchte eine Zigarette.

Die Helfer waren gerade dabei, mein Auto an das Seil zu hängen, als Waldegaard plötzlich wie ein Wahnsinniger Gas gab. Die Leute kapierten das nicht und fingen an zu schreien. Aber Waldegaard stach in den Fluß. Nach fünf Metern drehte sich das Auto im Kreis, gewann ein paar Meter, erreichte die Flußmitte, das Wasser schlug längst über der Kühlerhaube zusammen, der Wagen wurde immer weiter abgetrieben in Richtung Wasserfall, hing mit dem Heck schon über dem Abgrund, als es doch noch das andere Ufer schaffte. Thorszelius kaute aufgeregt an seiner Zigarette, fassungslos wie wir alle. »Björn ist verrückt«, stammelte er nur, »der ist total verrückt.« Nutzen hatte es für Björn keinen, denn sein Beifahrer kam erst auf dem Dach meines Fiat mit ans andere Ufer, und den brauchte er.

Ich hatte Angst. Nackte Angst. Mein Gott, muß ich jetzt zusehen, wie der Björn ersäuft? Was ist das für ein Sport, fragte ich mich, der dich vor die Entscheidung stellt, dein Leben zu riskieren? Und was ist das für ein Mensch, der in so einem Fall sagt, ja, ich akzeptiere das Risiko? Ich würde mich auf so etwas nie einlassen. Ich bin doch kein Hasardeur.

Am Ostersonntag wurde wieder gestartet. Ich war Vierter, es regnete wieder in Strömen, wurde schnell finster, und irgendwann in der Nacht überholte ich Waldegaard und Alen. Ich war Zweiter. Vor mir lag nur noch Shekhar Mehta, der die Safari wie seine Westentasche kennt. Trotzdem dachte ich in diesem Augenblick an den Sieg. Aber nicht lange. Wir blieben in einem Wasserloch stecken. Wir waren das erste Auto. Mehta, der alte Fuchs, hatte einen Umweg gefahren. Kurz vor dem Wasserloch standen ein paar Inder mit einem Landrover. Die hatte der Veranstalter geschickt. Sie sollten ein Auto abwarten, wenn die Stelle unpassierbar sei, sollten sie die anderen Autos zu einer Umleitung schicken. Die Stelle war unpassierbar. Zwei Stunden standen wir bis zu den Knien im Wasser, dann waren wir wieder bei den Indern. Als sie uns den Umweg erklärten, strahlten sie wie Maikäfer.

Mit vier Stunden Verspätung kamen wir am Ostersonntag in Nairobi an. Verdreckt, todmüde, aber dennoch glücklich. Hauptsache im Ziel! Das war das einzige, was in diesem Augenblick zählte. Und noch etwas: In drei Stunden ging mein Flieger nach Deutschland. Das war für mich bei der Safari immer die größte Motivation: der Flieger nach Deutschland. Das war für mich so viel Motivation, daß ich die ganze Rallye am liebsten an einem Stück durchgefahren wäre. Wenn ich gekonnt hätte ...

Leicht lädiert

Fotonachweis

Audi-Werksfoto
2/3, 37(2), 41, 42, 46, 98, 106

Buchheim, Yves
29, 30, 33, 37, 47(2), 49(6), 50(3), 68(3), 69(3), 70(4), 73(4), 78(2), 79, 87(3), 114, 117(3), 118

Göbel, Wilfried
95

Kräling, Ferdi
Rückseitenfoto, Vor- und Hintersatz, 4, 6, 8, 15, 20, 22, 23, 24, 26, 28(2), 30(2), 31, 32(2), 33(3), 34, 35, 38(2), 39(4), 40(2), 42, 43, 44, 48, 51(2), 53, 55(2), 58, 61, 62, 64, 65, 66, 71, 72, 74(4), 75(5), 76, 77(2), 80(2), 81, 82/83, 84, 85, 87, 90, 92, 99(2), 101, 102/103, 105, 109, 110/111, 113, 116, 118(3), 119(3), 122(2), 123, 127, 128, 130, 131(3), 132, 133(3), 134/135, 136, 137, 138, 139, 140, 141, 143, 144/145, 146(2), 147, 148(3), 149, 150, 151, 152, 153

Mercedes-Werksfoto
36

Nagel, Klaus
96, 123

Porsche-Werksfoto
36, 41

Privatbesitz
9(2), 10, 11, 12(2), 13, 14, 16(3), 17, 18, 19(2), 91, 124(3), 126

Simon, Sven
Titelfoto, 88/89, 94, 112

Verlag Heinrich Vogel
47, 54, 57(2), 59(3), 60, 61, 62, 63, 97, 104, 107(3), 108, 109, 125

BOGE
RECARO
speedline
Turbolader
BOSCH fuel injection

Viele Rennfahrer halten die Autofahrt zur Rennstrecke für das Gefährlichste
Ein Grund mehr, auch im Privatwagen RECARO zu vertrauen
RECARO
Der Sitz der Vernunft
Nähere Informationen erhalten Sie von KEIPER RECARO GmbH & Co Abt. WR Postfach 1551 7312 Kirchheim/Teck

ROTHMANS
PORSCHE